HALALI
WEIDWERK · JÄGER · WILD

Haftungsausschluss

Autor und Verlag haben den Inhalt dieses Buches mit großer Sorgfalt und nach bestem Wissen und Gewissen zusammengestellt. Für eventuelle Schäden, die als Folge von Handlungen und/oder gefassten Beschlüssen aufgrund der gegebenen Informationen entstehen, kann dennoch keine Haftung übernommen werden.

IMPRESSUM

avBUCH im CADMOS Verlag

Copyright © 2016 Cadmos Verlag, Schwarzenbek

Satz: Das Agenturhaus, München; agenturhaus.com

Layout und Titelgestaltung: Oliver Schwinn

Hintergrundtextur © quicksandala/morguefile.com

Lektorat: Ing. Barbara P. Meister MA; FachLektor.at

Copyright der Icons:
Seite 12–19 Richard Laschon/Shutterstock.com
Seite 22–35 Miceking/Shutterstock.com
Seite 38–49 Aleksandr Sulga/Shutterstock.com
Seite 52–95 dovla982/Shutterstock.com
Seite 98–107 Gallinago_media/Shutterstock.com
Seite 110–129 Miceking/Shutterstock.com
Seite 132–155 SoRad/Shutterstock.com
Seite 158–165 VoropaevVasiliy/Shutterstock.com
Seite 168–191 goodzone/Shutterstock.com
Seite 194–209 Baurz1973/Shutterstock.com
Seite 212–237 D Line/Shutterstock.com

Druck: Graspo CZ, a.s., Tschechische Republik, www.graspo.com

Deutsche Nationalbibliothek – CIP-Einheitsaufnahme

Die Deutsche Nationalbibliothek verzeichnet diese Publikation in der Deutschen Nationalbibliografie; detaillierte bibliografische Daten sind im Internet über http://dnb.ddb.de abrufbar.

Alle Rechte vorbehalten.

Abdruck oder Speicherung in elektronischen Medien nur nach vorheriger schriftlicher Genehmigung durch den Verlag.

Printed in Czech Republic

ISBN: 978-3-8404-8507-7

KURT MÜNDL

HALALI
WEIDWERK · JÄGER · WILD

avBUCH

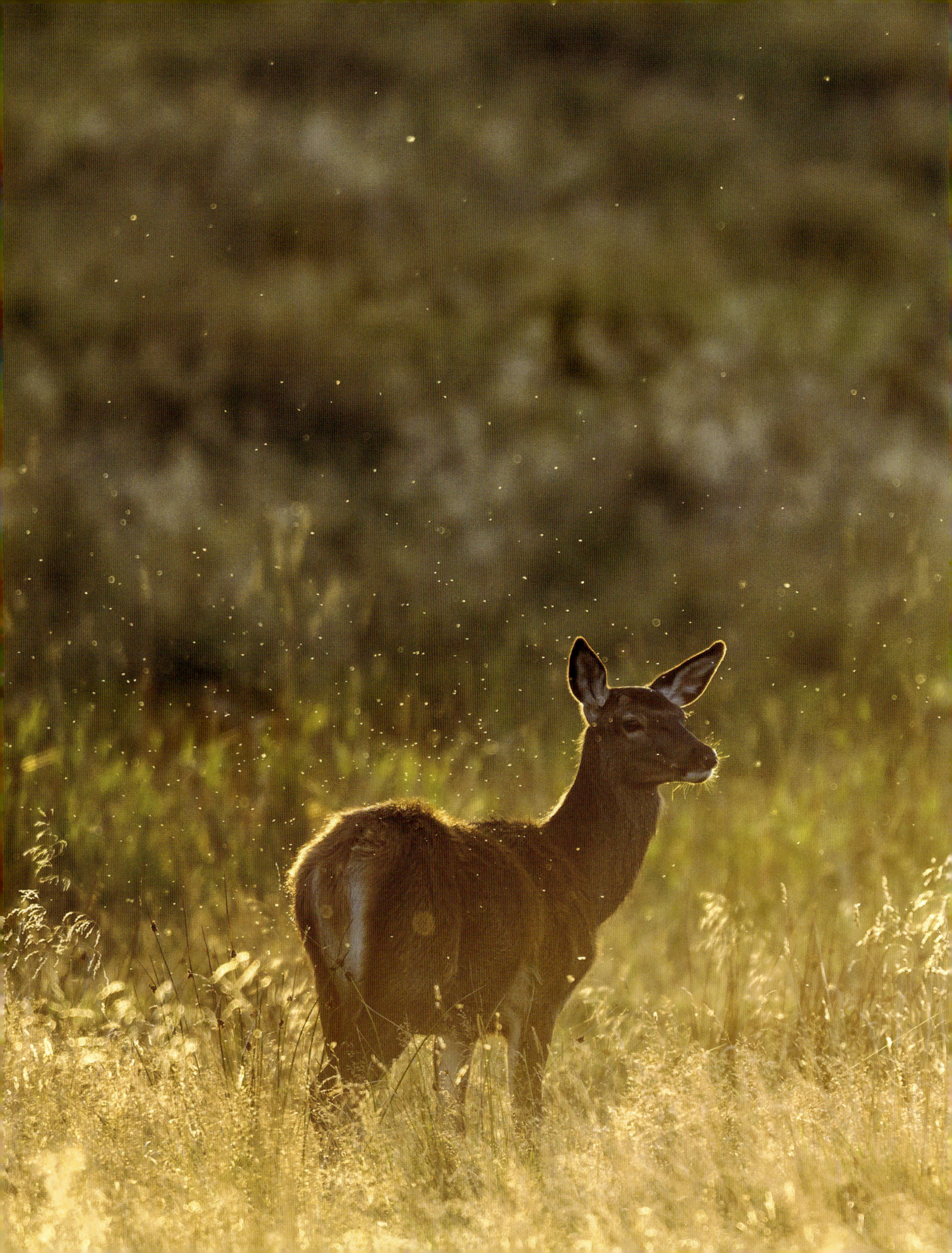

INHALT

Die alte Spur des Jägers 11

Tradition, Brauchtum, Werte 21

Jagdarten 37

Das Wild 51
    Die „Klassischen": Reh, Hirsch, Gämse, Steinbock, Wildschwein 53
    Die „Speziellen": Raufußhühner, Schnepfen, Wachteln 76
    Die „Verbotenen": Großtrappe, Fischotter, Biber, Kormoran 83

Die Falknerei: einst und heute 97

Die großen Jäger 109

Das Wildern im Wandel der Zeit
von Krone-Chefreporter Christoph Matzl 131

Der Konflikt: Wald und Wild 157

Die Heimkehrer und die Eingebürgerten 167

Jäger und Jägerin – das Hier und Heute 193

Making of: *Halali* – der Film 211

Register 238

Der junge Hirsch hat nur je einen Spieß, weshalb man ihn Spießer nennt. Im folgenden Jahr wächst ihm ein Geweih mit vier bis acht Enden.

VORWORT

"Jagd ist Schauen, Jagd ist Sinnen, Jagd ist Ausruhen, Jagd ist Erwarten, Jagd ist Dankbarsein, Jagd ist Advent, Jagd ist Bereitung und Hoffnung!"

Vielleicht lässt sich Jagd in ihrem Innersten auf vielfältige Weise und mit vielen Worten beschreiben – der dem Schriftsteller Friedrich von Gagern zugeschriebene Satz macht dies mit wenigen Worten vollständig, schlicht und doch gewaltig. Warum gibt den Jägerinnen und Jägern das Jagen so viel an „Akku-Aufladung" zurück? Warum befriedigt die richtig ausgesuchte Beute so sehr? Was hat der mühsam erpirschte, heimliche Bock dem pünktlichen und vorweg angesagten „19-Uhr-Bock" voraus? Vielleicht ist es das Wissen, dass durch eine gerechte Bejagung – als Teil der Natur und nicht als Fremdkörper in der Natur – eine nicht selbstverständliche Belohnung seitens der Natur bereitsteht. Vielleicht ist es die Freude, weil unsere Beute nicht erkauft, sondern erjagt wurde. Vielleicht aber auch die Bestätigung des Wissens und Könnens des Jägers – dass er nämlich „das Jagern" erfolgreich versteht.

Das Filmprojekt *Halali* taucht mit der 3D-Technik tief in die Jagd ein und nimmt den Kinobesucher mit auf die Jagd. Jagen braucht an sich Zeit – lange vor dem Schuss und lange nach dem Schuss. Das Pflegen des Reviers, die Hegemaßnahmen, das Anschauen, das Ansprechen, das Pirschen und Entscheiden – all das braucht Zeit. Aber auch das gemeinsame Streckenlegen, das Feiern, das Reden, zusammen essen und trinken, das Erlebte erzählen und so nochmals erleben – für all das muss man sich heute wie damals Zeit nehmen. Besonders in einer so beschleunigten Welt wie der heutigen. Mit *Halali* gelingt das überraschend echt, berührend und zeitlich überschaubar: im Kinoformat!

Peter Lebersorger

Im Namen der Österreichischen Landesjagdorganisationen wünsche ich dem gesamten Projekt – dem Film von Prof. Dr. Kurt Mündl, dem *Halali*-Buch zum Film und dem *Halali*-Jagdkalender – großen Zuspruch, überwältigende Zustimmung und natürlich auch wirtschaftlichen Erfolg. Für alle Jägerinnen und Jäger und für alle Interessierten gilt: Auf, auf zur 3D-Jagd! HALALI!

Dr. Peter Lebersorger

Generalsekretär
Zentralstelle Österreichischer Landesjagdverbände

Braunbären haben einen stämmigen, kraftvollen Körperbau. Die Ohren sind abstehend und abgerundet, die Augen hingegen sehr klein. Der Geruchssinn ist sehr gut ausgeprägt. Sie stehen gerne auf den Hinterbeinen, um sich einen besseren Überblick zu verschaffen. Jungtiere können oft auf Bäume klettern, dies ist ausgewachsenen Tieren meist nicht mehr möglich.

ZU FILM UND BUCH

Betrachtet man die Stammesgeschichte des Menschen, sticht eines sofort ins Auge: Früh, sehr früh waren unsere Ahnen Fleischesser. Anfangs deckten sie ihren Bedarf wohl durch Aas, das sie Raubtieren abnahmen. Aber schon bald lernten sie eigenständig zu jagen. Dass der Mensch zu dem wurde, was er heute ist, liegt unter anderem am Konsum von Fleisch, der das Hirnwachstum antrieb. Darüber sind sich heute die führenden Anthropologen einig. Unser uraltes Erbe betrachtet man im 21. Jahrhundert mit gemischten Gefühlen. Manche meinen, man sollte sich doch ausschließlich pflanzlich ernähren. Die anderen, die Fleisch essen, wollen gar nicht mehr so genau wissen, woher es eigentlich stammt. Wurst, Pasteten und Burger sind anonymisiert, und auch zum „schönen Stück Fleisch" hat sich eine gewisse Distanz aufgebaut: Hygienisch vakuumverpackt oder in der Fleischtheke gefällig beleuchtet, greift man gerne zu. Dass ein Tier sein Leben dafür lassen musste, dieser Gedanke ist weit weg. Denn die allermeisten Menschen der heutigen Gesellschaft haben mit den realen Nahrungskreisläufen nichts mehr zu tun. Massenkonsum entfremdet.

An dieser Stelle kommen die Jäger ins Spiel. Sie scheinen die Einzigen zu sein, die das Töten von Tieren öffentlich betreiben. Die Jagdwaffe ist ständig präsent und stigmatisiert den Jäger automatisch zum Töter. Auch wenn die Büchse viel öfter getragen als abgefeuert wird. Jagen passiert öffentlich, wird zur Schau gestellt, wird traditionell gepflegt. Das schafft in unserer Gesellschaft Skepsis und auch Feinde … Auf der Habenseite stehen aber ganz andere Dinge: Reh, Hirsch, Wildschwein und Co. verbringen ihr gesamtes Leben größtenteils in naturnahen Lebensräumen. Jagdbare Wildtiere müssen nicht unter Massentierzuchtbedingungen „dahindämmern" – allzu oft in Boxen und Hallen, ohne jemals die Sonne zu sehen oder auf Gras und Laub treten zu können. Und wie es um die Ethik steht, wenn es um Eier produzierende Hühnerfabriken geht, steht auf einem ganz anderen Blatt … Tiertransporte, zum Schlachthof, dauern Stunden. All das bleibt dem Wildbret erspart. Es lebt unter freiem Himmel, erfährt die Jahreszeiten, kann Ruhe- und Fressphasen selbst bestimmen, kann durch Selbstwahl einen Partner suchen und sich vermehren. Stellt man das Leben von Hirsch und Reh und das von Hausschwein und „Legebox-Henne" hart gegenüber, bekommt die Jagd plötzlich einen etwas anderen Stellenwert … Das soll natürlich nicht heißen, dass alles, was Jagd und Jäger betrifft, ohne Kritik sein kann. „Schwarze Schafe" gibt es überall und gewisse Jagdaktivitäten sind im 21. Jahrhundert neu zu überdenken.

Während meiner fast zweijährigen Arbeit an dem 3D-Film *Halali* und diesem Begleitbuch habe ich Jäger und Jägerinnen kennengelernt, konnte Historie und Jetztzeit vergleichen und feststellen: Vieles, was über das Weidwerk negativ erzählt wird, hält der Realität oft nicht stand. Festgefressene Vorurteile gegen die Jagd halten sich aber zäh. Seher und Leser können sich mit *Halali* eine eigene Meinung bilden. Es bleibt zu hoffen, dass so manches negative Bild entzerrt werden konnte. Unverrückbar aber ist: Die Jagd ist so alt wie der Mensch selbst! In welcher Form sie uns auch weiterhin begleiten wird, ist nicht vorhersehbar, ebenso wenig wie das Jagdglück eines Jägers auf der Pirsch.

Kurt Mündl, Oktober 2016

Professor, Biologe, Wissenschaftsjournalist und Regisseur

Kurt Leo Mündl

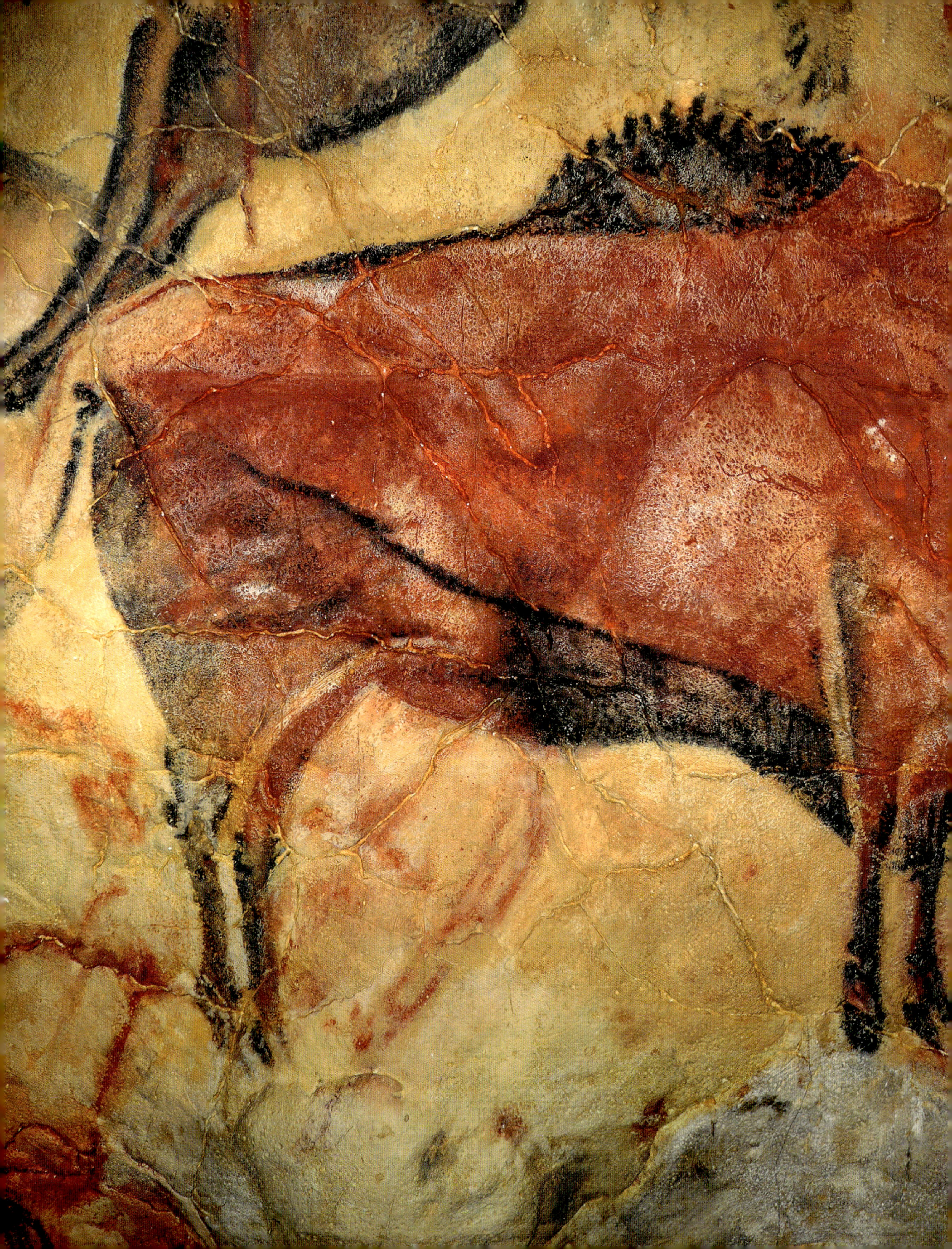

DIE ALTE SPUR DES JÄGERS

Foto © Wikimedia Commons

Eine Sage erzählt, dass der fränkische Kaiser Otto (912–973) auf der Jagd von einem Bären angegriffen wurde und seine Armbrust bei diesem Kampf zerbrach. Leopold von Babenberg reichte ihm seine Waffe, und der Bär konnte von Otto erlegt werden. Der Herrscher versprach seinem Retter eine Gnade. Wenige Jahre später besiegte Otto die Magyaren und errichtete die Ostmark. Als deren Markgraf starb, legte der Babenberger den zerbrochenen Bogen an den Stufen des Throns nieder und bat Ottos Sohn um das Land.

Die Geburt Österreichs ist mit dem Mythos des Jagdglücks verbunden.

Was macht den Menschen zum Menschen? Sein Bewusstsein? Seine Kultur? Seine Technologien? All das hat seinen Ursprung in der Jagd.

Ihren biologischen Beginn hatte die Menschheit nach heutigem Kenntnisstand vor sieben Millionen Jahren – zumindest sind die frühesten Hominidenreste so alt, die in der Sahelzone im heutigen Tschad gefunden wurden. Der Mensch als kulturelles Wesen, der Homo habilis, trat erst viereinhalb Millionen Jahre später in die Geschichte. In der Olduvai-Schlucht in Tansania fand man die ältesten Steinwerkzeuge der Weltgeschichte, sogenannte Geröllgeräte. Es waren bearbeitete Steine, die zum Zerkleinern von Fleisch gedient hatten. Aus dem Vegetarier Australopithecus war ein Aasfresser geworden. 500 000 Jahre später war der Homo erectus schon dabei, in Gruppen Tiere zu hetzen, zum Beispiel in Schluchten stürzen zu lassen, wo sie dann verendeten. Das waren die ersten Treibjagden. Tierische Proteine, Fleisch und später auch Fisch, trugen wesentlich zur Hirnentwicklung bei.

Am Anfang war die Jagd. Das Leben in Savanne oder Gebirge war ein ganz anderes als das relativ beschauliche Dasein der Primaten in den Baumkronen, wo einem die Früchte buchstäblich vor der Nase hingen. Die Jagd war eine ständige Auseinandersetzung mit der Kraft und der Schnelligkeit der Tiere, ihren Instinkten und ihrer Intelligenz. Die Herausforderung einer ständigen Nahrungsunsicherheit führte zu Arbeitsteilung, Fürsorge für die Mitglieder der Gruppe, verbesserte Kommunikation und die Entwicklung einer Religion, die in eine soziale Rangordnung mündete.

VOM RAUBTIER ZUM MENSCHEN

Die anstrengende und gefährliche Jagd zu planen erforderte auch ein umfassendes, aus genauer Naturbeobachtung gewonnenes Erfahrungswissen. Der Mensch perfektionierte sich: Der Homo heidelbergensis verwendete Fichtenholzspeere, deren Flugbahn so perfekt war, dass sie aus etwa 15 Metern Entfernung den Brustkorb eines Pferdes durchbohren konnten. In ihren Flugeigenschaften entsprachen sie modernen Wettkampfspeeren.

Im niedersächsischen Schöningen wurden in den 1990er-Jahren acht solcher Speere gefunden – in einem Braunkohlebecken. Die Gerätschaften der

Vorfahren der Neandertaler waren als Folge der Eiszeit von einer Lössschicht bedeckt worden und in der Tiefe verschwunden. Der Fund war eine Weltsensation – niemand hatte geahnt, dass Menschen vor 300 000 Jahren schon so ausgefeilte Jagdtechniken beherrschten.

Das Feuer ermöglichte es inzwischen, Nahrung leichter verdaulich zu machen und im Rauch zu konservieren. Die Verarbeitung der Felle, Knochen und Sehnen brachte immer neue Techniken hervor. *„Ohne Jagd kein menschliches Hirn, keine soziale Kooperation, keine Spiritualität und keine Kunst"*, sagt der Archäologe Hermann Parzinger, Präsident der Stiftung Preußischer Kulturbesitz und Autor einer brandneuen, umfassenden Betrachtung über die Menschheitsgeschichte.

BESCHWÖRUNG DES LEBENS

Jagd nämlich war mehr als Überleben. Schon die europäischen Neandertaler ließ der Kampf zwischen Leben und Tod über das Jenseits nachdenken. Der afrikanische Homo sapiens, an Intelligenz und Körperkraft überlegen, wanderte vor etwa 40 000 Jahren in Europa ein. Wenig später entstanden die allerersten erhaltenen Zeichnungen in der Geschichte der Menschheit. Sie zeigen Wildpferde, Büffel und Bären – und Szenen der Jagd. Diese Bilder sind Beschwörung – der belebten Natur, einer Welt voller Pflanzen und Tiere. Jagd, so zeigen sie, war auch Magie.

In den Höhlen der Steinzeitmenschen finden sich Bilder unglaublicher Schönheit. Oft verstecken sie sich an schlecht zugänglichen Stellen der Höhle, als wollte man sie vor Zerstörung schützen. Das Anfertigen der Bilder, vermuten Paläoanthropologen, war vielleicht selbst eine religiöse Handlung, denn häufig wurden Zeichnungen am selben Ort übereinandergemalt, als habe dieser eine besondere Bedeutung.

Und immer wieder die Jagd: In den Pyrenäen wurden 14 000 Jahre alte kleine Lehmfiguren gefunden, die Bisons darstellen und mit kleinen Kügelchen bombardiert worden waren, vermutlich in einem symbolischen Akt. In den Boden einiger Höhlen eingeritzt wurden Tierzeichnungen – mit „Wunden", die vermutlich von Stöcken stammen, mit denen auf das Abbild eingestochen wurde.

Die Chauvet-Höhle (französisch Grotte Chauvet) befindet sich nahe der Kleinstadt Vallon-Pont-d'Arc in Frankreich. Die 1994 entdeckte Höhle gehört zu den weltweit bedeutendsten archäologischen Fundplätzen mit Höhlenmalereien. Bisher wurden über 400 Wandbilder mit rund 1000 gemalten und gravierten Tier- und Symboldarstellungen erfasst. In Bildwänden von bis zu 12 Metern Breite sind folgende eiszeitlichen Tierarten zu finden: Wollnashörner, Höhlenlöwen, Mammuts, Wildpferde, Höhlenbären, Höhlenhyänen, Rentiere, Bisons, Wisente ...

Steinzeitlicher Jäger.

JAGDRITUALE AN DER DONAU

Auch in Österreich gibt es Zeugnisse frühester Jagdrituale, etwa entlang der Donau: Die Gudenus-Höhle unterhalb der niederösterreichischen Burg Hartenstein ist eine der ältesten bekannten Siedlungsplätze und ein Naturdenkmal. Dort lagen eine 4 Zentimeter lange Knochenpfeife und ein Adlerknochen mit einem eingeritzten Rentierkopf. Sie diente als Büchse für eine beinerne Nadel und ist einer der ältesten dekorierten Gegenstände der Urgeschichte Österreichs. Beide sind in der paläonthologischen Abteilung des Naturhistorischen Museums in Wien zu sehen.

Mehr als 1200 Artefakte aus zwei Kulturschichten wurden aus der 22 Meter langen Höhle geborgen: dem 30 000 Jahre alten Moustérien des Neandertalers und dem 15 000 Jahre alten Magdalénien des moderneren Cro-Magnon-Menschen. Die Faustkeile, Schaber, Breitklingen, Bohrer und der Schmuck zählen zu den bedeutendsten steinzeitlichen Funden in Mitteleuropa. Die Jagdbeute reichte den Überresten nach von der Maus bis zum Mammut – gefunden wurden Knochen von Höhlenbären, Rentieren, Wildpferden und Wollnashörnern sowie der Saiga-Antilope.

STEIRISCHE HÖHLENBEWOHNER

Die ältesten paläolithischen Funde wurden in Österreich in der Steiermark gemacht, sie sind rund 300 000 Jahre alt. In der Höhlenlandschaft der Region überlebte der ausdauernde Neandertaler die subarktischen Kaltphasen der Eiszeit bei Temperaturen, die im Schnitt zehn Grad kälter waren als heute in dieser Gegend. Gleichzeitig war es sehr trocken – es dominierte eine Tundra- und Steppenvegetation. Als effizienter Jäger und guter Handwerker konnte er sich aber gemeinsam mit anderen den lebensfeindlichen Umweltbedingungen gut anpassen.

Die Größe eines Gebiets, aus dem sich eine Gruppe versorgte, war von den zur Verfügung stehenden Ressourcen und den geografischen Gegebenheiten abhängig. Das mittlere Murtal bot günstige Bedingungen, da es neben Höhlen (über 4100 in der heutigen Steiermark) über viele Tiere in kleinen Becken, Seitentälern und Kammern verfügte. Außerdem gab es dort Hornsteinvorkommen, aus dem sich hervorragend Steinwerkzeuge herstellen ließen. Ungewöhnlich viele Kulturreste des Neandertalers wurden deshalb in der kleinen Repolusthöhle in der Nähe von Peggau, 19 Kilometer nördlich von Graz, entdeckt.

Pfeilspitzen aus Stein.

An die 1700 Objekte aus Quarz und Hornstein wurden gefunden. Reste von über 5000 erlegten Säugetieren umfassten auch Wildschwein, Biber, Dachs und Wildkatze. Ein durchbohrter Wolfszahn diente als Schmuck oder Amulett. Die Neandertaler dürften im österreichischen Raum zwischen 40 000 und 35 000 v. Chr. von den Vorfahren des heutigen Menschen abgelöst worden sein. Diese waren bereits auf die Jagd von Steppentieren – Mammut, Wollnashorn, Ren, Wisent, Wildpferd – spezialisiert.

Das Überleben der Sippe hing von einer erfolgreichen Jagd ab. Schnell laufende Tiere wurden in Abgründe getrieben. Für gefährliche Tiere baute man Fallgruben und erlegte die Beute dann mit Speeren oder erschlug sie mit Steinen. Geschätzte 60 Prozent der Beute der frühen Jäger bestand aus Großwild wie Waldelefanten, Nashörnern und Bären. Das Niederwild machte, wenn man die Nahrungsfunde analysiert, rund 23 Prozent aus. Den kleinsten Anteil hatten die mittelgroßen Tiere, die heute am häufigsten gejagt werden: Hirsch, Reh und Wildschwein.

DER JÄGER AUS DEM EIS

Der Klimawandel hat auf überraschende Weise die Vergangenheit in die Gegenwart katapultiert: Das Eis des Hauslabjochs in den Ötztaler Alpen gab 1991 einen der Jäger der Jungsteinzeit frei, ein sensationeller Fund. Der Tote trug ein geschäftetes Randleistenbeil, einen hölzernen Bogen und einen Köcher voller Pfeile, außerdem Steinklingen in einem Lederfutteral. „Ötzi" war vor 5200 Jahren für die Jagd in den Bergen ausgerüstet. Doch ob das sein eigentliches Ziel war oder nur der Verpflegung auf einer Wanderung diente, wissen wir nicht. Die Hochzeit der Jagd als Nahrungserwerb war bereits vorbei: Seit mindestens 3000 Jahren gab es im Tal sesshafte Bauern und Landwirtschaft.

Der Klimawandel war es auch, der bereits in der Mittelsteinzeit die Lebensbedingungen auf der Erde tief greifend verändert hatte: Als die letzte Eiszeit vor rund 12 000 Jahren ein Ende nahm, wuchsen immer mehr Kiefern, Pappeln, Birken und Weiden heran.

In den Tallagen kam es zu geschlossenen Waldlandschaften. Die Menschen lebten immer noch als Jäger und Sammler, siedelten sich aber gleichzeitig an Flussufern und Waldrändern an. Auch das Wild wurde standorttreu und konnte nun mit weit weniger Aufwand gejagt werden. Die großen Herden verschwanden – zum ersten Mal wurden Hirsch und Wildschwein, Rehe und Elche zur gefragten Beute. Der Hund, das erste Haustier, wurde zum Gehilfen, denn Waffen wie die Speerschleuder oder Pfeil und Bogen trafen auf immer größere Entfernungen. Hunde konnten das angeschossene flüchtende Wild verfolgen und stellen oder wurden zur Hetze eingesetzt. Die Jagd wurde selektiver.

Die erbeuteten Tiere wurden auch über Fleisch und Innereien hinaus restlos verwertet: Die Felle wurden zu Kleidung, die Häute zu Planen, die man über Gestelle aus Tierknochen spannte. Aus kleineren Knochen oder Zähnen wurden Amulette oder Schmuck. Unter dem schützenden Schulterblatt eines Mammuts wurden vor 27 000 Jahren zwei Säuglinge nebeneinander bestattet, auch dies ein sensationeller Fund bei Ausgrabungen in Österreich, in Krems-Wachtberg.

Haus aus Mammutknochen – Exponat im Naturhistorischen Museum Wien.

JÄGER, BAUERN, KRIEGER

Mit dem Beginn der Jungsteinzeit lösten Sesshaftigkeit und Landwirtschaft das unstete Leben als Jäger und Sammler ab. Für die neolithische Gesellschaft war die Jagd nun zu beschwerlich und zu risikoreich – Getreide ersetzte als Eiweiß- und Kohlenhydratlieferant immer häufiger das Fleisch.

Die verstärkte Nahrungsmittelsicherheit führte dazu, dass die Bevölkerung rasch wuchs. In vielen Kulturen wurde die Jagd „professionalisiert" und nur noch von bestimmten Gruppen einer Gesellschaft betrieben. Wie Knochenfunde belegen, kam es nun häufiger zu territorialen Auseinandersetzungen, was im Leben der umherziehenden Nomaden nicht nötig war. Das Ende der Ära der Jagd war gleichzeitig der Beginn des Krieges.

Die erste Domestizierung von Weizen fand im Südosten der heutigen Türkei statt, wo die Landwirtschaft zuerst immer weiter perfektioniert wurde. Der Mensch begann, seine natürliche Umwelt zu verändern. Während im Norden noch reine Jägervölker durch das Land zogen und man in Mitteleuropa mit Stoßspeer und Steinspitze jagte, existierte in den Hochkulturen Ägyptens und Babylons bereits die Jagd als sportliche Freizeitbeschäftigung der Reichen. Viele der ausgefeilten Jagdtechniken sind auf Papyrus erhalten: Zum Beispiel wurden Wasservögel mit einem s-förmigen Wurfholz erlegt und es gab auch gefiederte Lockenten aus Lehm. Vom Streitwagen aus wurden mit Pfeil und Bogen Antilopen und Löwen geschossen.

Der griechische Politiker Xenophon, ein Schüler des Sokrates, war es, der das erste Buch über die Jagd verfasste. In *Kynegetikos* werden Hasen-, Hirsch- und Wildschweinjagd genau beschrieben. Neben Abhandlungen über Hundezucht und Dressur werden auch die ersten Safaris im entfernten Afrika beschrieben: auf Löwen und Leoparden. Die Jagd, so Xenophon, sei ein wichtiges Mittel zur Ertüchtigung der Männer für den Krieg. Seneca schreibt über den römischen Jagdstil: „*Du magst führen den Wurfspieß … sollst, im Verstecke verborgen, mit Geschrei zur Flucht aufschrecken die Tiere … nach errungenem Siege mit gekrümmtem Messer die Eingeweide lösen."*

Messer im Keltendorf.

Der Kampf um das Leben wurde in den Amphitheatern Roms fortgeführt. Im Colosseum, das zwischen 50 000 und 75 000 Plätze hatte, wurden Tausende von Tieren zur Belustigung der Zuschauer getötet, und ab und an musste auch ein Gladiator daran glauben. Der ständige Bedarf nach den blutigen Kämpfen heizte die Jagd außerhalb der Hauptstadt an. In allen Teilen der bekannten Welt wurde Nachschub gesucht und gefangen. Ein riesiges römisches Mosaik in der „Villa Romana des Casale" in Sizilien zeigt auf 66 Metern Länge, wie Männer afrikanische Tiere für die Spiele in Rom fangen. In der Nähe ihrer Paläste hetzten die Imperatoren Schwarzwild zu Pferde – Kaiser Hadrian ließ seinem Pferd Borysthenes dafür sogar ein Denkmal setzen.

DIE ALTE SPUR DES JÄGERS

VOM RITUAL ZUM BRAUCHTUM

Dass im Römischen Reich das Wild von Hunden in Netze getrieben und dort getötet wurde, war schon damals Gegenstand philosophischer Debatten. Die Jagd wurde zum Streitthema: Der Adlige Sallust, ein Gefolgsmann Cäsars, bezeichnete dieses Vorgehen als eines Mannes unwürdig, und der Universalgelehrte Marcus Varro lehnte das Töten wehrloser Tiere ab. Schon 300 Jahre zuvor hatte der Grieche Xenophon gefordert, dass ein verfolgter Hase immer die Möglichkeit zum Entkommen haben sollte – *„zum Ruhm der Göttin der Jagd"*. Die Jagdgottheiten waren, anders als die antiken Jäger, weiblich: die griechische Artemis und die römische Diana. Nach erfolgreicher Jagd wurden in ihren Tempeln Rituale vollzogen, um das Töten zu sühnen und den Göttern für ihre Unterstützung zu danken. Noch heute geht ein Großteil des jagdlichen Brauchtums auf alte kultische Handlungen zurück.

Pfeilspitzen aus Kupfer.

Das keltische Königreich Noricum, das auf dem Gebiet des heutigen Österreichs und Südostbayerns lag, blieb nicht unbeeinflusst von den römischen Praktiken, da man mit dem großen Nachbarn freundschaftliche Beziehungen pflegte. Ähnlich wie die Ägypter verwandten sie ein Wurfholz, um Vögel zu erlegen. Auch waren die Kelten äußerst geschickt, wenn es um das Schmieden ging – bei Pflugscharen genauso wie bei Waffen. Mit ihren starken Lanzen jagten die Kelten vom Streitwagen aus.

Aufgebrochenes Wildschwein im Keltendorf.

Wildschweine, Sinnbild für Kraft und Wildheit, waren die bevorzugte Beute. Der „wilde Eber" genoss weit mehr Ansehen als das scheue Rotwild. Die Bauern waren dankbar dafür, denn schon damals gab es eine Wildschweinplage und die allesfressenden Tiere zerstörten viele Felder.

Das Christentum hatte sich bereits verbreitet, als im Jahr 488 die letzten römischen Truppen den Donauraum verließen: St. Eustachius wurde zum „Nachfolger" von Diana. In Österreich gilt der ehemalige römische Heermeister, dem ein Hirsch mit einem leuchtenden Kruzifix im Geweih erschienen sein soll, noch heute als Schutzpatron der Jäger. Im Norden und Westen Europas wird indessen häufiger der heilige Hubertus, einst Bischof in Brüssel, um Hilfe gebeten.

TRUGBILD EINES NATURZUSTANDES

Mit der Entwicklung des Menschen und seiner Ausbreitung veränderte er seine Umwelt – seit 100 000 Jahren, und zwar massiv, das ist das Ergebnis der aktuellen Studie eines Forschungsteams des Max-Planck-Instituts für Menschheitsgeschichte in Jena und der Universität Oxford. Zwischen 50 000 und 10 000 Jahren vor unserer Zeit verschwanden rund zwei Drittel der damals lebenden rund 150 Großtierarten. Dieses vielleicht bedeutsamste Artensterben hatte – so die 2016 veröffentlichte Arbeit – „dramatische Auswirkungen" auf die Struktur der Ökosysteme, die Verfügbarkeit von Nährstoffen und die Samenverbreitung. Die Jagd spielte dabei eine wichtige Rolle.

In einer zweiten Welle erzeugten Landwirtschaft und Viehzucht evolutionären Druck auf Pflanzen und Tiere, unter anderem durch die Entwicklung von Haustierrassen. Die dritte Welle sehen die Forscher in der Besiedlung einsamer Inseln, auf die – mit Tieren und Pflanzen – ganze Landschaften transportiert worden seien. Die vierte und bisher letzte Welle habe ihren Anfang mit dem Handel und der wachsenden Intensivierung der Landwirtschaft genommen.

„Natürliche" Bedingungen habe es in dem Sinne nie gegeben, sagt die Hauptautorin der Studie, Nicole Boivin. Der Mensch sei eine Art Konstrukteur des Ökosystems und müsse sich dieser Verantwortung bewusst sein, anstatt sich nach einem Idealzustand zurückzusehnen, den es nie gegeben habe. Das sollte immer auch bedacht werden, wenn darüber diskutiert wird, ob die Jagd ein unberechtigtes Eingreifen des Menschen „in die Natur" sei.

Die Bisons sind auf der Nordhalbkugel verbreitete Wildrinder. Der Amerikanische Bison (Bos bison), oft auch als Büffel (buffalo) bezeichnet, ist ein in Nordamerika verbreitetes Wildrind und zugleich das größte Landsäugetier der Region. Seine Nahrung besteht fast ausschließlich aus Süßgräsern und Sauergräsern, die der Wiederkäuer beim langsamen Grasen aufnimmt. Heute wird die Gesamtzahl der wildlebenden Tiere auf mehr als 30.000 Individuen geschätzt. Die Art wird aufgrund ihrer Abhängigkeit von Schutzmaßnahmen und der nur geringen Zahl als „potenziell gefährdet" eingestuft.

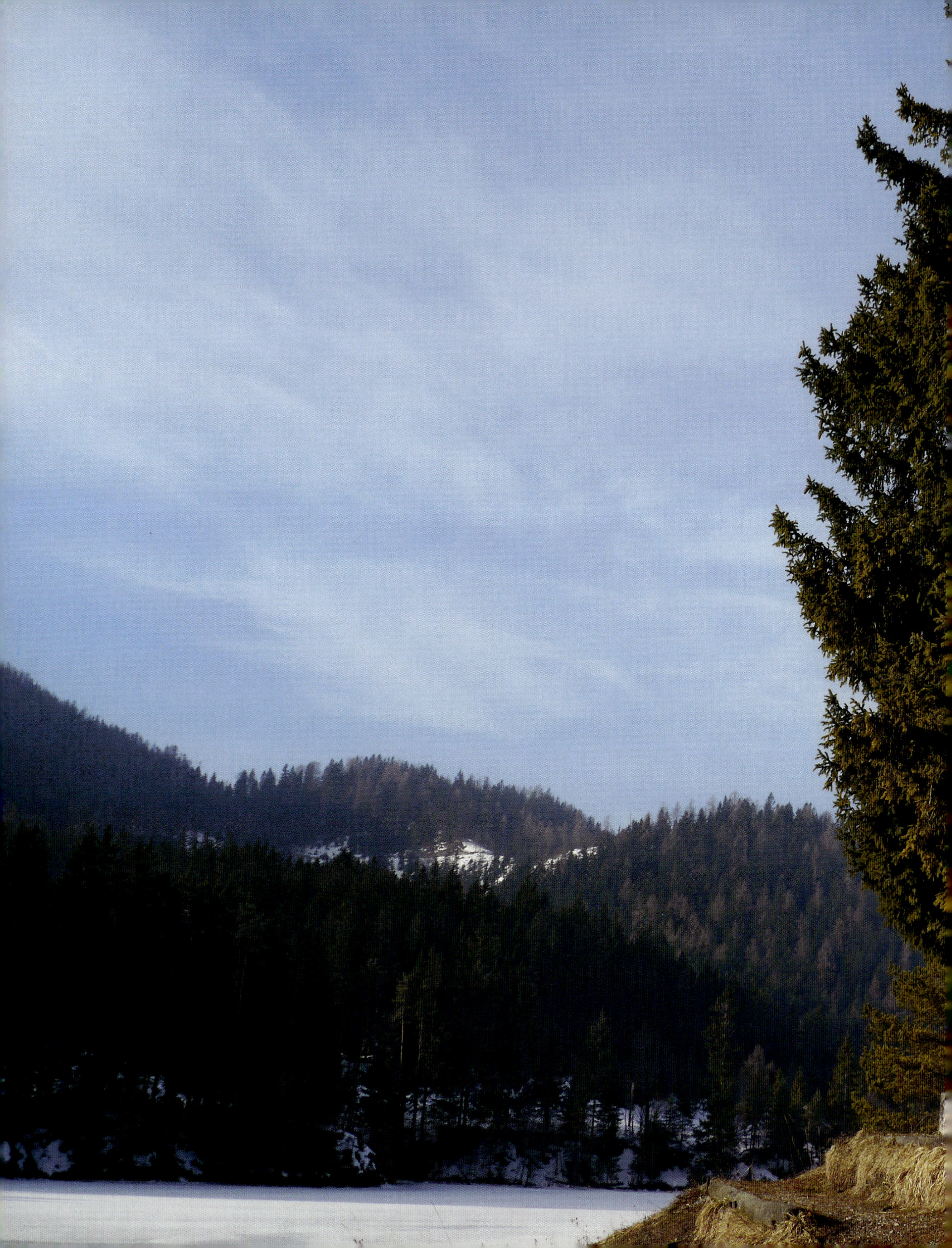

TRADITION, BRAUCHTUM, WERTE

„Auf diese Weise besteht das Urwesen der sportlichen Jagd daran, dass es einer höchst archaischen Situation als Möglichkeit für den Menschen eine künstliche Dauer verleiht …"

José Ortega y Gasset, Meditationen über die Jagd

Wer schmückt sich nicht mit fremden Federn? Was ist uns diesmal durch die Lappen gegangen? Wieso sollte man mal die Löffel spitzen? Wann haben wir endlich verstanden, wie der Hase läuft?

Erstaunlich viele Redensarten der Alltagssprache stammen aus der Jagd. Sie spiegeln eine jahrhundertealte Tradition wie die Lappen, mit deren Hilfe schon Karl der Große seine Jagdreviere abgrenzen ließ. Aber sie sind immer noch lebendig und in Gebrauch – wenn auch die wenigsten Menschen über ihre eigentliche Bedeutung nachdenken. Die Federn am Hut dürfen der Tradition nach nur von selbst erlegtem Wild stammen. Die Ohren stellt der Feldhase auf, wenn er wachsam ist. Und wenn er dann ein Alarmzeichen wahrnimmt, flieht er nicht in einer geraden Linie, sondern schlägt Haken, um seinen Verfolgern zu entkommen.

„Anjagen", „andrücken", „einstellen", „zerwirken" – Tausende Spezialwörter kennt die Jägersprache, und viele Hundert sind heute noch in Gebrauch. Den Laien irritiert, dass in der Jagdsprache scheinbar alles einen anderen Namen hat – die Nase des Schalenwilds heißt „Windfang", seine Augen sind „Lichter", seine Beine „Ständer". Das Blut wird zu „Schweiß" und die Haut zur „Decke". Wer ein falsches Wort fallen lässt, braucht sich im Wald gar nicht mehr sehen zu lassen.

ELITÄRES VOKABULAR

Die Jägersprache setzt sich gezielt von der Sprache der Nichtjäger ab. Sie will den elitären Charakter der Jagd bewahren, die über Jahrhunderte ein Privileg des Adels war. Interessanterweise hatten die Aristokraten es im frühen Mittelalter nicht nötig, der Jagd ein eigenes Vokabular zu verpassen. Erst als die Jagden größer und aufwendiger wurden und immer mehr nicht adelige Helfer beanspruchten, entwickelten diese eine Art ständische Sprache, die sie selbst über die einfache Bevölkerung erhob. 1582 hieß es deshalb im *Neuw Jag vnnd Weydwerck Buch*: *„Jedermanniglich … die jägerischen Heimligkeiten zu entdecken vnnd zu öffnen ist höchlich verbotten."* Erst mit der Verbreitung des Berufsjägertums also bekam das „Weydwerck" eine eigene Zunftsprache.

Zunächst galt das nur für die Hohe Jagd. Die Jagd auf Niederwild galt bis ins 17. Jahrhundert als nicht „zünftig". Sie blieb dem niedrigen Adel, dem geistlichen Stand und den Knappen vorbehalten. Doch irgendwann hat sich die Weidmannssprache auch dort eingebürgert: Wenn ein Jäger „auf den Strich" geht, dann bedeutet das, dass er auf Schnepfen aus ist. Einen Fasan, der wegläuft, anstatt aufzufliegen, nennt man „Infanterist". Dann gehört es sich auch nicht, ihn „anzusprechen", also auf ihn zu schießen.

Im Barock, dem „Goldenen Zeitalter der Jagd", dominierte die Jagd auf eine Weise die aristokratische Gesellschaft, dass die Weidmannssprache zur Salonsprache wurde. Auch wenn fern von Wald und Flur jemand gegen die Regeln und das Vokabular verstieß, konnte Klage beim Oberstlandesjägermeister erhoben werden. Die anwesenden Kavaliere zogen dann ihre Degen, während der oder die Schuldige (auch Damen wurden nicht verschont) mit ein paar symbolischen, aber doch kräftigen Hieben des Weidmessers bestraft wurde. Versorgt wurde die barocke Gesellschaft von einem Heer von Jagdbediensteten: Im Jagdschloss „Neu Favorita", dem heutigen Theresianum, arbeiteten etwa 2000 Jagdbedienstete, und einige davon hatten die höchsten Ämter in der Monarchie inne. Die Aristokratie hatte also Zeit, ihre Etikette zu pflegen.

FESTSTEHENDES ZEREMONIELL

Besonders die wilde Parforcejagd wurde von einem strengen Zeremoniell eingerahmt – teilweise aus dem Bedürfnis höfischer Förmlichkeit, teils aber auch, weil nur eine ritualisierte Kommunikation Klarheit in das rasante Geschehen bringen konnte. Die Jagd wurde mit der Begrüßung „Horrido" eröffnet. Danach musste jedes Ereignis in feststehender Weise per Hornsignal oder Zuruf bekannt gegeben werden – zum Beispiel, wenn der Hirsch im Blickfeld erschien. „Ca, ca, ca, mon ami" galt den Hunden, die die Fährte anfielen, und „Après, après, mon ami, tu dis vrai", wenn sie diese aufnahmen. „La vue" bedeutete, dass die Hunde das Wild erblickt hatten.

Mit einem speziellen „Fürstenruf" wurde der Jagdherr herbeigerufen, der dem Wild den Todesstoß, den „Fang" geben sollte. Nach dem „Hirsch tot" zogen die Jäger ihre rechten Handschuhe aus und erhoben die Rechte, während sie mit der Linken ihren Hirschfänger zwei Fingerbreit aus der Scheide zogen. Alle stimmten dann in das Halali ein, das ursprünglich ein anspornender Ruf für die Hunde war: „Hal à luy" bedeutet „Hetze ihn!". Zum Abschluss erhielt der Jagdherr oder ein besonderer Gast den rechten Vorderlauf des „gestreckten" Wildes feierlich als Trophäe überreicht. Alle Teilnehmer schmückten sich mit einem grünen Bruch, einem abgebrochenen Zweig.

Der Bruch am Jägerhut wird von einer „bruchgerechten" Baumart möglichst wirklich „gebrochen" und nicht geschnitten. Er steht an der Spitze aller jagdlich althergebrachten Bruchzeichen.

BIRKHAHN MIT BRUCH. BRÜCHE SIND DIE ZEICHENSPRACHE DER JÄGER.

Sie sind so alt wie die Geschichte der Jagd. Jäger verständigten sich durch Bruchzeichen und schmückten sich, ihre Hunde und das erbeutete Wild mit Brüchen. Ein alter Brauch ist der sogenannte „letzte Bissen", das heißt, dem erbeuteten Wild wird ein Zweig ins Maul gelegt. Diese Form der Aussöhnung mit dem getöteten Wildtier geht auf Riten von Jägern der Vorzeit und späterer Naturvölker zurück.

PRÄZISE ZEICHENSPRACHE

Die Zeichensymbolik der Jagd stammt aus einer Zeit, als die Spuren im Astwerk oder Laub noch viel präziser als heute gedeutet werden mussten, um Rückschlüsse über Wechsel sowie Größe und Stärke des Wilds zu geben. Mindestens sieben Bruchzeichen müssen Hirschjäger auch heute noch deuten können: Der „Hauptbruch" ist ein mindestens armlanger, von der Rinde befreiter Zweig, der „Achtung" bedeutet und auf weitere Zeichen hinweist. Der kleinere „Leitbruch" weist mit seinem gewachsenen Ende in die Richtung, der gefolgt werden soll. Der „Anschlussbruch" wird in den Boden gesteckt und ist ein Zeichen für den Hundeführer. Der „Standortbruch" markiert bei Gesellschaftsjagden den Ort für die Schützen. Der „Fährtenbruch" ist ein nicht gefegter Zweig, der die Fluchtrichtung des Wildes signalisiert – je nach Geschlecht des Wildes mit einem anderen Ende weisend. Zwei gekreuzte Zweige, der „Wartebruch", markieren einen Treffpunkt. Der „Warnbruch" ist ein zu einem Kreis zusammengebogener Zweig, der von Seitenzweigen befreit wurde. Er signalisiert Gefahr, beispielsweise durch eine Falle oder einen morschen Hochstand.

Ein Jäger nimmt ein Schalenwild in Besitz, indem er es auf die rechte (der Überlieferung nach „gute") Seite legt (streckt) und einen halbarmlangen Bruch auf seinen Körper (Blatt) legt. Je nach Geschlecht weist das gebrochene oder gewachsene Ende zum Kopf. Er zeigt damit an, dass das Stück rechtmäßig erlegt ist. Der „letzte Bissen" ist ein Bruch, der dem männlichen Schalenwild, aber in Österreich und Bayern auch Auerwild, Birkwild, Haselwild und Murmeltier in Maul (Äser, Gebrech) oder Schnabel gesteckt wird – eine Bezeugung des Respekts gegenüber dem gestreckten Wild.

Hat der Jäger allein gejagt, so bricht er sich selbst den Bruch, benetzt ihn symbolisch mit Schweiß des Tieres und steckt ihn sich an den Hut. Waren mehrere Jäger beteiligt, so überreicht ihn der Einladende oder Jagdleiter dem Schützen mit einem Händedruck. Der Bruch bleibt einen Tag lang am Hut.

TRADITION, BRAUCHTUM, WERTE

ZUR STRECKE GEBRACHT

Nach Gesellschaftsjagden wird das erlegte Wild je nach Art, Geschlecht und Größe nach festem Protokoll aufgereiht – daher rührt die Redensart, jemanden „zur Strecke bringen".

In der ersten Reihe liegt das Rotwild – die Hirsche ganz rechts, danach die weiblichen Tiere. In den nächsten Reihen folgen Damwild, Wildschweine, Muffel und Rehe.

Bei Niederwildstrecken liegen die Füchse mit nach oben gebogenen Lunten in der ersten Reihe. Dann folgen Hasen und Kaninchen. Als erstes Flugwild liegen die Fasanen, dann kommen Enten und andere Vögel. Jedes zehnte Stück wird eine Wildlänge vorgezogen.

Nicht mehr als 100 Tiere dürfen in einer Reihe gestreckt werden.

Auch die Jäger und Treiber positionieren sich nach Jagdprotokoll: Jagdherr, Leiter und Jäger vor der Strecke, die Bläser hinter der Strecke am rechten Flügel, dahinter die Treiber und Jagdhelfer. Die Hundeführer stehen mit den Hunden am linken Flügel.

Dass das Weidmannsheil mit dem Becher in der linken Hand gesprochen wird, ist schon in einem französischen Jagdbuch von 1561 abgebildet. Die Linke gilt als „Unheil abwehrend". Dagegen soll das Wild auf seine rechte Seite gestreckt werden, um einem alten Glauben nach das Eindringen von Erddämonen zu verhindern. Rationelle Begründungen spielen bei solchen Traditionen keine Rolle. Stattdessen zeigt dieses Brauchtum, wie eng die Jagd immer noch in einer atavistischen, instinktgesteuerten Beziehung des Menschen zur Natur steht.

DER TREUESTE FREUND

Es gebe Hunde, beschreibt ein antikes Dokument um 200 n. Chr., die nicht für sich selbst, sondern für ihre Herren auf die Jagd gingen. Die Zusammenarbeit zwischen Mensch und Hund ist jedoch viel älter und reicht in die Steinzeit zurück. Vermutlich dienten Hunde dazu, das über weitere Entfernungen getroffene, aber nicht erlegte Wild zu verfolgen und aufzuspüren. Ein aus der Mittelsteinzeit gefundener Torfhund war Jagd- und Wachhund zugleich.

Die Jagd war vermutlich einer der wichtigsten Antriebe der Domestikation von Hunden. Im Übergang zur Bronzezeit, vor rund 3000 Jahren, bildeten sich verschiedene Gruppen von Rassen heraus, darunter Hirten-, Senn- und Jagdhunde.

Hunde hatten für die Jagd großen Wert und wurden entsprechend behandelt. Im Mittelalter erhielten sie einen Teil der Innereien. Manche der wertvollen Tiere wurden in „Panzerwesten" aus wattierten Stoffen und mit Fischbein verstärkt gesteckt. Ihren Hals schützten Halsbänder mit eisernen Stacheln.

Hasen- und Fasan-Strecke am Ende der Jagd.

KULTISCHE HANDLUNGEN

Vielleicht liegt es auch daran, dass die Jagd immer in einem Zwiespalt lebt – zwischen der Liebe zum Leben und dem tödlichen Eingriff. Jedenfalls zeigt sich in den Ritualen der weidgerechten Jagd auch eine Art zeremonielle Verehrung der Natur. Ein Großteil geht auf älteste kultische Handlungen zurück, die später mit christlichen Vorstellungen verschmolzen wurden.

Im Zentrum der magischen Macht steht der Hirsch, der durch sein Geweih gekrönte König des Waldes. Das Abwerfen und das rasche Nachwachsen des Kopfschmucks faszinierte schon vorchristliche Gesellschaften, zumal der Aufbau des Geweihs in etwa zur Sommersonnenwende abgeschlossen ist, was eine besondere Beziehung zur Sonne nahelegte. Im Christentum wurde der Hirsch als Symbol Jesu gedeutet.

Noch heute pilgern Jäger ins belgische Namur, wo in einem Benediktinerkloster einst die Gebeine des heiligen Hubertus lagen – auch wenn der Reliquienschrein später in den Wirren der Geschichte verloren ging. Dem leidenschaftlichen und unmäßigen Jäger soll ein weißer Hirsch mit einem leuchtenden Kruzifix inmitten des Geweihs erschienen sein. Das hat ihn der Überlieferung nach von einem wilden Heiden zum christlichen, weidgerechten Jäger gemacht, der sich taufen ließ.

Lange Zeit nahm man an, dass es sich bei Hubertus, dem Schutzpatron der Jäger, um ein christliches Abbild des nordischen Jagdgottes Uller handele, der als großer Bogenschütze galt. Sein Namenstag am 3. November schien das zu bestätigen, weil der Novemberbeginn, an dem traditionell zu den ersten Treibjagden auf Wildschweine, Rehe und Hirsche geblasen wird, auch den nordischen Völkern heilig war. Doch es gab ein reales Vorbild für die Hubertuslegende – einen fränkischen Adligen namens Hubertus, der um 665 in Toulouse geboren worden war.

Hubertus lebte als Pfalzgraf am Hofe des Theoderichs in Paris und später in Metz. Als er bei der Geburt seines ersten Sohnes zum Witwer wurde, zog er sich als Einsiedler in die Wälder der Ardennen zurück und ernährte sich dort von den Pflanzen und der Jagd. Nach Jahren der Einsamkeit wurde er 705 zum Bischof, erfreute sich großer Beliebtheit in der Bevölkerung und soll viel Gutes getan haben. 727 starb Hubertus. 17 Jahre später wurde er heiliggesprochen. Als das Jagen noch gefährlich war, wurden vor dem Ausritt Votivmessen für den Heiligen zelebriert.

DER HEILIGE HIRSCH

Das Hirschsymbol als Bote überirdischer Mächte ist über Indien, Ceylon und Mesopotamien überliefert worden. Einer der Vorläufer der Heiligenlegende ist die Geschichte vom Jagdpatron Eustachius. Einem römischen Feldherrn Placidus soll bei einer wilden Jagd der Hirsch mit Christus im Strahlenkranz begegnet sein und ihn gefragt haben: „Warum verfolgst du mich?" Eustachius und seine Familie wurden Christen, aber nach mehreren Herausforderungen ihres Glaubens sollen sie von Kaiser Hadrian hingerichtet worden sein.

Die Jagd als eine der ursprünglichsten Lebensformen hat viele Götterhimmel berührt: Die germanische Mythologie kennt die „Wilde Jagd", die vor allem in Raunächten mit Blitz und Donner über den Himmel zieht, von Wotan oder Odin angeführt, eine Waldfrau oder einen gespenstischen Eber jagend. Als Motiv hat sie sich von Carl Maria von Webers „Freischütz" bis zur modernen Heavy-Metal-Musik erhalten. Im „Freischütz" tauchen auch die treffsicheren „Freikugeln" auf, für die man der Sage nach seine Seele an den Teufel verkaufen musste. Wolf und Rabe galten als gutes Omen, weil sie als Begleiter Wotans auf die Jagd gingen. Manche Jäger tragen auch heute noch nur eine gerade Anzahl an Patronen bei sich und nehmen sich vor Glückwünschen und Katzen in Acht.

Im Volksglauben Sloweniens verankert ist die Figur des Zlatorog, des goldgehörnten weißen Gamsbocks, der inmitten einer Herde weißer Gämsen lebt. Sein Abschuss sollte mit dem Tod bestraft werden. Dass der österreichische Thronfolger Franz Ferdinand

Ein erlegter Hirsch mit Abwurfstangen.

erschossen wurde, einige Monate nachdem er eine weiße Gams erlegt hatte, ließ den Aberglauben wieder lebendig werden (siehe Seite 129).

Das Blut des Zlatarogs sollte Triglav-Rosen aus dem Boden sprießen lassen, die, wenn der weiße Bock von ihnen fraß, seine tödlichen Wunden heilen sollten. Wegen der Hoffnung auf die eigene Unverwundbarkeit rotteten Jäger in den vergangenen Jahrhunderten beinahe das gesamte Steinwild aus. Denn seinen Magensteinen (Bezoare), den Hörnern, Milz und Knochenmark, seinem Blut (Schweiß) und nicht zuletzt dem Herzkreuz, dem verhärteten Knorpel der Herzklappen, wurden magische Eigenschaften zugeschrieben.

Ach ja – ein neuer Hut und Jungfrauen auf der Jagd sind auf jeden Fall zu meiden.

TRADITION, BRAUCHTUM, WERTE

Jan Brueghel der Jüngere und Peter Paul Rubens: Die Legende des Heiligen Hubertus.

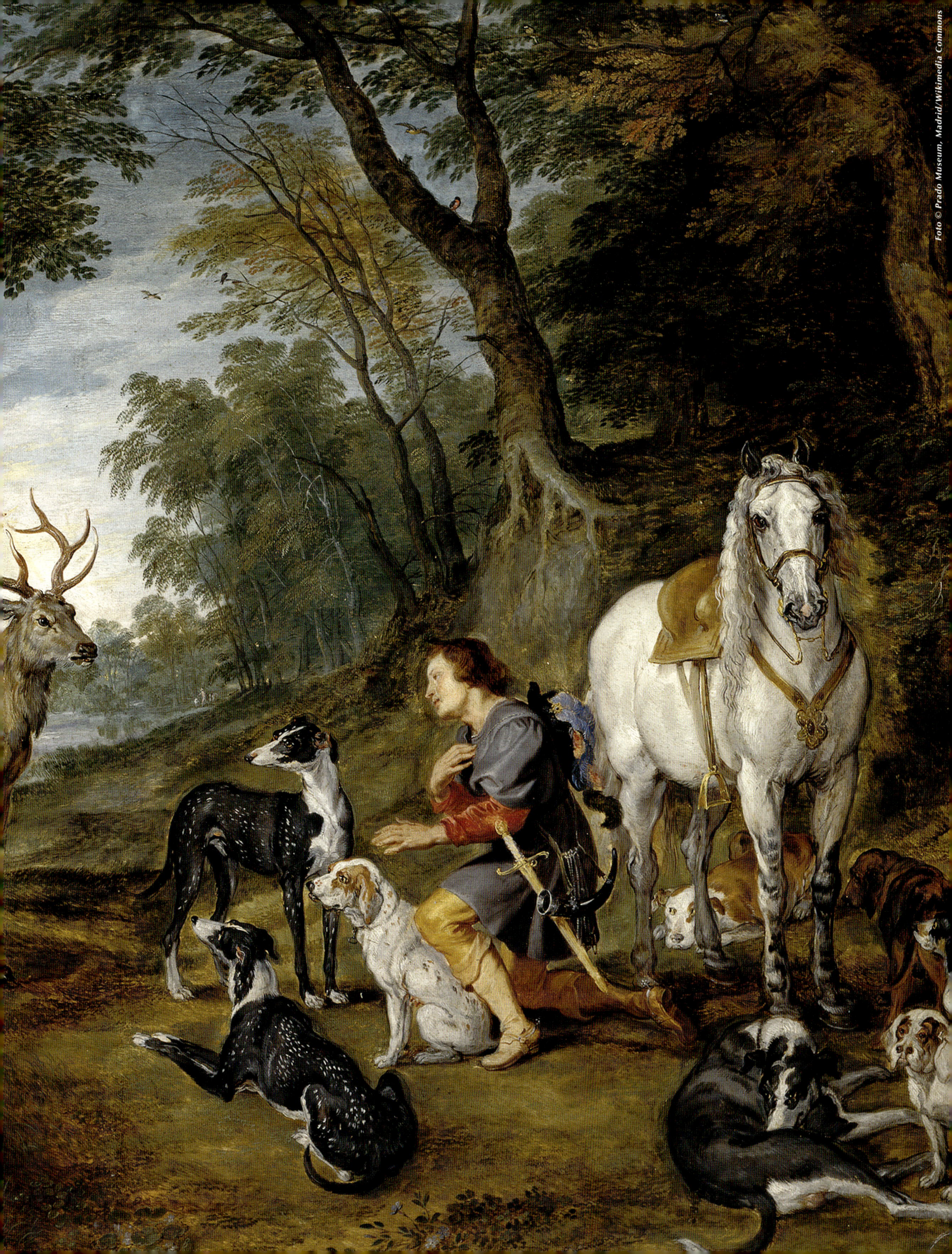

DER GRÜNE KRAGEN

Was die Kleidung angeht, so stand zunächst einmal die Zweckmäßigkeit – Tarnfarben und ausreichender Schutz vor der Witterung – im Vordergrund. Grün und Grau boten sich da an, empfahl schon Kaiser Maximilian I. (1459–1519) in seinem *Geheimen Jagdbuch* (siehe Seite 111). Er riet auch: „Du sollst allezeit zwei Paar Schuhe haben; wenn Du auf das Gebirg gehst in den Schnee und die Schuhe nass werden, dass man die trockenen hervornehme. Die Schuhe sollen mit Rändern gemacht sein, damit keine Steine hineinfallen. Du sollst auch wollene Socken mittragen. Ein Hütlein mit Taffet überzogen, wenn die Hitze groß ist. Sonst aber ein graues Hütlein, mit einer umgeschlagenen Krempe und einem Bande daran, dass es der Wind nicht herabweht."

Dass neue Kleidung bei Jägern nicht beliebt ist, hängt mit der Figur von Erzherzog Johann zusammen, der das Vorbild für die heute als traditionell geltende Jagdkleidung lieferte: *„Als ich den grauen Rock in der Stayrermark einführte, geschah es, um ein Beyspiel der Einfachheit in Sitten zu geben, so wie mein grauer Rock, so wurde mein Hauswesen, mein Reden, und Handeln …"* In seinem Revier trug der Erzherzog also eine aschgraue Joppe mit den grünen Aufschlägen, die später durch Kaiser Franz Joseph hoffähig wurde. Der legte besonderen Wert darauf, dass bei alpinen Jagden eine kurze Lederhose getragen wurde, welche die Knie freiließ. Jäger, die sich mit langen Unterhosen unter der Krachledernen vor der Kälte schützen wollten, wurden nach Hause geschickt.

DAS WALDHORN

Zum Zeremoniell der Jagd gehören auch die Hornsignale, die mit unterschiedlichen Instrumenten die Parforcejagd oder auch die Hohe Jagd auf den Hirsch begleiteten. Signalhorne aus Rinderhorn waren vermutlich schon in der Steinzeit in Gebrauch. Im 17. Jahrhundert aber wurde das Blasen des Waldhorns zur edlen Kunst, die auch von Adeligen beherrscht wurde. Das hatte großen Einfluss auf die Musik jener Zeit. Bei der Jagd musste das Horn rechts und mit dem Trichter nach vorn weisend getragen werden. Genaue Regeln für Handgriffe und Grundstellungen stellten sicher, dass das An- und Absetzen mehrerer Hornbläser synchron erfolgte.

Franz Anton von Sporck (1662–1738), Kämmerer unter Kaiser Leopold I., schickte zwei seiner Jäger zur Hornausbildung an den Hof des französischen Sonnenkönigs Ludwig XIV. Der Kunstmäzen trug sehr zur Verbreitung des Instruments im deutschsprachigen Raum bei.

Jagdhornbläser.

RARITÄTENKABINETTE

Seit den Anfängen der Jagd dienten Knochen und Zähne der erlegten Tiere nicht nur als Gebrauchsgegenstände – zum Beispiel als beinerne Nadeln –, sondern auch als Schmuck. Eine 28 000 Jahre alte Grabbeigabe aus dem heutigen Russland zeigt, dass Polarfuchszähne zu Gürteln verarbeitet wurden und Perlen aus Mammutelfenbein zu Halsketten. Auch Hirschgrandeln waren schon in der Altsteinzeit wertvoll. Während der letzten Eiszeit wurden sie aus Elfenbein und Knochen sogar nachgeschnitzt, quasi als „Kunsthandwerk", weil der Hirsch damals sehr selten war. Möglicherweise dienten Grandeln auch als Fruchtbarkeitssymbol, denn zwei aneinandergelegte Grandeln könnten weibliche Brüste symbolisieren. Die stumpfen Eckzähne des Oberkiefers des Rothirschs sind heute noch eine begehrte Trophäe.

Im Barock, als die ersten Raritätenkabinette entstanden, entwickelten viele Fürsten auch eine Vorliebe für Geweihanomalien. Diese können als Folge von Verletzungen oder Hormonstörungen bei allen Hirscharten auftreten, wurden aber wegen der Häufigkeit dieser Tiere vor allem bei Rehen gesammelt. Einige dieser Missbildungen erinnern an Korkenzieher, andere an bizarre barocke Perücken. Heute weiß man, dass sozialer Stress durch Überbevölkerung im Wald oder ständige Störungen eine der Ursachen für diese Phänomene sein können.

August der Starke (1670–1733), Herzog von Sachsen und polnischer König, war einer der ersten Herrscher mit einer stattlichen Trophäensammlung. Der begeisterte Parforcejäger ließ ganze Wälder in Jagdreviere „umbauen". Die Moritzburg bei Dresden beherbergt eine der bedeutendsten Rothirschgeweihsammlungen der Welt, darunter ein Geweih mit 19,8 Kilogramm Gewicht. Dennoch waren die Trophäen (griech. tropaion = Siegeszeichen) damals vor allem noch Sammlerobjekte und nicht Beweis eigener Jagdrekorde.

SIEGESZEICHEN

Die eigentliche Trophäenjagd entwickelte sich erst Ende des 19. und im 20. Jahrhundert. Auch hier spielte – ähnlich wie bei der Entwicklung der Jägersprache – die Ausweitung der Jagd auf Kreise außerhalb des Adels eine Rolle. Nach und nach eroberte das Bürgertum Privilegien, die bis dahin der Aristokratie vorbehalten waren. Unter anderem legten sich die finanzkräftigen Aufsteiger Jagdtrophäen als Attribute gesellschaftlicher Bedeutung zu. Gleichzeitig war im Biedermeier eine „neue Empfindsamkeit" mit einem bis dahin ungekannten Interesse an der Natur entstanden. Man entdeckte und erforschte seine Umwelt mit Käfer- und Schmetterlingssammlungen oder auch Herbarien.

Grandeln wurden zum eleganten Schmuck, den man nun auch der Geliebten als Amulett schenkte. Nicht mehr nur vom Adel in Auftrag gegeben, sondern auch vom Bürgertum als repräsentative Wertanlage gesammelt wurden Gemälde, wie die Jagdszenen des französischen Malers Gustave Courbet (1819–1877), der als begeisterter Jäger mehr als 130 Arbeiten diesem Thema gewidmet hat. Diese neue Art der Jagdmalerei spiegelte das Selbstbewusstsein des wachsenden Bürgertums wider. Die Jagd wird gleichzeitig auch Thema der neu entstandenen „Ansichtskarten" und ihrer Reproduktionen bekannter Gemälde.

Nach 1848 wurden immer mehr Jagdvereine gegründet. Mit dem Interesse der bürgerlichen Gesellschaft an der Jagd kamen die ersten Zeitschriften auf den Markt, zum Beispiel 1821 die Prager *Abhandlungen aus dem Forst- und Jagdwesen*. Lieblingsblatt des Kaisers war die *Hugo'sche Jagdzeitung*, 1858 die erste allgemeine österreichische Jagdzeitung.

Ein jagdlicher Höhepunkt dieser Zeit war 1880 eine Ausstellung in Graz, mit der weltweit ersten „Geweih-Concurrenz und Abnormitäten-Ausstellung". Zu dieser Zeit wurden auch Rekordbücher ein wesentlicher Teil der Jagd. Bessere Techniken der Präparation ermöglichten Erweiterungen der Trophäensammlungen durch Ganzpräparate in Lebendstellung oder von der Decke hängend.

Wie groß das Interesse der Bevölkerung an der Jagd inzwischen war, zeigte die Weltjagdausstellung, die 1910 anlässlich des 80. Geburtstags des Kaisers in Wien als pompöse Großveranstaltung abgehalten wurde. Sie wurde von 2,7 Millionen Menschen besucht. Ein „Österreichisches Reichshaus" wurde von den Jagdidolen Markgraf Leopold III. und Kaiser Maximilian I. flankiert. In prachtvollen Pavillons demonstrierten österreichische Adelsgeschlechter ihr weidmännisches Können. Kaiser Wilhelm II., die Könige von Schweden, Belgien, Bulgarien und Sachsen kamen, auch der ehemalige US-Präsident Theodore Roosevelt.

Von den provisorisch errichteten Gebäuden rund um die Rotunde im Wiener Prater sind nur noch Fotografien erhalten. Kaiser Franz Joseph stellte damals die originale Inneneinrichtung des Jagdschlosses Mürzsteg zur Verfügung, das detailgetreu nachgebaut worden war. Das Volk konnte hier einen ersten Blick hinter die adeligen Kulissen werfen, die wenige Jahre später mit dem Krieg zusammenbrechen sollten.

HUNDEJUNGEN UND FEDERSCHÜTZEN

Mit der Annektierung der herrenlosen Wälder durch Karl den Großen (siehe Seite 110), mit den ersten Bannforsten also, ist auch der Beruf des Försters entstanden. Damals hatten diese Beamten einen hohen Rang, sie waren den höchsten Spitzenbeamten, den „Erzbeamten" – den Pfalzgrafen, Schatzmeistern und Kanzlern –, gleichgestellt. Die Wildförster am kaiserlichen Hof bekamen ihr Amt als Lehen, einige konnten es sogar weitervererben. Sie hatten Holzrechte und durften gelegentlich Wild für den eigenen Gebrauch erlegen. Sie erhielten Schuss- und Fangggeld sowie das „Jägerrecht": Das war das Haupt des erlegten Tiers mit dem Hals (Träger) und den oberen Rippen.

Was genau ein Jäger zu lernen hat, wurde zum ersten Mal im 17. und 18. Jahrhundert dokumentiert. Die Bewerber sollten lesen, schreiben und rechnen können. Im ersten Jahr war der Jagdlehrling damals „Hundejunge", weil er für die Pflege und Fütterung der Jagdhunde, ganz besonders der Leithunde, zuständig war. Im zweiten Jahr durfte er sie dann als Lehrbursche bereits dressieren, außerdem viel auf der Jagd dabei sein und das Jagdhorn tragen. Außerdem trainierte er den Umgang mit der Waffe. Im dritten Lehrjahr wurde er als Jägerbursch feierlich wehrhaft gemacht und durfte nun den Hirschfänger tragen. Zur Feier des Tages erteilte der Lehrprinz dem Jägerburschen eine Ohrfeige mit den Worten: *„Erinnere dich des Backenstreiches, den unser lieber Heiland bei seinem unschuldigen Leiden um unsertwillen hat erdulden müssen."* Junge Adelige machten eine ähnliche Ausbildung, die aber nicht so streng war. Statt des Hirschfängers erhielten sie den Kavaliersdegen.

Eine Schmalspurausbildung hatten die sogenannten „Federschützen", die nur das „kleine Handwerk" erlernten und im Rahmen der Niederwildjagd vor allem mit Netzen und Garnen hantierten. Außerdem konnten sie mit Hühnerhunden umgehen. Sie durften jedoch keinen Hirschfänger und kein Horn tragen.

Im Dienst konnte sich ein Jäger zum Ober- oder Oberhofjäger hocharbeiten, Jägermeister oder sogar Oberjägermeister werden. Der Reichserzjägermeister war ein Ehrentitel, der vom Kaiser verliehen wurde. Im Dritten Reich, als die Jagdorganisationen wie alles andere „gleichgeschaltet" wurden, griffen die Nazis auf diese Tradition zurück und machten Hermann Göring zum „Reichsjägermeister".

Ein geselliges Beisammensitzen mit Jause beschließt die Jagd.

BOCKFLINTE MIT VERZIERUNG.

Bockflinten sind im jagdlichen Schießen universell einsetzbar. Je nach Ausbildung der Verschlusskonstruktion sind mit diesen Waffen hohe Schussanzahlen ohne Beeinträchtigung der Trefferbilder und ohne Nachteile für den Schützen möglich, da der Vorderschaft den unteren Lauf umschließt. Die Hand greift nicht direkt auf das heiße Metall.

VIELSEITIGER JAGDBERUF

Heute werden Berufsjäger je nach Bundesland zwischen zwei und drei Jahren ausgebildet, und das in einem mindestens 1000 Hektar großen Revier, in dem mindestens drei Schalentierarten leben. Ihre Tätigkeit liegt mitten im Spannungsfeld der ökonomischen Zielsetzungen der Waldbesitzer, dem Jagdschutz und der Ökologie. Derzeit sind in Österreich rund 480 Berufsjäger/-innen beschäftigt. Sie sind bei Jagdpächtern, Grundeigentümern, Jagdgenossenschaften und Nationalparks angestellt. Ihre Aufgabe besteht darin, den Wildbestand zu erhalten – dazu zählen die Erfassung der Tiere, die Abschussplanung und die Entwicklung von Bejagungskonzepten. Sie müssen dafür sorgen, dass das Revier in Ordnung ist, Hochstände nicht baufällig werden, Pirschsteige begehbar bleiben. Außerdem entwickeln sie Überwinterungskonzepte und kümmern sich um eine artgerechte Wildtierfütterung.

Im Spannungsfeld Wald und Wild müssen Berufsjäger immer häufiger als sachkundige Vermittler auftreten, Behörden beraten, wenn es um die Freizeitnutzung des Waldes geht, und die Öffentlichkeit über ihre Arbeit informieren („Jäger in der Schule"). Viele Berufsjäger sind an einer wildökologischen Raumplanung und an wissenschaftlichen Projekten beteiligt.

Zum umfangreichen Kanon ihres Berufswissens gehört also viel mehr als nur Jagdmethoden, Waffenkunde und Jagdhundewesen. Sie müssen Landmaschinentechnik beherrschen, Wildbrethygiene und -vermarktung, Natur- und Tierschutz bis hin zu EDV und Buchführung.

WEIDGERECHTE WERTE

Wird das erste Stück Schalen- oder Flugwild erlegt, so erhält der Jäger seinen Ritter-, den „Jägerschlag". *„Der erste Schlag soll dich zum Jäger weihn!"*, sagt der Jagdherr dann feierlich, wenn er dem erfolgreichen Schützen den Hirschfänger auf die rechte Schulter legt.

„Der zweite Schlag soll dir die Kraft verleihn, zu üben stets das Rechte. Der dritte Schlag soll dich verpflichten, nie auf die Jägerehre zu verzichten!" So zumindest empfiehlt das die Kärntner Jägerschaft. Mit einem „Weidmannsdank", wird dort geraten, soll der Schütze dann versprechen, sich künftig weidgerecht zu verhalten.

„Weidgerecht" umfasst Brauchtum, Traditionen und Regeln des jagdlichen Handwerks sowie eine klare ethische Einstellung gegenüber Tier, Mitmenschen und Umwelt. Gesetzlich vorgeschrieben wurde die Weidgerechtigkeit erstmals im Reichsjagdgesetz von 1934. Seither ist sie Bestandteil aller österreichischen oder deutschen Jagdgesetze. Schwere oder wiederholte Verstöße gegen die Weidgerechtigkeit können den Entzug des Jagdscheins zur Folge haben.

Juristisch gesehen ist Weidgerechtigkeit jedoch ein unbestimmter Rechtsbegriff. Legal jagt, wer die Vorschriften des Jagd- und Waffen-, des Tierschutz- und Umweltrechts einhält. Das sei aber noch lange nicht weidgerecht, betont Peter Conrad, ehemaliger Jagdreferent von Rheinland-Pfalz. So gilt es zwar als nicht-weidmännisch, auf einen Fasan zu schießen, der nicht auffliegt, sondern wegläuft („Infanterist"), das aber ist Tradition, nicht Tierschutz – denn ein Infanterist ist leichter zu treffen als ein mit 40 Stundenkilometern fliegender Fasan. Ähnliches gilt für den legalen, aber nicht weidgerechten Schuss auf einen Hasen, der in seiner Sasse (einer Erdmulde) sitzt.

Konflikte zwischen Brauchtum und Werten entstehen auch dort, wo die tradierte Auffassung von Weidgerechtigkeit durch moderne Technologien infrage gestellt wird. So sind optische Lockmittel wie Lockenten oder Gänseattrappen allgemein anerkannt, auch akustische Lockrufe – das Quäken zum Beispiel, mit dem ein Jäger den Klagelaut eines Hasen imitiert und damit den Fuchs herbeiruft. Oder das Blatten, wenn die Fieplaute eines weiblichen Rehs mit einem Grashalm oder einer speziellen „Rehblatter" imitiert werden, um den Bock anzulocken.

Was aber ist mit Lockstoffen auf Geruchsbasis? Sie sind vielleicht beim Borkenkäfer akzeptiert, nicht aber zur Anlockung von Schalenwild, legt beispielsweise das steirische Jagdgesetz fest. Manche Regelungen, wie in Rheinland-Pfalz, bestimmen, dass keine synthetischen Lockstoffe verwendet werden dürfen. Aber bedeutet das im Umkehrschluss, dass natürliche (Anisöl) statthaft sind oder rauschige Hausschweine in den Wald getrieben werden können, um wilde Eber zu ködern? Angesichts der epidemischen Ausbreitung des Schwarzwilds machen die Jagdgesetze bei diesem Wild viele Ausnahmen – aber ist es „fair", die Wildschweine mit Buchenholzteer mit Futter vor die Flinte zu locken, zu „kirren"? Gekirrte Tiere dürfen geschossen werden, gefütterte nicht, obwohl der Schritt vom Locken zum Verpflegen in Wirklichkeit ein sehr kleiner ist.

Nachtsichtgeräte sind in Österreich verboten, doch was unterscheidet sie von anderen Verbesserungen der Waffentechnologie? Und sollen sie zum Abschuss von Schwarzwild erlaubt werden, wie es in Österreich diskutiert wird, oder ist es „artgerechter", zur Dezimierung der haarigen Schweine Antibabysubstanzen auszulegen? Oder soll es erlaubt werden, die Muttersauen abzuschießen, obwohl das nicht vom Ehrenkodex der Jagd gedeckt wird? Man schießt nicht aus großer Entfernung auf Wild, es ist ein Verstoß gegen den Tierschutz – doch unter Jägern wird es bei streichenden Gänsen praktiziert.

Diese Beispiele zeigen, dass die Ethik der Jagd sich den Umständen genauso anpassen muss wie die Jagdmethoden selbst. Die Inhomogenität der Weidgerechtigkeit hat zumindest den einen Vorteil, dass die Diskussion um die Aktualität und Gültigkeit der Werte lebendig und herausfordernd bleibt.

Ein erlegtes Wildschwein mit dem Schützen.

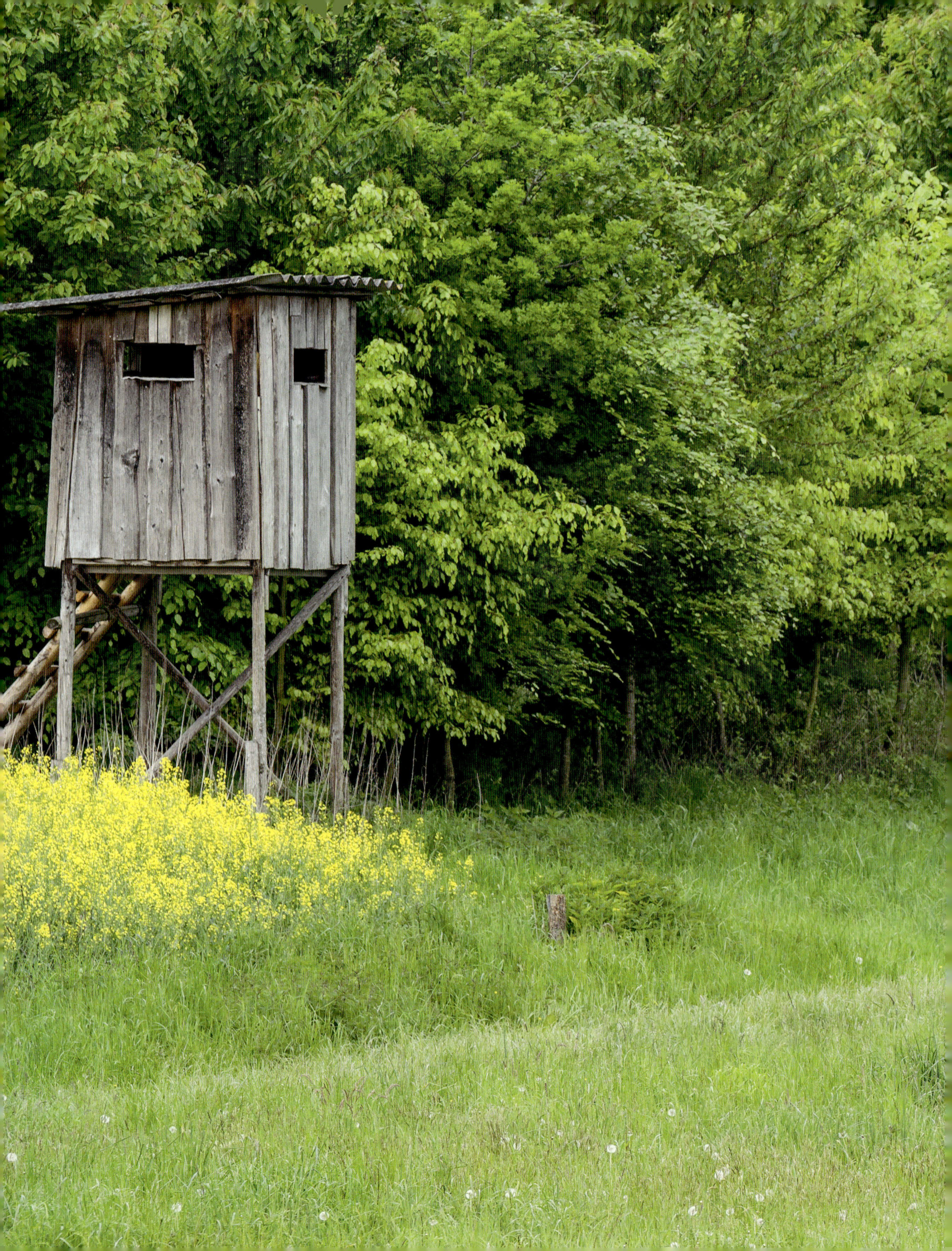

JAGDARTEN

Treiben, Pirschen, Ansitzen – das sind die drei Elemente der Jagd, die sich seit den Zeiten, als der Mensch noch ein Jägervolk war, bis heute erhalten haben. Auch damals gab es schon Wild, das allein und in Einsamkeit mit Pfeil und Bogen oder mit Schlingen gejagt wurde. Zur Jagd auf Herdentiere und Großwild musste man kooperieren – die Anfänge der Gesellschaftsjagd. Dabei spielte auch die List schon eine gewisse Rolle: Wo der Mensch seiner Beute kräftemäßig unterlegen war, musste er sie auf andere Weise zu Fall bringen – zum Beispiel, indem sie in Schluchten oder angelegte Fallen getrieben wurde und dort zu Tode stürzte. Das allerdings würde man heute als unweidmännisch ansehen.

Mit der Entwicklung immer besserer und stärkerer Waffen veränderte sich die Jagd. Gleichzeitig wurde sie elaborierter, spielerischer – und wandelte sich vom reinen Nahrungserwerb zur sportlichen Unterhaltung. Während in Mitteleuropa ein Ur oder ein Eber noch mit Stoßspeeren und Steinspitzen gejagt wurden, wurden in der antiken Hochkultur Ägyptens Wasservögel bereits mit einem eleganten Wurfholz erlegt oder mit einem Schlagnetz, das mit langen dünnen Stangen gesteuert wurde: Vor niedrig streichenden Vögeln richtete sich das zusammengefaltete Netz plötzlich auf und „sammelte" sie sozusagen ein. Auch Lockenten aus Lehm und Federn gab es bereits.

FAIRNESS UND VERGNÜGEN

Die Idee des fairen Wettkampfs, ein Vorläufer der Weidgerechtigkeit, findet sich schon in Abhandlungen zur Jagd, die von den Römern verfasst wurden. So der Geschichtsschreiber Flavius Arrianus (um 95–175 n. Chr.): „*Das Ziel des wahren Sportsmannes ist nicht die Erbeutung des Hasen, sondern es besteht darin, ihn zu einem Wettrennen oder Duell zu bewegen. Er ist erfreut, wenn es dem Tier gelingt zu entkommen.*" Wenig weidgerecht allerdings waren die blutigen Tierkämpfe in den Arenen, die der Volksbelustigung dienten. Diese Art der „Jagd", Vergnügen, das auf dem zur Schau gestellten Leid von Tieren beruhte, hielt sich allerdings über viele Jahrhunderte, bis ins Barock und seine Jagdkarnevals mit verkleideten Tieren oder dem Fuchsprellen, bei dem die Tiere so lange in die Luft geschleudert wurden, bis sie verendeten (siehe Seite 115).

Hunde sind bereits seit der Steinzeit Begleiter des Menschen auf der Jagd. Anfangs trieben sie nach Wolfsart das Wild in die Enge. Hatten sie Erfolg, musste der Mensch sich beeilen, damit die Beute nicht aufgefressen war, bevor er sie erreichte. Der Aggressionsverlust der Hunde und ihre Anpassung an den Menschen führten jedoch dazu, dass Hunde bald gezielt für bestimmte Aufgaben trainiert wurden. Sie sollten Fährten aufspüren, das Wild hetzen, aufstöbern, bewachen und apportieren. Eines der ältesten bekannten Schriftzeichen der Welt, um 3500 v. Chr. in Mesopotamien erfunden, bedeutet „Jagdhund". Im antiken Griechenland war die Jagd so eng mit dem Hund verbunden, dass das Wort dafür „kyngesion" – was mit dem Hund geschieht – lautete. Und besagter Arrianus betonte sogar: *„Ein Hund von wirklich guter Rasse ist ein großer Besitz, der einem Jäger nicht ohne die Gunst der Götter zuteilwird."*

Seit dem frühen Mittelalter wurden immer mehr Nutzungsarten aus den Hunderassen herausgezüchtet. Man versuchte, besonders leistungsstarke Spürhunde zu erzeugen, kräftige Packer, flinke Laufhunde für die Hetz und Vogelhunde, die gemeinsam mit Greifvögeln auf der Beizjagd dem Jäger zuarbeiteten. In England und Frankreich, wo die Parforcejagd besonders hoch im Kurs stand, bekam die Meute eine immer wichtigere Bedeutung. Bei der Parforcejagd, heute nur noch regional in Frankreich gestattet, stöbert der Leithund den Hirsch, den Fuchs oder die Wildsau auf. Dann lässt man die Meutehunde los, die von Pikören geführt werden. Verfolgt von den Pferden der Reiter, hetzen sie den Hirsch mit großer Ausdauer so lange, bis er erschöpft ist und von den Hunden gestellt wird. Die Kommunikation auf dieser kilometerlangen Jagd läuft über Hornsignal der „Trompes de Chasse".

Kupferstich einer Jagdszene. „Wird nur das Wild erblickt, so muss erleget seyn. Dann die per force Jagd geht über Stock und Stein."

Von einer Hundemeute gehetzte Bären.

FUCHSJAGD NACH GELÄUT

In England hat vor allem die Fuchsjagd parforce eine große Tradition. Sie wurde dort nach vielen Debatten über Tierquälerei erst 2005 endgültig abgeschafft, durch ein Verbot, das immer noch heftig umstritten ist. Wie elaboriert diese Jagd dort als Kunstform zelebriert wurde, zeigt die Geschichte der Tudors: Dieses Herrschergeschlecht setzte seine Meuten aus Hunden zusammen, deren Stimmen klanglich aufeinander abgestimmt waren. Eines der sportlichen Vergnügen bestand darin, die Hunde am Klang zu erkennen und der Jagd nach Gehör zu folgen. Heute findet die Fuchsjagd noch als „Schleppjagd" ohne Fuchs statt – die Meute folgt einem Reiter mit Fuchsschwanz oder einer anderen Duftspur („Schleppe").

Meutehunde sollten ausdauernd sein und Leidenschaft zur Hetze entwickeln. Der Vogelhund hingegen muss seine Instinkte beherrschen können und ständig im intensiven Kontakt mit dem Falkner bleiben. Er soll das Flugwild nur aufstöbern, nicht packen, das bleibt dem Greifvogel überlassen (siehe Seite 98). Meutehunde sind zum Beispiel der Foxhound und der Beagle.

Als Mitte des 19. Jahrhunderts die spektakulären Gesellschaftsjagden mehr und mehr von stillen Einzeljagden abgelöst wurden, änderte sich das Anforderungsspektrum der Hunde. Mit der Ausbreitung der Kulturlandschaften wurden mehr Rebhühner, Wachteln und Fasane gejagt. Das intensivierte die Züchtung von Vorstehhunden, etwa den Ungarischen Vizsla, den Irish Setter oder den englischen Pointer: Sie werden speziell darauf abgerichtet, das von ihnen gefundene Federwild so lange in Ruhe zu lassen, bis ein breites Netz über das sich drückende Wild gespannt ist. Ein klassischer Apportierhund ist, wie der Name schon sagt, der Retriever.

Erlegte Füchse am Winterende.

BRACKIEREN UND BAUJAGD

Bracken sind schlanke und große Laufhunde, deren Vorläufer schon von Römern, Galliern und Kelten verwendet wurden. Mit der Verkleinerung der Reviere durch die Ausdehnung der Kulturlandschaften wurden Bracken seltener gebraucht. Die Hunde, die auf Hasen oder Füchse angesetzt werden, sind heute kleiner und langsamer. Während die Brackenjagd in Deutschland zurückgeht, ist sie in Österreich noch weitverbreitet, beispielsweise in den Bergen.

Die Bracke spürt das Wild auf und setzt es in Bewegung, aber nicht in Panik. Der Spürhund hat die Nase dicht über dem Boden und gibt häufig Laut.

Der Brackenjäger erkennt durch das Bellen („Geläut") seines Hundes die Wildart und somit auch den Verlauf der Jagd, die sehr lange dauern kann. Die Beute nämlich tut alles, um den Verfolger loszuwerden – zum Beispiel durch Hakenschlagen. Der Jäger wartet am Einstand des Tiers, an der Sasse oder am Fuchsbau, zu denen diese standorttreuen Tiere immer wieder zurückkehren. Stöberhunde, wie Cockerspaniels oder der Deutsche Wachtelhund, folgen einem ähnlichen Prinzip: Sie treiben das Wild aus der Deckung in seine angestammten Fluchtwechsel, wo es vom Jäger abgepasst wird.

Ein Abkömmling der Bracken ist der Bayerische Gebirgsschweißhund, der darauf spezialisiert ist, das Blut (den „Schweiß") verletzter Tiere aufzuspüren.

Jagdszene mit Rebhuhnjagd.

Die Ansitzjagd ist eine weit verbreitete Jagdart. Unter Beachtung der Windrichtung wartet der Jäger – entweder ebenerdig oder auf einem Hochsitz – auf wechselndes Wild.

Eine besonders erfolgreiche Jagdart auf Füchse und Dachse ist die Baujagd. Erdhunde wie Teckel oder Terrier treiben mit heftigen Attacken den Fuchs aus dem Bau. Bei Dachsen ist die Baujagd schwieriger, denn statt an die Oberfläche zu fliehen, versucht der Dachs, sich oder den Hund einzugraben („Verklüftung"). Der Jäger muss dann zum Spaten greifen, um seinen Hund zu retten. Kaninchenbauten sind für Hunde zu klein, deshalb werden hier trainierte Frettchen eingesetzt. Sie tragen häufig ein Glöckchen um den Hals, um sie in den weitläufigen Gängen orten zu können.

ANSITZJAGD UND PIRSCH

Die häufigste Jagd in Mitteleuropa verläuft jedoch still und unspektakulär: in den kühlen Morgennebeln oder der Abenddämmerung. Dann, wenn das Rotwild zum Äsen auf die Lichtungen tritt oder die Rehe die Ackerränder nach Früchten absuchen, ist die Stunde der Jäger. Die warten auf einer Leiter oder einem Hochsitz am Waldrand, nachdem sie geprüft haben, ob sie der Wind nicht verrät. Die Ansitze können bis zu 200 Metern voneinander entfernt sein und sind deshalb so hoch, damit das Wild den Geruch des Menschen nicht unmittelbar in die Nase bekommt. Meistens sind die Jäger schon ein- bis eineinhalb Stunden vor der eigentlichen Jagdzeit zum Ansitz gekommen.

Auch im Mondlicht lässt sich gut jagen, wenn das Schwarzwild aktiv ist. Zwei Drittel der Wildschweine werden auf so einer Ansitzjagd erlegt, häufig an Kirrungen, wo Futter ausgestreut ist, um die Tiere anzulocken. Die Ansitzjagd ist eine stille, fast meditative Form der Jagd, die viel Geduld erfordert und häufig allein oder zu zweit erfolgt.

Der frühe Morgen mit seinem taunassen Boden ist die beste Zeit für die Pirsch. Hier wartet der Jäger nicht auf das Wild, sondern nähert sich ihm, so weit es geht, um eine gute Schussposition zu erlangen. Dabei ist es wichtig, die Wechsel, Äsungen und Einstände des Wildes zu kennen. Den Wind im Rücken zu haben ist dabei ebenso vernichtend wie ein lautes Geräusch im trockenen Laub. In jedem Revier werden deshalb Pirschwege angelegt und regelmäßig von Ästen und Blättern befreit („gefegt"). Natürlich sollte dann auch das Mobiltelefon ausgeschaltet sein. Im Winter wird häufig zur Mittagszeit gepirscht, wenn das Wild sich auf Hängen oder Lichtungen in der Sonne aufwärmt.

Jagdkanzel bei Sonnenaufgang – der frühe Morgen gehört zu den wichtigsten Zeiten für die Ansitzjagd.

Foto © Eva & Helmut Pum

DRÜCK- UND TREIBJAGD

Deutlich lauter geht es bei der Drück- und Treibjagd zu, denn sie zählen zu den gesellschaftlichen Bewegungsjagden. Bei der Drückjagd scheuchen („drücken") Treiber, häufig verstärkt durch sogenannte Durchgehschützen mit Hunden, Schalen- oder Schwarzwild aus seiner Deckung und in Richtung der wartenden Jäger. Da das Wild in der Regel langsam zieht, hat der Jäger genügend Zeit, das Tier „anzusprechen", es also sicher zu identifizieren, was sein Geschlecht und Alter angeht.

Drückjagden beginnen im Herbst und enden im Februar. Sie finden oft revierübergreifend statt. Ziel ist, in einer einmaligen und konzertierten Aktion den Wildbestand in einem Revier deutlich zu dezimieren, ohne nachhaltige Unruhe in den Wald zu bringen. Damit können Wildschäden dezimiert und Krankheiten eingedämmt werden. Im Visier sind dabei vor allem Wildschweine – Frischlinge und Überläufer, jene Tiere, die gerade die Rotte verlassen haben. Flüchtende Keiler sollten nicht mit weiblichen Leittieren verwechselt werden, da der Abschuss dieser Bachen die Familienverbände zerstört und letztlich das Populationswachstum antreibt (siehe Seite 66). Gejagt wird auch auf Kahlwild und Kälber (weibliche Hirsche und ihre Kinder) sowie Ricken und Kitze.

Bei der Treibjagd wird das Wild zur Flucht bewegt. Sie findet meist auf Niederwild – Hase, Fasan oder Fuchs – statt und in der Regel mit der Schrotflinte

Treibjagdgesellschaft – Hunde sind bereits seit der Steinzeit Begleiter des Menschen auf der Jagd.

und mit Hunden, die das Wild nicht nur aufstöbern, sondern auch nachsuchen.

Die Riegeljagd findet im Gebirge statt. Wenige Treiber gehen langsam durchs Revier und zwingen das Wild dazu, seine gewohnten Wechsel einzunehmen.

LOCKJAGD UND FALLEN

Wildschweine werden häufig mit Nahrung, zum Beispiel Mais, zu bestimmten Plätzen gelockt – man nennt das in der Jägersprache „kirren". Der Erfolg ist umstritten: Zwar wird ein Großteil des erlegten Schwarzwilds an Kirrungen von einer Kugel getroffen. Gleichzeitig scheint sich das Schwarzwild aber umso besser zu vermehren – auch wegen des zusätzlichen Nahrungsangebots (siehe Seite 66). Die Kirrung muss sich in der Menge deutlich von einer Fütterung unterscheiden. Pro 200 Hektar Wald darf nur eine Kirrstelle existieren, an der nicht mehr als ein Kilo artgerechtes Futter am Tag ausgebracht werden darf. Bis auf Wildschweine darf in Österreich kein Schalenwild gekirrt werden. In Deutschland sind die gesetzlichen Regelungen je nach Bundesland sehr unterschiedlich. In Bayern gibt es im Landesjagdgesetz keine Vorschriften dazu.

Man kann Wild aber auch durch Gerüche, Laute oder Attrappen locken (siehe Seite 34). Das Anlocken von Raubwild durch Fleisch oder Innereien in der Nähe eines Ansitzes nennt man Ludern. Es ist eine Möglichkeit der Fuchsjagd.

Füchse, Dachs und Marder werden auch mit Fallen bejagt. Fallen zu stellen (zum Beispiel eine „Wolfsgrube" zu graben) ist eine der ältesten Methoden der Menschheit, dem Wild nachzustellen. In der modernen Zeit geraten die Fallen in Kritik, weil sie leicht mit dem Tierschutz in Konflikt kommen, wenn sie nicht sachgerecht oder sogar illegal aufgestellt werden. Zwar dürfen die Fallen nur auf Zug und nicht auf Tritt reagieren, trotzdem hatte sich 2009 in Oberösterreich ein 13-jähriges Mädchen in einem Fangeisen verletzt. Daraufhin wurden sie dort verboten.

In den einzelnen Bundesländern Österreichs wie auch Deutschlands gibt es unterschiedliche Vorschriften dazu. In der Regel dürfen nur Jäger mit gültigem Jagdschein und Jagderlaubnis Fallen aufstellen. Die Tiere dürfen nicht verletzt werden, sondern sollen entweder unversehrt gefangen werden oder sicher getötet werden, ohne dass Menschen oder anderen Tieren eine Gefahr daraus erwächst. Totfallen benötigen eine spezielle Genehmigung. Das anvisierte Wild muss natürlich auch Jagdzeit haben. Im Bundesland Niederösterreich sind beispielsweise nur Kastenfallen für Haar- und Schwarzwild gestattet. Krähenfänge für Raben- und Nebelkrähen, Elstern und Eichelhäher benötigen eine Ausnahmegenehmigung.

Fallen sind aber auch eine schonende Jagdmethode in Nationalparkgebieten, um bei geschützten Brutvögeln das Raubwild in Schach zu halten.

SCHONZEITEN UND ABSCHUSSPLÄNE

Alle Landesjagdgesetze und Durchführungsverordnungen legen für ihr Bundesland Schuss- und Schonzeiten für die einzelnen Wildarten fest. Sie bestimmen auch, was „Wild" ist und was nicht, zum Beispiel, wenn eine neue Tierart wie der Goldschakal auftaucht. Die Behörden können für einzelne Bezirke Schuss- und Schonzeiten nach regionalen Bedürfnissen verlängern oder verkürzen.

Die Jagd auf Schalenwild und Raufußhühner (in einigen Bundesländern auch Murmeltiere) muss behördlich bewilligt werden, ausgenommen sind Wildschweine. Für jedes Jagdgebiet gibt es eine Abschussliste, die jährlich überprüft wird. Bei einer Hegeschau werden die durchgeführten Abschüsse anhand der Trophäen nach Geschlecht und Altersklassen bewertet und mit den Abschussplänen verglichen.

Ein Jäger legt eine Hasenstrecke.

DIE UMSTRITTENE GATTERJAGD

Das Gatter sei eine der ältesten jagdkulturellen Erfindungen, sagen die einen. Die Gatterjagd schaffe Leiden und verstoße gegen Weidgerechtigkeit und Tierschutz, argumentieren die anderen. Tradition und Perversion – beim Streit um eingezäunte Reviere geht es hoch her. Da werden tote Fasane vor ein Landhaus gelegt, jagdfeindliche Autowapperl verteilt und Gerichte angerufen. Zu Recht? Nur noch in vier Bundesländern ist die Jagd im Gatter erlaubt, nämlich in Wien, im Burgenland, in Niederösterreich und in Salzburg. Ein grundsätzliches Verbot der Gatterjagd und die Überarbeitung von Jagdgesetzen wird in mehreren Bundesländern diskutiert. Warum?

Tatsache ist, dass schon die Römer Wildparks zur militärischen Truppenversorgung einrichteten, die später Teil der höfischen Jagdkultur des Mittelalters bis in die Neuzeit wurden. Der Lainzer Tiergarten ist

JAGDARTEN

eines der bekanntesten eingezäunten Reviere. Die Massaker, die in vergangenen Jahrhunderten in den feudalen Gattern vorgenommen wurden, sind aus heutiger ethischer und tierschützerischer Sicht nicht mehr zu verantworten. Trotzdem machen Gatterjagd und vor allem „Kistlfasane" immer noch Schlagzeilen und beschäftigen Öffentlichkeit und Behörden.

Ist es statthaft, Tiere in Gehegen zu füttern und heranzuziehen, nur um sie danach abzuschießen? Was unterscheidet die Jagd in diesem Fall noch von der Tierproduktion? Was sind die rechtlichen Voraussetzungen? Juristisch gesehen muss man zwischen Gattern unterscheiden, die der Jagd dienen, und anderen, in denen Wildtiere für jagdliche Zwecke gezüchtet werden, um dann für die Jagd zu dienen oder an andere Reviere ausgeliefert zu werden. Beide unterliegen den Vorschriften der Landesjagdgesetze. Häufig sind sie miteinander kombiniert.

Eine andere Kategorie ist die Wildtierhaltung zur Fleischgewinnung, die dem Tierschutzgesetz unterstellt ist. Dort darf nicht gejagt werden und diese Tiere dürfen auch nicht an Jagdgatter geliefert werden. Ihre Schlachtung hat veterinärmedizinische Vorgaben.

Ziel der Jagd-Gatterhaltung sind vor allem besondere Trophäen, die man durch Hormongaben erreichen kann. Manchmal fliegen solche „Doping"-Fälle auf, zum Beispiel als 2006 ein deutscher Baron in Bulgarien für 65 000 Euro einen 42-Ender als Weltrekordhirsch erlegte. Neidische Weidgenossen ließen den Abschuss überprüfen, und es stellte sich heraus, dass der Hirsch „Burlei" von einem Pensionisten in Oberösterreich großgezogen worden und handzahm war. Auch die Gatterzucht arbeitet an solchen Trophäen, deren Jagd Tausende von Euro kostet und auf jeden Fall mehr einbringt als das Wildfleisch. Dafür werden Tiere auch – wie schon seit Jahrhunderten – von einem Revier ins andere transportiert.

Die meisten Jagdgatter dienen der Zucht und Bejagung von Wildschweinen und Rothirschen, aber es gibt auch viele Mufflons, Damhirsche und Rehe, sogar Steinböcke und Gämsen in Jagdgattern.

Die Größe beträgt mindestens einen Quadratkilometer, die Besatzdichte wird bei der Genehmigung festgelegt. In Österreich führt der Verein gegen Tierfabriken (VGT) gemeinsam mit den Grünen eine Kampagne gegen die Gatterjagd und prangert viele Rechtsverletzungen und andere Missstände in diesem Zusammenhang an.

Die sogenannten „Kistlfasane" stehen besonders im Visier der kritischen Öffentlichkeit. Dabei geht es um die Züchtung von Fasanen, aber auch Rebhühnern und Stockenten in Massentierhaltung, die dann kurz vor einer Jagd in die Freiheit entlassen werden. Die Zuchtfasane sind in der freien Natur kaum lebensfähig (siehe auch Seite 172). In der jährlichen Abschussbilanz zählen sie dennoch als Wildtiere. Mehrere Bundesländer prüfen derzeit ein Verbot. Seit der Tierschutz in Österreich 2013 zum Staatsziel wurde, sei ein Verbot verfassungsrechtlich möglich, argumentieren mehrere Gutachten im Auftrag des VGT. Würden Tierschutz und Forstrecht eingehalten – so ein gerichtlich beeideter Sachverständiger –, wäre die Attraktivität der Gatterjagd ohnehin gering, weil die Besatzdichte dann geringer werden müsste und der Wald geschont. Den Teilnehmern der Gatterjagd gehe es jedoch um den schnellen Abschuss.

Bei den Treibjagden in den Gattern werden die Tiere unter starken Stress gesetzt, das setzt die Fleischqualität stark herunter, weshalb viele Jäger auch diese Jagdform ablehnen. Eine Wildbiologin und ein Veterinärmediziner unter den Gutachtern kamen deshalb zu dem Schluss, dass zumindest bei Treibjagden in abgeschlossenen Gebieten gegen die Grundsätze der Weidegerechtigkeit und des Tierschutzes verstoßen würde.

Was den berühmten Lainzer Tiergarten in Wien angeht, so wurde die Jagd dort auf Wildschweine und Rehe eingeschränkt. Die Fütterungen werden nach einer Übergangsphase auslaufen. Grünbrücken sollen ab 2021 den Wechsel in den Wienerwald ermöglichen. Damwild und Mufflons erhalten Köder mit Verhütungsmitteln, um ihre Vermehrung zu beenden.

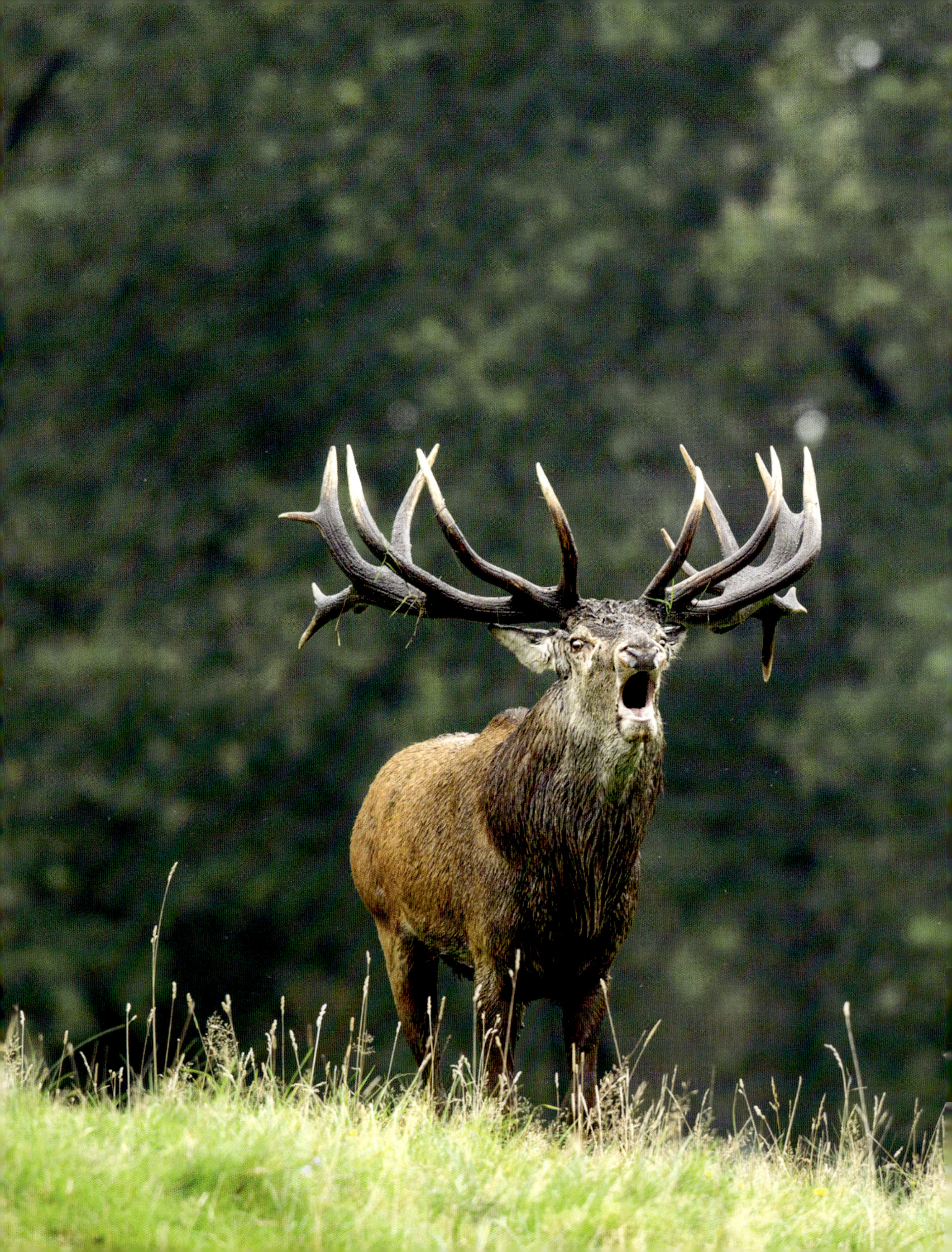

DAS WILD

Foto © Eva & Helmut Pum

Wie wild ist das Wild? Längst nicht alle frei lebenden Wildtiere Europas sind dem Jagdrecht unterstellt. Nur ein Bruchteil wird als jagdbar eingestuft – als prinzipiell jagdbar, denn zum Wild zählen auch Tierarten, die das ganze Jahr unter Schutz gestellt sind oder nur mit großen Einschränkungen erlegt werden dürfen.

Was Wild ist, dem wird also, ähnlich wie dem Haustier, ein Nutzen für den Menschen zugeschrieben: warmes Fell, fesche Federn oder wohlschmeckendes Fleisch. Doch Vorsicht: Fischen gilt nicht als Jagd, obwohl es durchaus Ähnlichkeiten aufweist, und Schnecken, Frösche oder Insekten, obwohl im Prinzip essbar und auch nützlich, gelten nicht als Wild, weil man sie nicht erbeuten muss, sondern sammeln kann.

Fell oder Federn?

Aufgrund seiner zoologischen Systematik wird das Wild in zwei große Gruppen eingeteilt: in Haarwild, also alle Säugetiere, die ein Fell haben, und in Federwild, Vögel. Die Untergruppen haben dann schon mit dem jagdlichen Blick zu tun: Das Schalenwild umfasst alles, was Hufe („Schalen") hat – solche Paarhufer sind Wildschweine, Hirsche, Gämsen, Wildziegen und -schafe. Des Weiteren zählen dazu Nagetiere wie Biber und Murmeltier, Feldhase und Kaninchen.

Besonders geschätztes „Nutzwild" sind solche Tierarten, die Fleisch liefern, sich aber selbst überwiegend pflanzlich ernähren, zum Beispiel das Rotwild – auch wenn es im Wald Schaden anrichten kann. Zum „Raubwild" zählen Tiere, die vom Fleisch anderer Tiere leben, wie Wolf oder Fuchs, Eulen und Habichte. In der Geschichte der Jagd wurden sie vom Menschen mitunter gefürchtet, auf jeden Fall aber häufig als Konkurrenten um Beute angesehen. Der Begriff „Raubzeug" ist so altmodisch, wie er klingt, und bei heutigem Wissensstand „politisch" nicht mehr korrekt: Er bezieht sich auf Tiere, die Jägern als unedel galten, wie Rabenvögel oder Ratten.

Hoch oder nieder?

Was „Hoch"- und „Nieder"-Wild ausmacht, hat sich im Lauf der Zeiten mehrfach gewandelt und hing davon ab, was jeweils als „edles" Wild verstanden wurde und deshalb früher dem Hochadel vorbehalten blieb. Bis heute haben sich Begrifflichkeit und Wertschätzung erhalten, auch wenn der Adel seinen Rang verloren hat. Zum Hochwild zählen Hirsch und Keiler, Adler und Bär, Steinbock und Gams. Das Reh hingegen galt wie Hase und Rebhuhn zum Niederwild. Der Fasan musste die Seiten wechseln und verlor mit seiner Vermehrung den Status als begehrtes Hochwild. Hochgeschätzt aber blieben die durchaus schwer zu erjagenden Reiher und das Auerwild.

DAS WILD

DIE „KLASSISCHEN": HIRSCH, REH, STEINBOCK, GÄMSE, WILDSCHWEIN, FUCHS

DER HEILIGE HIRSCH

Ein erlegter „Zehn-" oder „Zwölfender" ist nicht nur ein dickes Pluszeichen im Rekordbuch einer Jagd, die nach Superlativen strebt. Der Hirsch ist einfach ein beeindruckendes Tier mit großer Ausstrahlung, kraftvoll und gravitätisch. Magische Ausstrahlung hat vor allem das Geweih, in dem der Sage nach Hubertus ein flammendes Kreuz erschienen ist (siehe Seite 29). Dass es erst wie eine Krone das Haupt des Hirsches schmückt, um dann plötzlich abgeworfen zu werden und im nächsten Jahr noch schöner und größer wieder aufzuerstehen, das hat Menschen seit Urzeiten fasziniert. Die Frage, warum es abgeworfen wird, ist bis heute nicht eindeutig geklärt. Eine der Thesen ist, dass die männlichen Tiere nach den alljährlichen Brunftkämpfen geschwächt sind und der biologische Sinn des Abwurfs darin liegt, bei Feinden keine weitere Aufmerksamkeit auf sich zu lenken. Wer aber einmal erlebt hat, wie der Wald beim Brunftruf der Hirsche erzittert, der mag an den Wert dieser plötzlichen Diskretion kaum glauben.

Der riesige Kopfschmuck jedenfalls ist Teil eines beeindruckenden Imponiergehabes der männlichen Tiere unter den Hirschen, die neben dem Rotwild auch noch Rehwild und Elche umfassen sowie im hohen Norden die Rentiere. Dam-, Sika- und Weißwedelwild sind dagegen eingebürgerte Arten. Der Elch übrigens war noch im Mittelalter in Österreich heimisch und verschwand dann aus diesen Breitengraden. In den vergangenen Jahren sind immer wieder mal einzelne Tiere, zum Beispiel im Nationalpark Thayatal, gesichtet worden. In Österreich und Bayern sind Elche zwar im Prinzip jagdbares Wild, aber sie stehen das ganze Jahr unter Schutz.

Die roten Könige

Der Rothirsch gilt als „König der Wälder". Wer ihn im Mittelalter wilderte, musste sogar damit rechnen, mit dem Tod bestraft zu werden. Das legendäre Geweih schiebt er zum ersten Mal im zweiten Lebensjahr. Wie lang dabei die ersten „Spieße" sind, das hängt vom sozialen Status der Mutter und ihrer Milchqualität ab. Zum Höhepunkt der Geweihentwicklung kommt es aber erst nach dem zehnten Lebensjahr.

In der modernen Jagd spielt die imposante Zahl der Enden der Trophäe aber nicht mehr die entscheidende Rolle. Viel wichtiger ist die Alters- und Geschlechtsverteilung im Rudel der sozialen Tiere. So werden die Alttiere als wichtig angesehen, um den Bestand zu stabilisieren, denn unerfahrene männliche Tiere verlängern die Brunft, was die Entwicklung des Rudels beeinträchtigt. Geschossen werden vor allem Kälber und Junghirsche bis zum fünften Lebensjahr. Die nächste Altersgruppe bis zu zehn Jahren wird dann weitgehend in Ruhe gelassen, weil sie wichtig für den Aufbau des Bestands sind. Die alten Hirsche sollten mindestens zehn Jahre alt sein, wenn sie erlegt werden. Der Abschuss von Schmaltieren – das sind weibliche Jungtiere, die noch nicht gekalbt haben – und Kälbern ist ebenfalls ein wichtiges Regulativ für den Bestand, um Waldschäden durch Verbiss und Fegen in Grenzen zu halten. Dabei ist wichtig, dass weibliche Alttiere nicht vor ihren Kälbern geschossen werden, weil ihr Nachwuchs sonst ohne den Schutz der Mutter nicht in die Rudelgemeinschaft aufgenommen wird.

Rotwild ist im Gegensatz zum Rehwild nicht territorial. Die Hirsche kämpfen also nicht um Reviere, sondern nur um die brünftigen Hirschkühe. Die Brunftzeit im September ist deshalb auch die Hauptjagdzeit, die meistens im Ansitz erfolgt. Erst nach dem Abwerfen der Geweihe schließen sich die männlichen Tiere wieder zu eigenen Rudeln zusammen. Das weibliche Rotwild und die kleineren („geringen") Hirsche werden auf Drückjagden geschossen. Immerhin 51 677 Stück Rotwild wurden in Österreich in der Jagdsaison 2014/15 erlegt.

Hirschkuh mit Kalb. Die Jungtiere können wenige Stunden nach der Geburt bereits stehen und dem Muttertier auch langsam folgen. Gesäugt wird das Kalb mindestens ein halbes Jahr.

REHBRUNFT

Die Rehbrunft findet in Mitteleuropa etwa von Anfang Juli bis Mitte August statt. Die Brunftzeit der Ricken ist im Gegensatz zu den Männchen kurz und dauert nur jeweils etwa vier Tage. Die letzten Wochen der Brunftzeit werden auch als Blattzeit bezeichnet, weil dann die meisten Ricken gedeckt sind und sich Böcke von Jägern durch „Blatten", das Nachahmen des Fiepens brunftiger Ricken, anlocken lassen.

DAS REH: ZART UND ZÄH

Die durch Wild verursachten Schäden betragen nach einer Studie der Technischen Universität München jährlich österreichweit mehr als 220 Millionen Euro pro Jahr. Ein Großteil der Schäden wird vom Reh verursacht. Das liegt daran, dass die Rehwildpopulationen in den vergangenen Jahren enorm gewachsen sind, trotz Abschuss. Die Tiere haben keine natürlichen Feinde mehr. Landwirtschaft und eine immer weniger artenreiche Vegetation verdrängen sie vom Waldrand und der Buschlandschaft in den Wald, wo sie Bäume verbeißen und fegen. Sie werden zudem falsch oder übermäßig gefüttert – und häufig auch falsch gejagt.

2014/15 wurden in Österreich 268 054 Stück Rehwild geschossen (in Bayern 304 883), das sind enorme Strecken. In den 70er-Jahren waren es in Österreich noch rund 50 000 Rehe. Doch weil die als häufigste und kleinste geweihtragende Schalenwildart Europas so anpassungsfähig ist, kann das Reh in trockenheißen Karstgebieten genauso leben wie im kargen und kühlen Hochgebirge. Rehe sind Konzentratselektierer – also Feinschmecker: Sie bevorzugen vielseitige Äsung und fressen Gräser, Kräuter, Laub- und Nadelhölzer sowie zahlreiche Sträucher und Stauden. Die Waldlandschaft können sie massiv verändern, indem sie die Knospen von Tanne und Eiche abknabbern, Fichte und Kiefer aber verschonen. Als Kulturfolger nähern sie sich auch Siedlungen und Städten und sind dabei nicht gerade scheu: Sie springen über Hecken und äsen unter Umständen auch im Vorgarten zwischen Rosen und Zucchini.

Im Gegensatz zum Rotwild sind Rehe territorial: Die Böcke erkämpfen sich ein Revier, das die Sieger ihr Leben lang behalten. Mithilfe einer Drüse zwischen den Schalen und dem Scharren („Plätzen") im Boden markieren sie ihr Territorium. Wenn sie ihren Kopf an jungen Bäumen reiben („fegen"), wird eine zweite Drüse zwischen den Stirnlocken aktiv. Ihr Geweih („Gehörn", „Krickl") werfen sie zwischen Oktober und Dezember ab. Es erreicht sein Optimum, wenn die Tiere zwischen fünf und sieben Jahren alt sind. Trotzdem zeigen „Rehkronen" selten mehr als sechs Enden.

Gleichzeitig sagt das Geweih nicht viel über das Alter aus. Ein starker Jährling kann bereits ein Sechsergeweih schieben und im folgenden Jahr lediglich zwei Spieße tragen. Eine genauere Altersbestimmung ist nur aufgrund der Abnützung der Zähne möglich – das kann nur ein sehr erfahrener Jäger oder ein Wildbiologe. Deshalb bleiben regelmäßig viele Fragen offen, wenn es um das Reh geht. Bei der Jagd soll der Populationszuwachs „abgeschöpft" werden. Aber wie groß die Population überhaupt ist, ist bei diesen heimlichen Tieren schwer abzuschätzen. Als Anhaltspunkt dient die Erfassung der Waldschäden.

DAS WILD

Das Reh ist in Europa die häufigste und kleinste Art der Hirsche. Nur die Böcke tragen ein Geweih. In der Jägersprache wird das Geweih der Rehe auch als Gehörn, oder auch als Krickl, bezeichnet. Die wichtigste biologische Funktion dieses Geweihes liegt im Ausfechten und Verteidigen der Rangordnung.

Foto © Eva & Helmut Pum

Rätsel ums Reh

Wie lässt sich ein Rehbestand am besten kontrollieren? In vielen Ländern Europas wird mit Schrot auf die Tiere geschossen – auf die Böcke im Frühjahr, wenn sie ein Gehörn tragen, auf die Ricken im Herbst. In Österreich und Bayern zieht man eine selektive Bejagung mit der Kugel vor. Eine Besonderheit bei Rehen ist, dass sie zwar schon Mitte Juli in der Brunft sind, ihre befruchteten Eizellen aber bis zum Winter im Uterus eingelagert werden. Auf diese Weise finden sie während der anstrengenden Brunftzeit das beste Nahrungsangebot, können ihre Jungen aber dann zur Welt bringen, wenn es wieder wärmer wird – Ende April bis Mitte Juni.

Ziel der Jagd ist es, möglichst frühzeitig, also im Herbst, die schwachen Jungrehe, männlich wie weiblich, zu erlegen. Auskunft über schwache Kondition und Gesundheitszustand auch bei den Geißen gibt der Haarwechsel im Frühjahr. Die Jagd erfolgt zumeist vom Ansitz oder während des Pirschgangs.

Der Klimawandel könnte die Rehpopulationen auf andere Weise dezimieren: Eine evolutionsbiologische Studie der Universität Lyon zeigt, dass der Frühling in Europa heute zwei Wochen früher beginnt als noch in den 80er-Jahren. Die Rehe sind aber nicht in der Lage, den Geburtstermin der Rehkitze daran anzupassen. Wenn sie ihre Jungen zur Welt bringen, gibt es nicht mehr genügend frische Sprossen, die gut verdaulich sind und dennoch viel Energie liefern. Die Forscher gehen davon aus, dass die Überlebensraten der Kitze im Lauf der Jahre sinken werden. Seit einiger Zeit wird außerdem beobachtet, dass die Rehe zunehmend die Wälder verlassen und offenes Land besiedeln, wo sie andere energiereiche Nahrungsquellen finden.

Ab einem Alter von etwa vier Wochen beginnen Kitze ihr Muttertier zu begleiten.

STEINBOCK

Der Bock verfügt über ein imposantes, gebogenes Gehörn, während die Geiß nur kurze, kaum gebogene Hörner hat. Die Böcke besitzen einen Ziegenbart.

DER GEHÖRNTE

Der Steinbock ist ein genügsamer Wiederkäuer, eine Bergziege, die schon seit 150 000 Jahren auf dieser Welt lebt: In den Höhlenmalereien der Urmenschen taucht das Tier mit seinem imposanten Gehörn sehr häufig auf. Das Steinwild lebt am liebsten an der Wald- und Eisgrenze in Rudeln von etwa 20 Tieren, die Weibchen und Jungtiere getrennt von den männlichen Tieren. Nur zur Paarungszeit im Winter schließen sich die Böcke an.

Ein dickes Fell und eine schützende Fellschicht machen die Tiere unempfindlich für die Witterung in alpiner Höhe – mitunter klettert das Steinwild bis auf 3500 Meter. Während die Geißen nur kleine Hörner haben, tragen die Männchen imposante gebogene Hörner, die bis zu einen Meter lang werden. Im Sommer und Herbst knallen in den felsigen Steilhängen die Hörner aufeinander, wenn die Böcke um die Herden konkurrieren. Sie stellen sich dann auf die Hinterbeine und halten den Kopf schief, während sie versuchen, ihren Gegner von einem höheren Platz aus hangabwärts zu treiben. Die Tiere kämpfen bis zur völligen Erschöpfung, bis einer von beiden aufgibt. Diese Auseinandersetzungen sind nicht ungefährlich und können auch Verletzungen hinterlassen.

Die Paarungszeit fängt erst an, wenn entschieden ist, wer der Sieger ist, im Dezember und Januar. Auf diese Weise können die Böcke ohne weitere Rivalitäten ihre Energien auf die Paarung und das Überleben im harten Winter richten. Zur Paarung kommen dann nur die Sieger, die anderen Böcke tolerieren den Ausgang der Auseinandersetzungen. Das führt dazu, dass sich überwiegend die erfahrenen Tiere vermehren: 90 Prozent des Nachwuchses, zeigen wildbiologische Untersuchungen in der Schweiz, werden von Böcken gezeugt, die älter als acht Jahre sind. Über den Winter bleibt der Bock bei der Herde und verlässt sie im Frühling.

Im Winter reduziert sich die Herzschlagrate der Steinböcke um mehr als die Hälfte. Sie senken ihre Körpertemperatur, um Fettverbrauch und Nahrungsbedarf – sie leben von Gräsern, Moosen, Kräutern und Flechten – zu reduzieren. An schönen Tagen kann man die Tiere beobachten, wie sie ein Sonnenbad genießen und sich wieder etwas aufwärmen.

DAS WILD

In den Alpen lebt der Steinbock auf der Höhe zwischen der Wald- und Eisgrenze. Dabei steigt er bis in Höhen von 3500 Metern auf. Im Winter bleibt er allerdings in tieferen Lagen als im Sommer, und auch im Sommer steigt er zum Fressen oft auf alpine Wiesen ab.

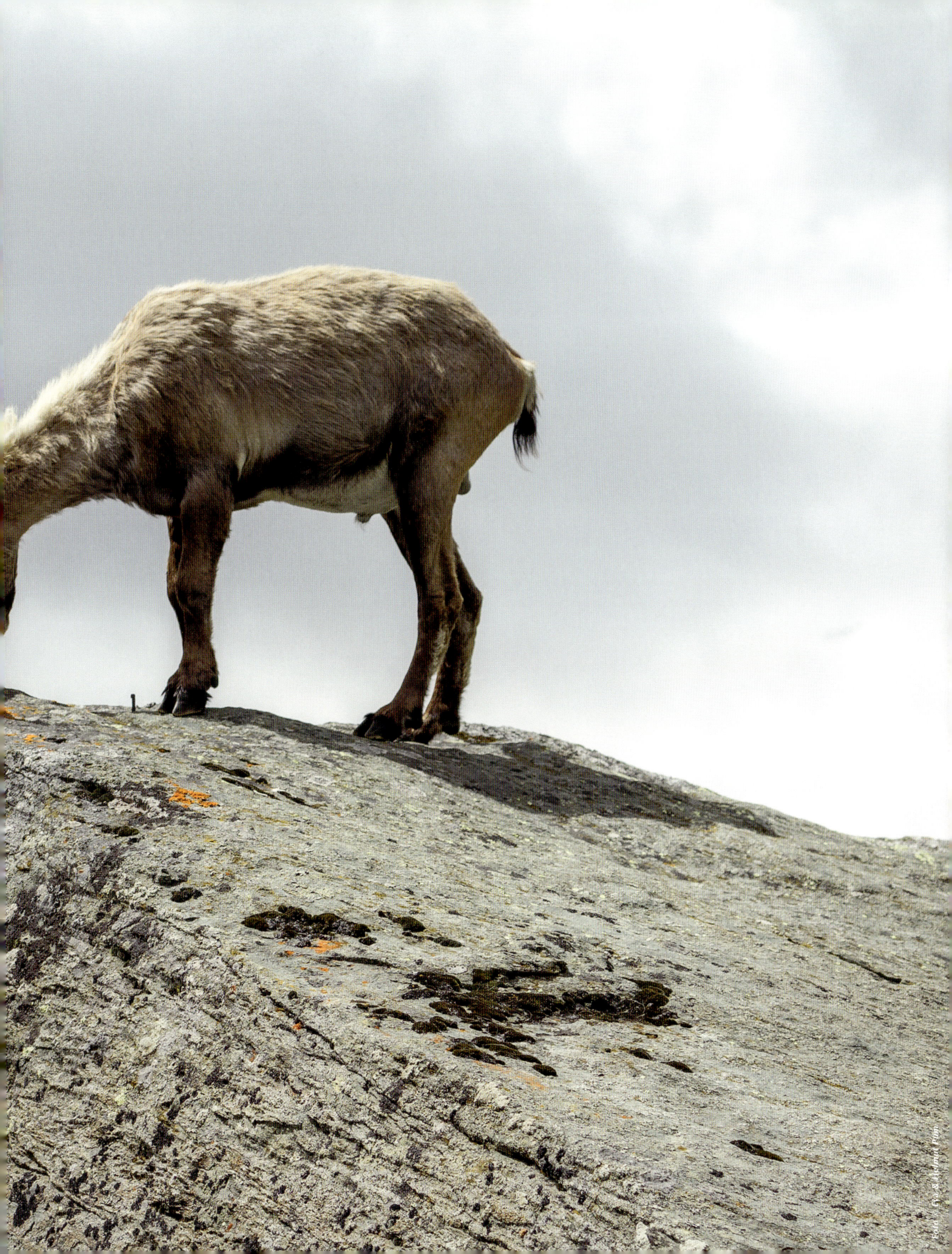
Foto © Eva & Helmut Pum

SCHWANZ GEGEN ZAUBER

Wegen seines imposanten Aussehens und seiner Fähigkeit, unter härtesten Bedingungen zu überleben, wurden dem Steinbock magische Kräfte zugeschrieben, was fast zu seiner Ausrottung führte. Im Mittelalter sollte das Blut, warm getrunken, Kraft, Mut und Schwindelfreiheit auf den Menschen übertragen. Die Magensteine sollten vor Vergiftungen schützen, das Herzkreuz (der Knorpel zwischen den Herzklappen) unverwundbar machen. Aus seinem Fersenbein wurden Liebes- und Potenzmittel hergestellt. Der getrocknete Schwanz sollte, in der Hand gehalten, gegen Zauberei helfen. Lebend gefangen galt der Steinbock als fürstliches Geschenk.

Schon im 16. Jahrhundert hatte die Schweiz deshalb Mühe, den österreichischen Erzherzögen lebende Steinböcke für deren Jagd zu liefern. Im Kanton Glarus kam der letzte Steinbock 1550 zur Strecke, am Sankt Gotthard 1583 und in den Berner Alpen 1770. Am längsten, bis 1820, hielt sich der Steinbock im Kanton Wallis. In der Schweiz war 1875 ein Bundesgesetz nötig, um das Steinwild wieder anzusiedeln. Dem Versuch, es aus Italien zu importieren, wurde dabei eine Absage erteilt. Die Italiener hüteten eifersüchtig ihre gehörnte Kostbarkeit in den Grajischen Alpen rund um den Gran Paradiso. Deshalb wurden einige Tiere in die Schweiz geschmuggelt und dann in Wildparks und Zoos weitergezüchtet.

Bis auf dieses kleine Areal war der Steinbock Anfang des 19. Jahrhunderts nach über 3000 Jahren seiner Existenz völlig ausgerottet worden, auch in Österreich. Sein bockiges Fluchtverhalten mit dem typischen Verharren nach einigen Sprüngen hatte den Steinbock zur leichten Beute und zum Opfer der immer weiter reichenden und zielsichereren Schusswaffen gemacht.

Die überlebenden 50 bis 60 Tiere der Grajischen Alpen waren also das genetische Reservoir, aus dem die Alpen in mühsamer Anstrengung wieder mit dem Steinwild besiedelt wurden. Heute gibt es dort wieder etwa 40 000 Steinböcke, von den Seealpen im Südwesten bis hin zu den österreichischen Kalkalpen, den Norischen und Julischen Alpen und den Karawanken. Beobachtet werden etwa 80 Kolonien.

Steinböcke lieben steile Felsgrate. Ihre Klettereigenschaften sind hervorragend.

STEINBOCKHERDE

Eine Steinbockherde setzt sich aus bis zu 20 Weibchen und Jungtieren zusammen.

ERFOLGREICHE VERMEHRUNG

1926 wurden die ersten Steinböcke im Salzburger Land ausgesetzt. Die erfolgreichste Wiederansiedlung fand 1953 im Pitztal statt. Sie weitete sich auf größere Bereiche der Ötztaler Alpen aus. Seit 1975 kann dort wieder gejagt werden. Steinböcke leben im Pitztal, Hochschwab- und Glocknergebiet, ihre Zahl wird mit etwa 4000 Tieren angegeben.

In Kärnten, Nieder- und Oberösterreich ist die Jagd auf Steinböcke ganzjährig verboten. In Salzburg, der Steiermark, Tirol und Vorarlberg gelten Schonzeiten, in der Regel von Februar bis zum 1. Oktober. Für die Bejagung ist eine Sondergenehmigung der Landesregierung erforderlich, weil der Steinbock unter Naturschutz steht. 10 000 Euro und mehr muss ein Jagdgast im Pitztal für den Abschuss eines Steinbocks aufbringen. Dabei geht es nicht nur um die Trophäe: Steinböcke können die Erosion von Hängen durch Trittschäden beschleunigen.

In den Hohen Tauern soll ein Forschungsprojekt, das 2017 abgeschlossen wird – von den Nationalparkländern Kärnten, Salzburg und Tirol und der Brauerei Sigl als privatem Sponsor getragen –, Daten über die Entwicklung des Tierbestands seit der Wiedereinbürgerung liefern. Das Horn des Steinbocks kann dabei Informationen über die Entwicklung der jeweiligen Populationen, klimatische Faktoren und das Wachstum geben. Genetische Untersuchungen beantworten Fragen nach der Größe der Mindestpopulation, Inzucht und gesundheitlichen Aspekten. Eine Steinwild-Datenbank soll den Vergleich mit anderen Regionen ermöglichen.

Ausgerechnet der Steinbockbestand am Gran Paradiso, der Ursprung der heutigen alpenländischen Populationen, ist rückläufig. Die Gründe dafür sind nicht ganz eindeutig. Vermutet wird, dass die Klimaerwärmung und dadurch vermehrter Schneefall im Winter mit dafür verantwortlich sind. Dann kommen die Steinböcke schlechter an Futter heran, was vor allem die Überlebenschancen für Jungtiere schmälert. Des Weiteren wird untersucht, ob nicht das Nahrungsangebot im Frühling im Vergleich zu früher schlechter ist. Vielleicht sind aber auch bisher noch nicht erkannte Krankheitserreger eine Ursache.

DAS WILD

GÄMSE

Gämsen sind die einzigen mitteleuropäischen Vertreter der Antilopen. Die Gämse bewohnt den ganzen Alpenraum. Da Gämsen keinen steilen Grat und keine felsigen Gegenden scheuen, ist die Jagd mühsam und oft gefährlich. Das Tier hält sich am liebsten im oberen Waldgürtel auf, steigt im Sommer aber häufig weiter ins Gebirge empor.

DAS FREUNDLICHE GAMSWILD

Wer gern alpin unterwegs ist, dem kann es schon mal passieren, dass ein Rudel Gämsen dem Wanderer interessiert zuschaut. Wo das Gamswild nicht bejagt wird, zeigt es wenig Scheu vor dem Menschen, sondern ist, wie alle Ziegen, neugierig. Anfang August, wenn die Jagdsaison beginnt und das Gamswild sich an die Touristen gewöhnt hat, sind die Tiere deshalb am leichtesten zu schießen. Im November während der Brunftzeit müssen die Jäger schon längere Fußmärsche in Kauf nehmen. Die hellhörigen Gämsen vernehmen die leisesten Geräusche und ziehen sich in unwegsames Gelände und die steilsten Hänge zurück. Die Gamsjagd wird dann zu einem anspruchsvollen und anstrengenden Kletterakt oberhalb des Schutzwaldes.

Gämsen sind die einzigen mitteleuropäischen Vertreter der Antilopen. Ihr Körperbau ist ideal an das Leben in den Steilhängen angepasst: Ihr Skelett schützt sie bei Steinschlag vor harten Schlägen auf das Zentralnervensystem. Schultergürtel und -blatt sind nur locker mit dem Körper verbunden und ein Schlüsselbein fehlt, dadurch wird die Schulter frei beweglich. Die Beine sind sehr stark und mit Kletterhufen bestückt: Ein schmaler harter Schalenrand umschließt einen weichen Ballen, der auf Steinen sehr gut haftet. Die Zehen können weit gespreizt werden, um im Schnee nicht einzusinken. Ihr im Winter schwarzbraunes Fell isoliert sehr gut.

Um die Anstrengungen des Hochgebirgslebens auszuhalten, haben Gämsen ein besonders starkes Herz: Es wiegt 300 bis 400 Gramm – das ist bei den 30 bis 40 Kilogramm schweren Tieren doppelt so viel wie das eines erwachsenen Menschen. Mit ihren 12 bis 13 Millionen roten Blutkörperchen, dreimal so viel, wie der Mensch besitzt, können die Gämsen viel Sauerstoff aufnehmen. Den brauchen sie auch, denn sie fühlen sich vor allem in Wäldern mit mindestens 30 Grad Hangneigung wohl.

Die Reviere der Geißen sind zwei bis drei Quadratkilometer groß. Dort leben sie – sehr standorttreu – mit den Jungtieren in Herden von 15 bis zu 30 Tieren. Junge geschlechtsreife Böcke, die aus dem Elternrudel verstoßen wurden, sammeln sich zu sogenannten Herrengemeinschaften und leben einige Jahre zusammen. Später werden sie zu Einzelgängern, wandern ab und besiedeln neue Gebiete. Mitte Oktober beginnt die Brunftzeit und dauert bis Dezember. Während dieser Zeit fressen die Böcke nicht, sie leben von ihren Fettreserven. Gämsen vermehren sich – im Vergleich zu anderem Schalenwild – eher spärlich. Die Geißen werden erst mit zwei oder drei Jahren geschlechtsreif. Die Sterblichkeit ist hoch, wenn der Winter streng ist.

Krucken und Gamsbart

Beide Geschlechter tragen nach hinten gebogene Hörner, die bis zu 25 Zentimeter lang werden können und begehrte Trophäen sind. Das Fleisch der Gämsen ist sehr wohlschmeckend, ihr Fell wird zu weichen Schuhen und Handschuhen verarbeitet. Die Hörner werden zu Stockgriffen und die Haare des Widerrists der Böcke zum wertvollen Gamsbart. Gämsen werden jedoch auch zur Hege des Bergwaldes abgeschossen, weil sie die jungen Triebe des Schutzwaldes verbeißen. Es sind aber vor allem die zunehmenden Störungen durch den Menschen, die das Gamswild in die Wälder treibt, kritisieren Wildtierökologen. Untersuchungen der Universität Bern zeigten den negativen Einfluss von Basejumpern, Tourenskifahrern und Gleitschirmfliegern auf das Verhalten der Gämsen. Dadurch gehen wichtige Lebensräume oberhalb der Waldgrenze verloren.

Noch zu Beginn des 20. Jahrhunderts wurde Gamswild in Großrevieren mit Treibjagden bejagt und dann in den folgenden drei Jahren in Ruhe gelassen. Diese ökologisch sinnvolle Strategie ist nicht mehr üblich, nicht nur, weil die Reviere kleiner wurden, sondern auch wegen des personellen Aufwands, der nicht mehr erfüllt werden kann. Heute dominiert die Einzeljagd von August bis Dezember.

Die jahrzehntelange Übernutzung der Bestände und falsche Jagdstrategien, so Kritiker, haben zu ungünstigen Strukturen der Populationen geführt. Unter anderem gibt es zu wenige ältere Tiere, auch hat sich das Geschlechterverhältnis aufgrund von Schonzeiten für die weiblichen Tiere zugunsten der Geiß entwickelt. Da Gamswild tagaktiv ist, ist es besonders sensibel gegenüber Störungen. Stress schwächt das Immunsystem der Tiere. Die Klimaerwärmung sorgt darüber hinaus für ein Ausbreiten von Krankheitserregern, Hitzeperioden verschlechtern das Nahrungsangebot. Im Rahmen des Habitatschutzes wird deshalb verstärkt über die Notwendigkeit von Schutzzonen für das Gamswild diskutiert, eine Forderung, die häufig mit den Ansprüchen von Landwirtschaft und Tourismus kollidiert.

Etwa 400 000 Gämsen leben in Europa. 19 690 Stück wurden in der Jagdsaison 2014/2015 in Österreich geschossen, die meisten davon in Tirol und Kärnten. In Bayern waren es 4249.

GEWEIH ODER HÖRNER?

Die Hörner der Gämse werden im Gegensatz zu dem Geweih der Hirsche und des Rehwilds im Winter nicht abgeworfen.

Die Plage Wildschwein

Sie wühlen und wühlen und wühlen … Diese haarige Angelegenheit ist im Schnitt 1,5 Meter lang, bis zu 150 Kilo schwer, versehen mit 44 kräftigen Zähnen und einer feinen Nase. Mit dieser Kombination von Robustheit und Feinsinn haben die Wildschweine, die in Europa Anfang des 20. Jahrhunderts schon fast einmal ausgerottet waren, weite Teile ihres ursprünglichen Verbreitungsgebiets zurückerobert. *„Der Vormarsch der Wildschweine hat alle Landesteile bis hin zu den Alpen erreicht"*, kommentierte das zum Beispiel der bayerische Landwirtschaftsminister auf einer Fachtagung „Brennpunkt Schwarzwild".

Die „Schwarzwildwelle" erreiche nun die westlichen und südlichen Bundesländer Österreichs, bestätigte Univ.-Prof. Dr. Walter Arnold vom Wiener Forschungsinstitut für Wildtierkunde und Ökologie.

Was einst als edles Tier galt – zumindest der Keiler gehörte lange zum Hohen Wild –, ist heute geradezu eine Heimsuchung. Arnold erkennt in der grenzenlosen Vermehrung des Schwarzwilds ein europaweites Phänomen: Um 1900 nämlich waren Wildschweine zahlreich nur in relativ kleinen Rückzugsgebieten zu finden: in den deutschen Mittelgebirgen, reich an Laubwald und geprägt von atlantischem Klima. Nach dem Zweiten Weltkrieg aber vermehrten sich die Bestände explosionsartig. Die Wildschweine eroberten weite Teile ihres ursprünglichen Verbreitungsgebiets zurück. Zählen lassen sich die wanderlustigen Rüsseltiere nur schwer. Nur an den Strecken der geschossenen Tiere lässt sich der expansive Trend ablesen: Während 1950 in Österreich nur 300 Wildschweine erlegt wurden, waren es 1990 bereits 13 000 und 2014/2015 sogar 33 000. Ein Ende der Entwicklung ist nicht abzusehen.

Polizei gegen Eber

Die haarigen Schweine sind intelligent und anpassungsfähig. Als Allesfresser lassen sie keine Gelegenheit aus, um Nahrung aufzuspüren, und schrecken dabei auch vor dem Kontakt mit Menschen nicht zurück. In Budapest stöberten drei von der Bevölkerung Attila, Zrinyi und Confucius getaufte Eber in Mistkübeln und jagten über die nächtlichen Boulevards, verfolgt von der Polizei. Im Westen Wiens verwüsten Wildschweine Weinberge, Äcker und Obstgärten – und natürlich den Wienerwald, denn die Früchte der Buchen, die Bucheckern, sind bei ihnen besonders beliebt. In den Auen schwimmen die schlauen Schweine zu den Bäumen, auf denen Vögel brüten, und hängen sich mit ihrem ganzen Gewicht an die unteren Äste, bis die Nester samt Inhalt herunterfallen. Es gibt kaum eine Jagdstrategie, die Wildschweine nicht beherrschen.

Ganz im Gegensatz zu den Menschen, deren Methoden den Siegeszug der Schweine bisher nicht stoppen konnten. „Innovative Bejagungsstrategien" fordern deshalb die Bayern und lassen staatlicherseits verschiedene Jagdmethoden prüfen, unter anderem den Einsatz von Nachtzielgeräten, der nach den österreichischen Jagdgesetzen verboten ist – obwohl auch hier Restlichtverstärker oder Infrarot-Aufheller, die das Zielen unterstützen oder übernehmen, diskutiert werden. Auch in Österreich führt die Schwarzwildexplosion zu heftigen Debatten: Soll man die Tiere in Drück- und Bewegungsjagden verfolgen, die über die Reviergrenzen hinwegführen? Soll man sie durch Futterstellen anlocken („Kirrung"), um sie dort zu erlegen? Oder in Fanggatter treiben? Und wieso, fragen viele Kritiker, werden in einigen Bundesländern immer noch Wildschweine in Wildgattern zum Abschuss gehalten, während es doch „draußen" mehr als genug gibt? Steht die Trophäe eines massiven Keilers immer noch über der Hege?

Abschuss für Bachen?

Die Wildschweinplage jedenfalls führt dazu, dass über Jagdmethoden nachgedacht wird, die heute noch tabu sind – zum Beispiel das Abschießen von Bachen. Das Töten der Muttertiere ist etwas, das viele Jäger ablehnen, doch angesichts der Fruchtbarkeit der Tiere drängt sich diese Strategie geradezu auf. Wildschweine haben ein eher kurzes Leben, im

DAS WILD

Schnitt werden sie nicht älter als zweieinhalb Jahre. Bei guter Ernährungslage können sie jedoch das ganze Jahr über trächtig werden. Hat ein Reh pro Wurf ein bis zwei Kitze, so sind es beim Wildschwein gleich zehn bis zwölf Frischlinge. Ist die Antifrischling-Pille eine Lösung? Viele Jagdverbände lehnen sie ab, weil das Fleisch dann nicht mehr für den Verzehr geeignet ist.

Während die Landwirte auf höhere Abschussquoten drängen, fragen sich die Wildbiologen, ob es nicht paradoxerweise gerade die Jagd ist, die letztlich zur Vermehrung der Tiere beiträgt. So warnt der Ökologe Prof. Dr. Josef H. Reichholf, lange Jahre an der Zoologischen Staatssammlung München, dass die Jagd den verbleibenden Tieren ein besseres Futterangebot biete: *„Tiere, die gestärkt überleben, pflanzen sich im Frühjahr zeitiger und zahlenmäßig stärker fort."* In diese Richtung weist auch eine Langzeitstudie von Sabrina Servanty vom Pariser Nationalen Institut für Agrarforschung: Die Wissenschaftlerin verglich in einem Zeitraum von 22 Jahren die Vermehrung von Wildschweinen in einem Waldgebiet im Departement Haute Marne, in dem sehr intensiv gejagt wird, mit einem wenig bejagten Gebiet in den Pyrenäen. Das Ergebnis: Starke Bejagung führte zu einer deutlich höheren Fortpflanzung und stimulierte die Fruchtbarkeit bei Wildschweinen. Die Geschlechtsreife trat deutlich früher ein, nämlich vor Ende des ersten Lebensjahrs. Die Jagdreviere ließen sich aber nicht vergleichen, kritisierte der Deutsche Jagdverband diese Studie.

Im Deutschen allgemein verbreitet ist der Oberbegriff „Schwarzwild". Die jagdlichen Bezeichnungen sind „Keiler" für ein männliches und „Bache" für ein weibliches Wildschwein sowie „Frischling" für ein Jungtier von bis zu einem Jahr.

Wildschweine sind Allesfresser und sehr anpassungsfähig, in Mitteleuropa nimmt die Population vor allem durch den vermehrten Anbau von Mais derzeit stark zu. Ab dem zweiten Lebensjahr ziehen Männchen meist als Einzelgänger durchs Revier.

Foto © Dieter Manhart & Dorli Fischer

Ungebremste Vermehrung

Auch der Tabubruch, das Abschießen von Muttersauen, so ein weiteres Argument, kann ins Gegenteil umschlagen – vor allem wenn es die Leitbache, die Chefin einer Rotte, trifft. Dann zerfalle der Familienverband, die Tiere zerstreuen sich und seien noch schwerer zu jagen, argumentiert zum Beispiel die Vorarlberger Jägerschaft. Ohne die Aufsicht und den Schutz der Leitbache vermehrten sich die Beibachen außerdem noch leichter.

Ist das Für und Wider der unterschiedlichen Jagdstrategien beim Schwarzwild also schwer in Einklang zu bringen (Wildbiologe Walter Arnold: *„Ich sehe nur wenig Chancen, das jagdtechnisch in den Griff zu bekommen"*), so kommt erschwerend hinzu, dass die wichtigsten Ursachen der wundersamen Schweinvermehrung gar nicht im fehlenden Abschuss liegen. Stattdessen bietet der übermäßige Anbau von Mais und bitterstofffreiem Raps als Tierfutter oder als Energiepflanzen den Allesfressern Nahrung in Hülle und Fülle, außerdem ideale Rückzugsräume, die schwer einzusehen sind. Auch die umstrittenen Fütterungen für das Rotwild sind für die Wildschweine eine Aufforderung zum „All you can eat". Ihre natürlichen Feinde, vor allem Wolf und Braunbär, für die Jungtiere auch Wildkatze und Uhu, sind aus der Umwelt verschwunden oder sehr selten geworden.

Der Klimafaktor

Vor allem aber hat der Klimawandel dazu geführt, dass die natürliche Selektion nicht mehr funktioniert: Es gibt kaum mehr harte Winter, die Jungtieren das Leben kosten. Sind die Temperaturen mild, müssen die Schweine außerdem wenig Energie aufwenden, um ihre Körpertemperatur zu halten – da bleibt mehr Energie für Fortpflanzung und Aufzucht. Buchen und Eichen, die Bäume mit ihrer Lieblingsmahlzeit, fruchten häufiger. Wegen des Klimawandels haben sich die Rotten, die Gebiete bis zu 30 Quadratkilometern durchstreifen, auch bereits bis in 1000 Meter hohe Regionen verbreitet. Seit die durchschnittliche Lufttemperatur in den Wintermonaten null Grad überschreitet, vermehren sich die Wildschweine exponentiell – das geschah im Osten Österreichs, wo die Schweine als Erstes zur Plage wurden, 35 Jahre vor Tirol und Vorarlberg, wie eine 2015 veröffentlichte Studie des Forschungsinstituts für Wildtierkunde und Ökologie in Wien zeigt. Ein Team um Sebastian Vetter wertete Jagd- und Wetterstatistiken aus 150 Jahren für 69 Regionen aus zwölf europäischen Ländern aus. Institutsleiter Univ.-Prof. Walter Arnold: *„Anscheinend stellt diese Temperatur einen Schwellenwert dar, über dem die Wintersterblichkeit den Zuwachs nicht mehr ausreichend reduziert."* Inzwischen erreichen Wildschweine Vermehrungsraten von bis zu 260 Prozent jährlich.

Den Witterungsbedingungen entsprechend verlässt das Weibchen das Nest mit seinen Jungtieren nach ein bis drei Wochen.

Wühlende Allesfresser

Wildschweine fressen so gut wie alles: Wurzeln, Würmer, Engerlinge, Mäuse, Schnecken und Pilze, auch Wasserpflanzen, Kräuter und Gräser, sogar Muscheln. Manchmal finden sie ein Gelege von bodenbrütenden Vögeln oder sie brechen einen Kaninchenbau auf, auf der Suche nach den Jungkaninchen. Je größer das Angebot ist, desto wählerischer werden die Paarhufer mit den feinen Nasen: Auf dem Acker unterscheiden sie zwischen unterschiedlichen Arten von Erdäpfeln/Kartoffeln und bevorzugen die frühen Sorten.

Wo Wildschweine wühlen, verändern sie gleichzeitig die Artenvielfalt: Samen können in den aufgelockerten Böden leichter keimen. Das Artenspektrum verschiebt sich in Richtung kurzlebiger Gewächse. Auch sorgt das Wildschwein mit seinen Ausscheidungen für die weite Verbreitung von Pflanzensamen – ein wichtiger Faktor in der österreichischen Flora.

Die Suche nach Essbarem kann aber auch Schäden an Eigelegen und Überwinterungsplätzen, etwa von Eidechsen, verursachen. Befürchtet wird außerdem, dass über Wildschweine, die in Mistkübeln graben, Krankheiten übertragen werden könnten – so könnte der Rest einer weggeworfenen Wurstsemmel auf einem Rastplatz die Afrikanische Schweinepest übertragen, die bereits in Ostpolen angekommen ist.

Was aber tun gegen die universellen Alleskönner? Nicht zuletzt ist das Eindämmen der Wildschweinpopulationen deshalb so schwierig, weil es sich um sehr kluge Tiere handelt. Abschreckungsmaßnahmen wie Duftstoffe haben sie schnell erkannt. Bei Drückjagden im Weinviertel oder im Burgenland holen sie sich die Köder, und bis die Jäger da sind, verschwinden sie über die Grenze ins Nachbarland, wohin sie nicht verfolgt werden können. Eine neue Perspektive eröffnen vielleicht Verhaltensstudien der Universität Rostock, die die Gewohnheiten der Rotten genauer zu erkunden versuchen. Danach sind es die Bachen, die immer wieder an die gleichen Plätze zurückkommen und dieses Verhalten an ihre Frischlinge weitergeben.

Jetzt wird diskutiert, wie man dieses Wissen nutzen könnte, um die Aktivitäten der Wildschweine zu kanalisieren.

Im Moment jedoch scheint der Mensch stets hinter dem Wildschwein durch die Ziellinie zu gehen: *„Weder in Österreich noch sonst irgendwo ist eine Trendwende erkennbar"*, konstatiert der Wiener Wildbiologe Walter Arnold. Die Populationsdichte in Österreich, so die Prognosen, könnte sich sogar noch verdreifachen. *„Wildschweine sind einfach Generalisten"*, sagt auch Dr. Michael Martys, Direktor des Alpenzoos Innsbruck. *„Sie sind intelligent, sozial organisiert und sehr fruchtbar. Dagegen ist noch kein Rezept gefunden worden."*

Wildschweine sind in Europa seit Urzeiten Jagdwild.

FUCHS: DER VERFOLGTE JÄGER

Nach der Vertreibung von Wolf, Bär und Luchs ist der Fuchs inzwischen (neben dem Dachs) das größte Raubtier in unseren Breitengraden. Wie seine „großen Brüder" wird er unnachgiebig verfolgt: Er wird einzeln oder in Treibjagden geschossen, auf den Luderplatz gelockt, von Bauhunden gehetzt, mit einer „Hasenklage" herbeigerufen oder in Fallen gefangen. In den 1960er- und 1970er-Jahren wurden in Deutschland außerdem alle erreichbaren Fuchsbauten begast, um die Füchse als Überbringer der Tollwut zu töten.

Heute ist das verboten – stattdessen werden Impfköder ausgelegt. Dadurch gelang es, die Tollwut in Deutschland, Frankreich, Österreich und der Schweiz nahezu auszurotten. Gleichzeitig hat der Rückgang der Tollwut dazu geführt, dass die Fuchsbestände deutlich gewachsen sind. Natürliche Feinde fehlen, wie der Wolf, der Füchse zwar nicht frisst, aber als Nahrungskonkurrenten tötet, wo er sie findet. Gegenden, wo es noch Wölfe gibt, wie in den italienischen Abruzzen, werden deshalb von Füchsen gemieden.

Die Jagd gilt also als wichtiges Korrektiv, und der Fuchs hat keine Schonzeit. In Deutschland sind es jährlich an die 500 000 Tiere, die getötet werden, in Österreich waren es 2014/2015 in der Jagdsaison 64 107 Füchse. Von Jagdgegnern wird dabei kritisiert, dass die Tiere häufig nicht gleich getötet, sondern nur verletzt werden. Außerdem stehen zwar Elterntiere unter Schutz, bis die Jungtiere selbstständig sind, doch ob sie Junge führen, ist den Füchsen selten anzusehen.

Mehr Jagd = mehr Fuchs?

Ähnlich wie bei den Wildschweinen gibt es außerdem auch bei Füchsen die Debatte, ob ein intensiver Abschuss nicht die Fruchtbarkeit erhöht, anstatt die Populationen zu schmälern. Denn nur die ranghöchsten Weibchen (Fähen) bringen jährlich zwei bis drei Welpen zur Welt. 80 Prozent der weiblichen Füchse sind an der Reproduktion nicht beteiligt. Werden aber die Leitfähen geschossen, kommen auch sie zum Zug.

Füchse sind Kulturfolger und kommen mit der von Menschen geprägten Landschaft gut zurecht. Menschen gegenüber haben sie keine angeborene Fluchtreaktion, erst mit schlechten Erfahrungen werden sie scheu. Eine der dichtesten Fuchspopulationen wurde mitten in der Industrielandschaft des Ruhrgebiets festgestellt: zwischen Duisburg und Oberhausen.

Der Fuchs frisst das, was ihm leicht zufällt und dabei genügend Energie liefert, vor allem Feldmäuse und Regenwürmer. Hasen erwischt er nur, wenn es sich um sehr junge oder sehr alte Tiere handelt. Ab und zu erbeutet er auch ein Rehkitz oder einen Fasan. Ans Hausgeflügel geht der Fuchs nur, wenn er seine Jungen aufziehen muss und deshalb besonders hohen Nahrungsbedarf hat. „Fuchs, du hast die Gans gestohlen …" – Der schwedische Verhaltensforscher Erik Zimen sperrte eine Gans in ein großes Fuchsgehege und stellte fest, dass sich auch nach fünf Wochen keiner der Füchse an dem Vogel vergriffen hatte, im Gegenteil: Die Gans hatte die Räuber verprügelt. Das Beispiel zeigt, dass der Fuchs anstrengender Beute eher aus dem Weg geht.

Fuchsjagd aus Artenschutz?

Begründungen, warum der Fuchs getötet werden muss, gibt es viele: zum Beispiel das Prädatorenmanagement, der Schutz also von Brutvögelgelegen als Teil des Artenschutzes. Dagegen spricht, dass Füchse keinen großen Einfluss auf Bodenbrüter zu haben scheinen und dass sie, wenn sie bejagt werden, durch andere Räuber wie den Marder ersetzt werden. Oder der Fuchsbandwurm: Er ist zwar viel schwerer auf den Menschen zu übertragen als oft angenommen, doch die Fälle nehmen zu: 2012 waren es in Österreich 13 Erkrankungen.

DAS WILD

Dennoch gibt es keinen einzigen Beleg für die Hypothese, der Fuchsbandwurm könne durch intensivere Fuchsjagd zurückgedrängt werden. Das haben die Misserfolge bei der Tollwutbekämpfung eindrucksvoll gezeigt. Denn die Fuchspopulationen reagieren auf intensive Bejagung mit steigenden Geburtenraten. Das führte zu mehr Jungfüchsen, die sich im Herbst ein eigenes Revier suchen, und letztlich zur beschleunigten Ausbreitung der Tollwut. Forschungsergebnisse deuten darauf hin, dass diese kontraproduktive Wirkung der Jagd auch für den Fuchsbandwurm gilt. Junge Füchse tragen deutlich mehr ausgewachsene Exemplare des Fuchsbandwurms im Darm als ältere. Umgekehrt können Füchse dazu beitragen, kranke Tiere in Wald und Flur zu dezimieren. Außerdem sind sie Nützlinge: Sie ernähren sich hauptsächlich von Mäusen, jeder Fuchs fängt rund 3000 Mäuse im Jahr.

In den Niederlanden wird der Fuchs nicht mehr verfolgt. Dort werden seit dem Jahr 2002 nach dem Flora- und Fauna-Gesetz die meisten Tierarten ganzjährig unter Schutz gestellt. Der Katalog der jagdbaren Arten wurde von zuvor 96 auf sechs gekürzt: Hase, Kaninchen, Stockente, Fasan, Ente und Rebhuhn. Die Fallenjagd ist in Holland grundsätzlich verboten, Ausnahme ist der Lebendfang von Krähen. Es werden allerdings Ausnahmegenehmigungen zur Fuchsjagd erteilt, wenn es um Vogelschutz geht. Auch in Luxemburg wurde die Fuchsjagd 2015 für ein Jahr verboten. Nach dessen Ablauf wurde die Frist um ein weiteres Jahr verlängert, da die wissenschaftlichen Daten noch nicht ausreichten, um Nutzen oder Risiken dieser Maßnahme zu beurteilen.

Es wird noch viele Debatten um dieses kluge und soziale Tier geben.

FUCHS

Füchse sind Kulturfolger und kommen mit der von Menschen geprägten Landschaft gut zurecht. Füchse leben in Familiengruppen und haben ein kompliziertes Sozialleben. Der Rotfuchs wird mit etwa zehn Monaten geschlechtsreif. Füchse paaren sich einmal im Jahr in der Paarungszeit (Ranz).

Während der Nahrungssuche sind Füchse meist als Einzelgänger unterwegs.

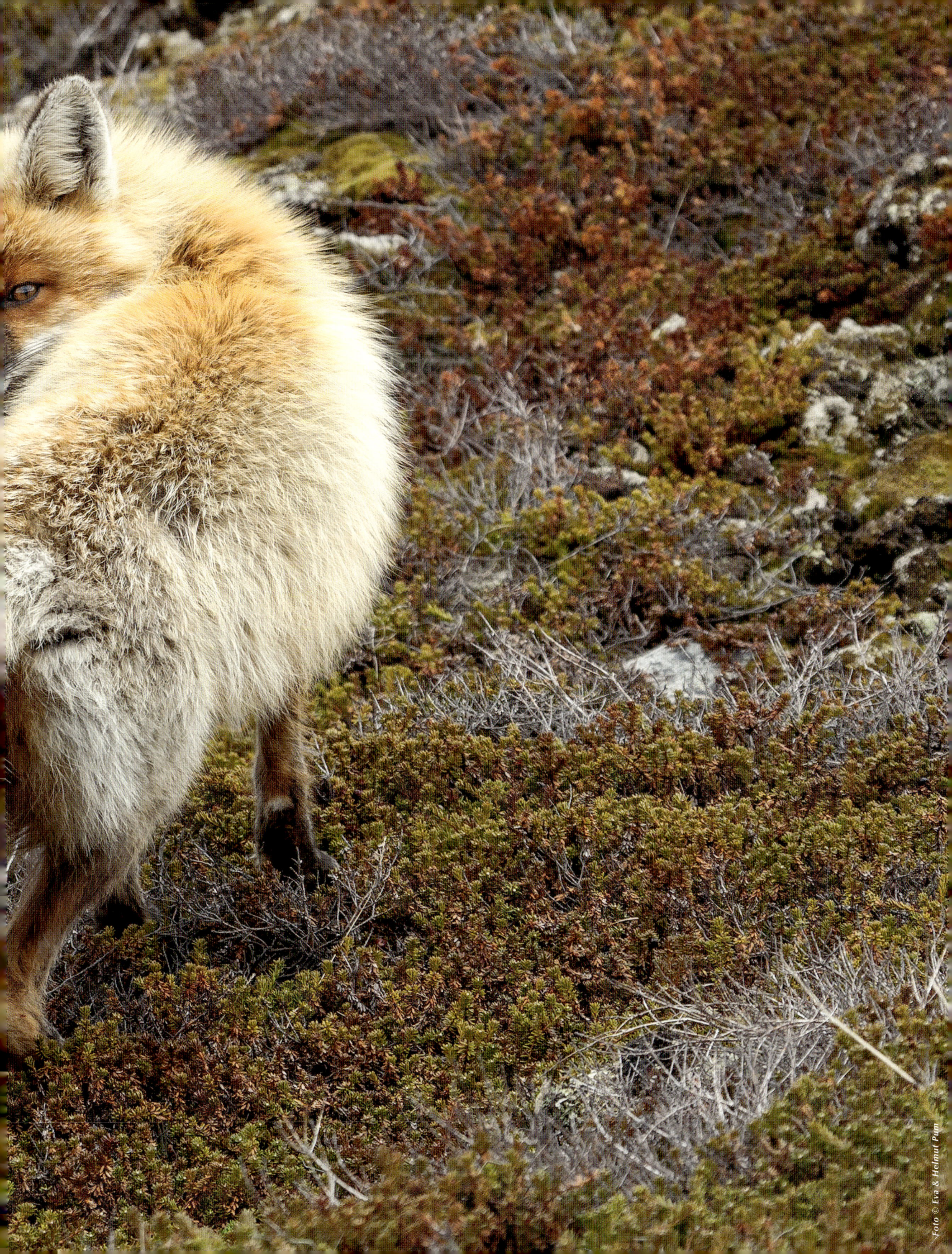

Foto © Eva & Helmut Pum

DIE „SPEZIELLEN": RAUFUSSHÜHNER, SCHNEPFEN, WACHTELN

Federwild stellt häufig besondere Ansprüche an seinen Lebensraum, ist schwerer zu beobachten und nicht einfach zu jagen. Das wasser- und gebirgsreiche Österreich mit seinem gemäßigten Klima ist dabei ein Rückzugsgebiet für Vogelarten, die in Nachbarländern Österreichs schon vom Aussterben bedroht sind. Kompliziert werden die Jagdvorschriften, wenn es sich um Zugvögel, also Gäste und Durchzügler, handelt.

DAS AUSTRIA-AUERHUHN

Das Auerhuhn kennen die meisten Menschen nur ausgestopft, denn lebendig ist es nur selten zu erblicken. Es ist nämlich ein sehr heikles Wesen und hat sich, früher weitverbreitet, in unberührte Bergregionen zurückgezogen. Dass das Auerhuhn nicht besonders anpassungsfähig ist, sondern sehr spezielle Bedürfnisse hat, engt seinen Lebensraum stark ein. Seit dem 18. Jahrhundert gehen deshalb die Bestände der Raufußhühner in Mitteleuropa zurück. Das Auerwild ist in vielen Ländern vom Aussterben bedroht und in allen Alpenregionen geschützt, mit Ausnahme Österreichs, wo es einen stabilen Bestand von rund 25 000 Vögeln, darunter geschätzten 10 000 Hähnen, gibt.

Der Name der Gattung, Raufußhühner, bezieht sich auf die Fiederung der Ständer und Zehen, nicht etwa auf seine Widerstandsfähigkeit. Als Waldhuhn hält es zwar raue Temperaturen aus, aber ansonsten ist es sensibel und wählerisch, braucht genügend Deckung, um Schutz vor seinen Feinden zu finden, aber auch genügend Platz, da es nicht gut fliegen kann. Es braucht alte Bäume, um darauf zu schlafen, Heidelbeersträucher als Nahrung und am liebsten auch Ameisenhaufen, denn deren Bewohner liefern ihm wichtige Proteine, vor allem während der Aufzucht der Jungen. Am liebsten lebt es in den Nadelwäldern der Alpenregion; Kiefern und Tannen sind vor allem im Winter seine bevorzugte Nahrung. In Höhen über 800 Metern sucht es Ruhe und weicht den vielen Freizeitsportlern aus, die sich kletternd, Ski fahrend, als Drachenflieger oder auf Mountainbikes durch die Natur bewegen. Hinzu kommt als Störfaktor die intensive wirtschaftliche Nutzung des Waldes.

Besonders spektakulär ist die Balz von Ende März bis Mai: Die Werbung der Hähne beginnt in der Morgendämmerung auf dem starken Ast eines Baumes. Der Hahn richtet dann seine gefächerten Schwanzfedern steil auf und beginnt seinen Balzgesang, der aus unterschiedlichen charakteristischen Lauten (Knappen, Trillern, Hauptschlag, Wetzen, Schleifen und „Gstanzl") besteht. Wenn Hennen vorhanden sind, wird das Werben in der Nähe auf einem Balzplatz am Boden fortgesetzt. Die Hennen halten sich nur kurz dort auf und werden vom ranghöchsten Hahn „getreten".

Die Hauptbalz müsse tabu bleiben, so ein Gutachten im Auftrag der Zentralstelle der österreichischen Landesjagdverbände, veröffentlicht 2008 vom Forschungsinstitut für Wildtierkunde und Ökologie der Veterinärmedizinischen Universität Wien. Doch ansonsten dürfen Auerhähne in Österreich geschossen werden, weil es hier noch sechs- bis zwölfmal mehr Auerwild gibt als zum Beispiel im Nachbarland Deutschland. Das Gutachten stellte fest, dass die Jagd sich unter bestimmten Voraussetzungen mit der EU-Vogelschutzrichtlinie vereinbaren ließe: Die Populationen müssen ausreichend groß bleiben und die Bestände systematisch erfasst, überwacht und in einem Managementplan zusammengefasst werden. Dominante Hähne bleiben vom Abschuss ausgeschlossen, und die Hennen sind ohnehin in ganz Österreich das Jahr über geschützt.

AUERHAHN

Das Auerhuhn ist sehr scheu und stellt große Anforderungen an seine Umgebung. Der auffallend größere Auerhahn – Gewicht ca. vier bis fünf Kilogramm – ist dunkelgrau bis dunkelbraun gefärbt mit einem metallisch glänzenden grünen Brustschild. Über den Augen zeigt sich bei Hahn und Henne beiderseits eine nackte, auffallend rote Hautstelle, die sogenannte Rose.

Seither richtet sich die Jagd auf den Auerhahn in Österreich nach Abschussplänen und findet erst zum Ende der Balzzeit in den Monaten Mai und Juni statt. Das schützt auch die Jäger, denn während der Balz erreicht der Testosteronspiegel des Auerhahns das Hundertfache seines Normalwerts. Auerhähne können dann sehr aggressiv werden und Menschen angreifen, von denen sie gestört werden.

In Nieder- und Oberösterreich ist der Abschuss nur alle zwei Jahre erlaubt, im Burgenland darf gar nicht auf den Auerhahn geschossen werden. Laut Zentralstelle Österreichischer Landesjagdverbände dürfen pro Bundesland außerdem nicht mehr als zehn Prozent der gezählten Hähne zum Abschuss freigegeben werden. Die Jagd soll die natürliche Sterblichkeit nur vorwegnehmen und nicht mehr als die Hälfte dieser umfassen. Pro Balzplatz müssen – je nach Bundesland – zumindest vier bis zehn balzende Hähne am Leben bleiben.

Aus Artenschutzgründen ist allerdings fraglich, warum der Auerhahn überhaupt gejagt wird, zumal der Schuss auf die vom Balzen völlig benebelten Hähne kritisch gesehen wird, selbst wenn bereits das Ende der Paarungszeit erreicht ist. Das ist jedoch die vergleichsweise einfachste Form der Bejagung. Im Gehölz ist der Auerhahn sonst kaum zu finden; schon zum Aufsuchen der Balzplätze muss ein Jäger fit genug sein, um steile Hänge zu erklimmen oder abzusteigen, auf allen vieren zu kriechen oder auch vorwärtszurobben. Die Schönheit des Liebesspiels im Morgengrauen oder in der Abenddämmerung, die Seltenheit des stattlichen Vogels und die Einsamkeit der rauen Bergwälder haben die Auerhahnjagd jedoch zu einem scheinbar unsterblichen Mythos

DAS WILD

AUERHUHN

Das Auerhuhn ist ein hochspezialisierter Pflanzenfresser. Im Sommerhalbjahr ernährt es sich fast ausschließlich von Heidelbeerblättern und Beeren. Im Winter besteht die Nahrung hauptsächlich aus Nadeln und Knospen von Nadelbäumen.

gemacht, für die Jäger bis zu 4000 Euro Abschusspreis bezahlen. 186 Stück Auerwild wurden in der Jagdsaison 2014/2015 erlegt.

Die Einnahmen könnten, so eine Argumentation, zum Aufbau der Auerwildreviere mitverwendet werden, der sehr aufwendig ist. Im Wirtschaftswald wäre es dafür sinnvoll, die Bodenvegetation zu pflegen und zu durchforsten. 30 Prozent der Altholzreserven sollten erhalten bleiben und auch nicht weniger als zwei Hektar ausmachen. Wichtig ist es auch, die voneinander getrennten Habitate zu vernetzen. Schon fünf Kilometer Abstand zwischen den Gruppen reichen aus, um sie genetisch zu isolieren.

Um die Lebensräume zu erhalten, hat die Steiermark einen Kriterienkatalog für Raufußhühner erstellt. Er soll Waldbesitzern, Forstleuten und Jägern einen Orientierungsrahmen geben. Er enthält Vorschläge, wie mit Schlagabraum umgegangen werden muss, wie Straßenböschungen gepflegt werden sollten und wie Ameisenbauten geschützt werden können. Mit der Erhaltung des Auerwilds, so wird argumentiert, steigen Revier- und Jagdwert, das bringe Zusatzeinnahmen für die Betriebe. Vom Wohlergehen des Auerhahns profitieren auch viele andere Arten. Die Biodiversität verbessert sich an seinen Standorten.

Bei dem Ziel, das Auerhuhn und andere Raufußhühner zu schützen, sehen die Jäger ihre Aufgabe vor allem darin, deren Feinde gering zu halten. Der wichtigste davon ist der Habicht, der aber, wie auch andere Greifvögel und Eulen, nicht gejagt werden darf. Es bleiben Marder und Fuchs, Rabenvögel, Wildschweine und der Dachs als Räuber von Gelegen und Küken.

Gemeinsam mit dem Auerhuhn gehören auch Birkhuhn, Hasel- und Schneehuhn zur Ordnung der Hühnervögel.

BIRKHUHN

Das Birkhuhn ist ein Brutvogel der borealen und subarktischen Waldzone sowie entsprechender alpiner und postglazialer Landschaften.

HASELHUHN

Das Haselhuhn ist ein kleiner scheuer Waldvogel. Wie bei allen Hühnervögeln ist der Flug schnell und geräuschvoll. In Mitteleuropa ist der Verbreitungsschwerpunkt des Haselhuhns in den Alpen.

SCHNEEHUHN

Der Lebensraum des Schneehuhns sind Zwergstrauchheiden, trockene Gebirgsrasen und Almwiesen, Moränen- und Geröllandgebiete sowie Schneetäler.

Foto © Eva & Helmut Pum

DIE DEZENTE WALDSCHNEPFE

Sie sieht schon so aus, als zöge sie es vor, wenig aufzufallen. Wie auch ihre Verwandten, die Watvögel, ist die Waldschnepfe braun, schwarz und grau gemustert und damit als Bodenvogel sehr gut getarnt. Sie brütet von Spanien über die Alpen bis in die Mongolei und zieht dann im Winter in den Mittelmeerraum oder an die Atlantikküste. Auf jeden Fall liebt sie es feucht und lebt von Tieren, denen das auch angenehm ist: Würmern, Insekten und deren Larven, Spinnen und Wanzen, die sie mit ihrem langen dünnen Schnabel unter dem Laub aufstöbert. Im Gegensatz zum Auerhuhn ist der Schnepfe Unterholz angenehm, wenn es feucht genug ist. Diese Kombination von aufgelockertem Kronendach mit Bodenbedeckung findet sie am ehesten in kleinen Privatwäldern. Wirtschaftswälder sind eher weniger gut geeignet.

Die Waldschnepfe (Scolopax rusticola) hat einen gedrungenen Körper, einen langen geraden Schnabel und kurze Beine. Durch die hervorragende Tarnung ist sie im reich gegliederten Laub- und Mischwald nur schwer auszumachen.

Von Februar bis Oktober ist dieser Zugvogel im Alpenraum zu finden, überwiegend in Fichten-Tannen-Buchen-Wäldern und nur selten in Kalkalpen, da dort die weichen Böden fehlen. In Niederösterreich wird sein Bestand anhand eines Monitorings als stabil eingeschätzt, in vielen anderen Regionen fehlen aber ähnliche Zahlen. Nur in Frankreich, wo Waldschnepfen beringt werden, zeigt sich eine positive, leicht steigende Tendenz in den Bestandszahlen mit annähernd 50 000 Vögeln.

Weil sie sich so schlecht beobachten lässt und opportunistisch ihr Zugverhalten variiert, ist manches an der europäischen Waldschnepfe noch unerforscht. So ist unklar, warum die Schnepfen im Frühjahr ihr Winterquartier so zeitig verlassen, obwohl es dort noch genügend Nahrung gibt. Stattdessen fliegt zumindest ein Teil von ihnen in Regionen, in denen ihnen noch ein Nachwinter droht. Die meisten europäischen Waldschnepfen scheinen aus Russland zu kommen. Beringte Vögel aus Polen, Weißrussland und den baltischen Staaten wurden in der Wachau und im Wienerwald, im pannonischen Tiefland, zwischen Donau und Theiß und bis hin zur Adriaküste gesichtet.

Der Schnepfenstrich

Am ehesten zu beobachten ist die Waldschnepfe während der Balzzeit, wenn die Männchen entlang des immer gleichen Schnepfenstrichs fliegen, um die Weibchen zu sichten, und sich auch durch laute Rufe bemerkbar machen. Anschließend findet eine Bodenbalz mit Begattung statt. Die ersten Balzaktivitäten werden in Österreich im März beobachtet, sie halten bis in den Juli an. Die meisten Eier werden im April gefunden. Bei Bedrohungen klemmen sich die Schnepfen ihre Jungen einzeln zwischen die Ständer und tragen sie im Flug bis zu 100 Meter weit. Manchmal transportieren sie sie auch zu Fuß in ihrem Schnabel.

Nach der europäischen Vogelschutzrichtlinie darf die Waldschnepfe „aufgrund ihrer Populationsgröße, ihrer geografischen Verbreitung und ihrer

Vermehrungsfähigkeit ... im Rahmen der einzelstaatlichen Rechtsvorschriften bejagt werden". Die Mitgliedsstaaten haben aber dafür zu sorgen, „dass die Jagd auf diese Vogelarten die Anstrengungen, die in ihrem Verbreitungsgebiet zu ihrer Erhaltung unternommen werden, nicht zunichtemacht". Bei der Ausübung der Jagd müssen folglich *„die Grundsätze für eine vernünftige Nutzung und eine ökologisch ausgewogene Regulierung der Bestände"* eingehalten werden.

Ein „Zweiter Bericht" zur Anwendung der Vogelschutzrichtlinie hält fest, dass die Auswirkungen der Jagd an der Größe der überlebenden Frühjahrspopulationen zu messen seien. Lokale Einbrüche des Bestandes könnten aber durch Vögel aus anderen Gebieten kompensiert werden. Als Zugvögel dürfe die Waldschnepfe aber während der Balz-, Brut- und Aufzuchtzeit oder auch während ihres Rückzugs zu den Nistplätzen nicht bejagt werden.

Streit um den Zeitpunkt

Die Klage der Europäischen Kommission gegen die Republik Österreich beim Europäischen Gerichtshof wegen Verstößen gegen die Verpflichtungen der Vogelschutzrichtlinie betraf neben dem Auerhahn (siehe Seite 76) auch die Waldschnepfe. Die österreichische Generalanwältin führte dazu aus, dass die Frühjahrsjagd – unter streng überwachten Bedingungen – trotz Balzzeit schonender sei als eine Herbstjagd. Der Abschuss der Vögel wirke sich so gut wie gar nicht aus, wenn nicht mehr als ein Prozent betroffen sei, gemessen an den Populationen der Herkunftsregionen mit der größten Zahl ziehender Waldschnepfen.

Die „geringen Mengen", die eine Abweichung von der Vogelschutzrichtlinie erlauben, dürfen nach dem „Zweiten Bericht" der Europäischen Kommission ein Prozent der Gesamtsterblichkeit der betroffenen Population nicht überschreiten. Da die Waldschnepfe sowohl in Österreich brütet als auch durchzieht, betrifft das die österreichische wie auch einen Teil der russischen Brutpopulation. Dabei ist zu berücksichtigen, dass die russischen Schnepfen auch noch in anderen Ländern bejagt werden. Das Ergebnis dieses komplexen Rechenspiels sind 14 000 Waldschnepfen, die jährlich im Frühjahr in Österreich „entnommen" werden dürften.

Erlegt wurden aber in der Saison 2014/2015 nur 2533 Waldschnepfen. Die jährliche Strecke der Schnepfenjagd in Europa beträgt drei bis vier Millionen. Weil dabei überwiegend balzfliegende Hähne im Einzelabschuss erlegt werden, scheinen Störungen und ökologische Folgen gering. Die geschossenen dominanten Hähne, wird angenommen, werden durch eine männliche Reservepopulation, die zunächst nicht balzt, ersetzt.

Voraussetzung ist allerdings, so eine wissenschaftliche Arbeit von Christoph Rogge an der Bodenkultur in Wien, ein präzises Zeitmanagement. Die Bejagung sollte je nach Region bis maximal 15. April erfolgen, um auszuschließen, dass brütende Hennen gestört werden. Die Jagd sollte außerdem sehr früh am Morgen stattfinden, spät (und stumm) streichende Schnepfen könnten Hennen auf Nahrungsflug sein. Trotzdem kommt es immer wieder zu Streitigkeiten wegen der Frühjahrsjagd auf die Waldschnepfe. 2015 drohte die EU erneut mit einem Verfahren, diesmal dem Bundesland Salzburg.

Die Jagd im Herbst wird traditionell mit einem Vorstehhund durchgeführt, der die Schnepfe wittert und anzeigt. Wie die Treibjagd ist jedoch auch diese Suchjagd keine ökologisch sinnvolle Jagd, da Henne und Hahn bei der Waldschnepfe nur bei genauer anatomischer Untersuchung zu unterscheiden sind. Hennen jedoch sollten von der Bejagung ausgeschlossen werden. Die Waldschnepfen, die außerdem bei Treibjagden auf Niederwild aufgescheucht und als „Beibeute" erlegt werden, lassen das Interesse an dieser Vogelart verkümmern, argumentiert der Akademische Jagdwirt Christoph Rogge. Nur eine nachhaltige Nutzung der Waldschnepfe im Frühjahr sichere den Erhalt dieser Art, da sich außer den Jägern und einigen Vogelschützern kaum jemand für dieses scheue und geheimnisvolle Tier und seinen Lebensraum interessiere.

DAS WILD

WACHTEL

Die Wachtel (Coturnix coturnix) ist ein im Verborgenen lebender Vogel. Sie ist in fast ganz Europa verbreitet und hier der kleinste Hühnervogel. Wachteln brüten gern auf trockenen Wiesen und Ackerland. Die Bestände gehen seit vielen Jahren zurück. Die Ursache ist die Lebensraumzerstörung aber auch die Jagd.

DIE FLACHLÄNDLERIN

Viele Menschen kennen Wachteleier, aber nicht die Wachtel selbst. Denn die hübsch gesprenkelten und schon von Hildegard von Bingen als gesund empfohlenen Eier werden inzwischen als Produkt einer regelrechten Wachtelindustrie vermarktet. Die Wachteln werden dabei ähnlich wie Haushühner in Batterien gehalten.

In der Natur überwintert die Wachtel in Palästina und Nordafrika und kehrt im Frühjahr nach Mitteleuropa zurück. Dieser kleinste europäische Hühnervogel lebt im Verborgenen, in Getreidefeldern, Wiesen und Brachflächen. Dort brütet er abseits von Bäumen und Hecken in offenen Landschaften, wie es sie in Österreich nur im Burgenland gibt. Dort darf sie auch vom 1. bis zum 30. September bejagt werden, während sie im Rest der Republik wie auch in Deutschland und Ungarn ganzjährig geschützt ist. In der Vojvodina in Serbien haben die Wachteln im August und September Jagdzeit.

Die Wachtelbestände schwanken, vermutlich klimabedingt, stark. Dass außerdem Brutvögel und Durchzieher nicht zu unterscheiden sind, macht Aussagen über die langfristige Bestandsentwicklung schwierig. Während Wachteln im 19. Jahrhundert über ganz Europa verbreitet sehr häufig waren, kam es zu mehreren Einbrüchen in der ersten Hälfte des 20. Jahrhunderts. Da die Ernährung hauptsächlich aus Sämereien, Getreidekörnern und Insekten besteht, führte die Änderung der Lebensräume durch Feldmonokulturen zu einem Rückgang der Bestände. Die Extensivierung der Landwirtschaft, Flächenstilllegungsprogramme und Schutzvorschriften haben die Situation wieder etwas entspannt.

Die Jagd auf Wachteln erfordert gute Schützen, denn die Vögel sind schnell. Sie stehen plötzlich in fünf oder zehn Meter Entfernung vor dem Jäger auf und streichen ab. Das Fleisch der Wachtel kann unter bestimmten Umständen giftig sein, wenn der Vogel von Pflanzen gelebt hat, die dem Menschen nicht zuträglich sind. Ansonsten ist das Fleisch sehr schmackhaft und reichhaltig – es kann ohne Fettzusatz gebraten werden.

DIE „VERBOTENEN": GROSSTRAPPE, FISCHOTTER, BIBER, KORMORAN

Was nützen Schutzvorschriften für bedrohte Tiere? Können sie das Überleben der vom Aussterben bedrohten Arten verhindern? Welche Folgen hat das für die Umwelt, für den Menschen? Einige der Arten, die erfolgreich geschützt wurden, konnten sich wieder deutlich vermehren. Zu deutlich, wie manche meinen.

RIESENFLIEGER IM FLACHLAND

Großtrappen sind kleine Punkte am weiten Horizont. Man legt sich am besten auf den Bauch und robbt sich heran, wenn man sie näher betrachten will, sonst drücken sich diese scheuen Vögel an den Boden oder fliegen in Panik davon. Denn trotz ihrer rund 15 Kilo und dem etwa ein Meter langen Körper können sie sich in die Luft erheben, zumindest einige Meter hoch. Das aber reicht, um sich in einer Stromleitung zu verfangen, momentan die größte Bedrohung für das Leben einer Trappe. Ihre natürlichen Feinde nämlich – vor allem Füchse – werden ihnen in den speziellen Trappenschutzgebieten Österreichs vom Leib gehalten – durch ein spezielles Prädatorenmanagement. In der Praxis bedeutet das, dass Rotfüchse, die vor allem den Jungtrappen gefährlich werden können, gezielt bejagt werden. Nur heimische große Greifvögel, wie der Kaiser- oder der Seeadler, werden aus Artenschutzgründen nicht verfolgt. Ein Problem sind aber auch die Wildschweine, deren Anzahl sich mit dem Anbau von Energiepflanzen deutlich erhöht hat (siehe Seite 71).

Im 18. Jahrhundert gab es bei Trappen, diesem größten steppenbewohnenden Kranichvogel Europas, die größten Bestandszahlen und die weiteste Verbreitung in Europa. Der Vogel aber wurde als Schädling angesehen, weil er neben Kräutern, Samen, Insekten und Kleinsäugern auch Feldfrüchte fraß, mit Vorliebe Futterklee, Erbsen, Luzerne und Zwiebeln. Ein natürlicher Lebensraum waren aber Ödland, Brachen und die Heide.

Ab Mitte des 19. Jahrhunderts verschwanden die großen Brachen, die einst seinen Lebensraum ausmachten, Pestizide und Insektizide veränderten sein Nahrungsspektrum, und nicht zuletzt wurden die Trappen auch bejagt – wegen ihres Fleisches und ihrer Eier: *"Junge Trappen geben namentlich im Herbst einen sehr schmackhaften Braten"*, heißt es in einem bald 100 Jahre alten Ernährungslexikon, und: *"Das Fleisch alter Trappen ist schwarz gefärbt, ähnlich wie das Fleisch alten Auerwildes wird es ganz zweckmäßig auch zur Herstellung von Pasteten ... verwendet."*

Schutzflächen für Trappen

Heute ist die Großtrappe auf der ganzen Welt vom Aussterben bedroht und steht als „critically endangered" auf der Roten Liste. In Österreich, wo es Mitte des 20. Jahrhunderts etwa 700 dieser Vögel gab, ging der Bestand im letzten Jahrzehnt des vergangenen Jahrhunderts auf nur noch 60 zurück. Seit 1969 dürfen diese Tiere nicht mehr gejagt werden. Doch erst das Anlegen spezieller Trappenschutzflächen als Brut- und Nahrungshabitate sowie Trappenbrachen und Winteräsungsflächen und die Verlegung von Stromtrassen unter die Erde haben die Bestände wieder wachsen lassen: Auf der Parndorfer Platte wurden 2011/2012 schon wieder 335 Großtrappen gezählt. Trappenschutzgebiete gibt es auch im westlichen Weinviertel und im Marchfeld. Insgesamt sind es in Österreich mehr als 5500 Hektar Trappenschutzflächen.

Das Schicksal der Großtrappe gilt als Beispiel für eine mustergültige Zusammenarbeit zwischen Natur- und Artenschützern, Landwirtschaft und Jägern, denn ihr Erhalt wurde nur dadurch möglich, dass bei der Rehbockjagd Rücksicht auf die Beiz- und Brutplätze genommen wird und herbstliche Treibjagden

GROSSTRAPPE

Die Großtrappe ist ein Vogel aus der Familie der Trappen. Sie zählt zu den schwersten flugfähigen Vögeln der Welt mit einem Gewicht bis zu 16 Kilogramm. Großtrappen können bis zu 20 Jahre alt werden. Nach starken Bestandseinbußen ist die Großtrappe in Mitteleuropa heute ein sehr seltener Brutvogel. Sie frisst eine Reihe von Kreuzblütlern sowie Wiesen- und Ackerkräuter.

in weiter Entfernung stattfinden. Selbst die Winterfütterung kann die scheuen Vögel irritieren, die schon auf Störungen in einem Kilometer Entfernung mit Flucht reagieren.

Stattdessen können Jäger dazu beitragen, die Trappen zu schützen, indem sie deren Feinde, die Prädatoren, jagen. So hat die Immunisierung gegen Tollwut zum Schutz der Menschen die Bestände der Rotfüchse enorm wachsen lassen. Etwa 60 000 dieser Tiere werden jährlich von Jägern erlegt, rund 3000 kommen im Straßenverkehr ums Leben. Trotzdem finden sie in Österreich ideale Lebensbedingungen und sind nicht bedroht. Für die Gelege der Trappen sind aber auch Wildschweine, Dachs, Marder, Waschbär und Aaskrähen sowie Greifvögel eine Bedrohung. Der Wunsch, den Bestand der Großtrappe zu erhalten und wenn möglich zu vermehren, stellt Artenschützer und Jäger aber vor neue Probleme; zum Beispiel wandert der Goldschakal aus dem Osten nach Österreich ein. Ungarische Wildschützer gehen davon aus, dass mittlerweile einige Hundert Goldschakale in den Wäldern um Budapest leben. Dieses eng mit dem Wolf verwandte Tier jagt im Rudel und sehr gern auch die Trappen.

Dilemma Goldschakal

Das Vordringen des sehr seltenen Goldschakals ist ein Dilemma, denn die Beutegreifer könnten den mit Millionen Euro von der EU finanzierten Trappenschutz gefährden. Doch wer entscheidet darüber, ob nun die seltene Trappe oder der seltene Goldschakal vorrangig zu schützen ist? Im Burgenland dürfen Goldschakale (im Gegensatz zu Niederösterreich) nicht geschossen werden. Nach Ansicht der burgenländischen Jäger muss sich das ändern: Im Nachbarland Ungarn wurden 2013 an die 1800 Schakale geschossen. Der Goldschakal müsse mit Schuss- und Schonzeiten ins Jagdrecht aufgenommen werden, damit die Jagd eine künstliche Balance herstellen könne, wo es keine natürliche mehr gebe. Artenschützer setzen dem entgegen, dass es noch zu wenige verlässliche Daten über die Zahl der Goldschakale gebe. In Kroatien hatte sich die Zahl der Goldschakale drastisch reduziert, als der Wolf ins Land kam.

In Deutschland gibt es südlich von Berlin noch etwa 200 Trappen, die Population von Österreich und Ungarn ist auf etwa 1000 Stück geschrumpft – Skeptiker fürchten, dass das Aussterben der Großtrappe in Europa nicht mehr aufzuhalten ist. In Brandenburg wird ein Teil der Eier in den eingezäunten Brutrevieren eingesammelt und in Brutkästen gelegt, damit die Hennen möglichst bald wieder brüten. Diese Strategie scheint Erfolg zu haben, doch die Erfolge sind mühsam erarbeitet. In Mecklenburg-Vorpommern waren die Großvögel nach dem strengen Winter 1978/79 ausgestorben. In Sachsen verendete der letzte Hahn 1994 nördlich von Leipzig. Einige Tausend Tiere gibt es noch in Spanien in der Extremadura und in den Steppen Russlands.

1940 gab es in Österreich noch zwischen 700 und 800 Trappen, 1995 waren es nur noch 60. Der Bestand steigt nun wieder – *„Gott sei Dank schön langsam, aber doch ..."*, so Direktor Kurt Kirchberger vom Nationalpark Neusiedler See Seewinkel.

FISCHOTTER: FROM ZERO TO HERO

„From Zero to Hero" beschreibt der *Kurier* die Karriere des Fischotters. Vor 50 Jahren galt der nämlich als ausgestorben, weil er als Konkurrent der Fischwirtschaft und auch wegen seines Balges viel bejagt wurde. Sein dichtes braunes Fell, das ihn im Wasser vor Kälte und Feuchtigkeit schützt, hat rund 50 000 Haare pro Quadratzentimeter, das sind 400-mal mehr als bei der Haut des Menschen. Zudem bedrohen ihn Gewässerverschmutzung und die Anreicherung landwirtschaftlicher Chemikalien in den Beutetieren des Fischotters. Das Trockenlegen von Feuchtgebieten, die Entfernung der Ufervegetation, Flussbegradigungen, Damm- und Straßenbau haben den Lebensraum des Otters weiter zerstört.

Doch dann wurde er unter ganzjährige Schonzeit gestellt, und 2015 gab es allein in Kärnten wieder geschätzte 200 Exemplare. Inzwischen gilt der Otter wieder als „Platzhirsch" in Bächen, Flüssen und Fischteichen. Er habe den Fischbestand im Bundesland um 70 Prozent schrumpfen lassen, so Wildbiologe Roman Kirnbauer. Ein Otter benötige rund zehn Prozent seines eigenen Körpergewichts an Nahrung. Nachdem das EU-weit streng geschützte Tier als wählerisch gilt und oft nur die besten Stücke des Fisches zu sich nimmt, könne es für seine tägliche Ration bis zu drei Kilo Fisch beanspruchen. Im Schnitt, sagt jedoch das Österreichische Kuratorium für Fischerei und Gewässerschutz, frisst ein Otter 300 Kilo Fisch im Jahr.

Die Fischbiomasse im Görtschitztal ist seit 2009 sogar um 80 Prozent zurückgegangen. Ausgerechnet dort ist die Urforelle beheimatet, die auf der Roten Liste der bedrohten Arten zu finden ist. Und um sie zu schützen, sollte zunächst die Jagd auf einzelne Tiere erlaubt werden, weil das höhere Gut – in diesem Fall die Urforelle – Priorität bekommen sollte. Doch dann beschloss man, die Otter mit schonenden Gummitellerfallen einzufangen und acht Tiere jährlich ins holländische Exil „abzuschieben". Dort läuft ein Wiederansiedlungsprogramm. Ein wissenschaftliches Projekt soll bis 2019 klären, in welchem Ausmaß das zur Erholung der Fischbestände führen könne.

FISCHOTTER

Der Fischotter (*Lutra lutra*) ist ein an das Wasserleben angepasster Marder, der zu den besten Schwimmern unter den Landraubtieren zählt. Er kommt in fast ganz Europa vor.

Sein bevorzugter Lebensraum sind flache Flüsse und Teiche mit zugewachsenen Ufern. Einen großen Teil seines Beutespektrums stellen Fische dar. Der gefährlichste Feind des Fischotters ist der Mensch.

Im Winter stört der Otter die ruhenden Fische und richtet dadurch beträchtlichen Schaden an.

Foto © Dieter Manhart & Dodi Fischer

Der Fischotter wird bis zu 15 Kilogramm schwer und ist ein hervorragender Schwimmer, Taucher und auch Wanderer. Er kann Gegenden bis auf 4000 Meter Höhe besiedeln. Die Paarung findet zu allen Jahreszeiten statt und am Ende der neunwöchigen Tragezeit kommen zwei bis drei Junge zur Welt. Der Otter ist meistens nachtaktiv und sucht in Ufernähe nach Fischen, Amphibien, Bisamratten und Wasservögeln. Seine Uferhöhlen legt er so an, dass der Eingang unter Wasser liegt und geschützt ist.

Selbstjustiz am Fischteich

Obwohl der Otter durch die Ratifizierung der Berner Konvention und die Fauna-Flora-Habitat-Richtlinie auf Bundesebene streng geschützt ist, wird er anscheinend laut einem Bericht des Wiener Umweltbundesamtes auf illegale Weise „kurzgehalten", also gewildert. Abhilfe soll ein europaweites Netz von Natura-2000-Schutzgebieten leisten, zum Beispiel in der Waldviertler Teich-, Heide- und Moorlandschaft, im Kamp- und Kremstal, im Thayatal bei Hardegg, im südoststeirischen Hügelland, im Lafnitztal und im Südburgenland.

Seit 1. Februar 2016 wird in Bayern an der Bayerischen Landesanstalt für Landwirtschaft der Fischottermanagementplan umgesetzt. Er umfasst Beratung, Förderung der Errichtung von Schutzzäunen und Entschädigungszahlungen. Außerdem wurde ein Fischotterberater eingestellt.

In Österreich plädiert der WWF für ein anderes Umgehen mit dem Konflikt. Nicht die Beseitigung des Räubers sei notwendig, sondern eine großflächige Flusssanierung. Der allgemeine Fischrückgang würde nämlich mit künstlichem Besatz kompensiert – oft mit standortfremden Arten. Diese verendeten dann oder wanderten ab. Um Otterschäden an Fischteichen so gering wie möglich zu halten, sollten Elektrozäune angebracht und angepasste Bewirtschaftungsformen verwendet werden.

Auch das Österreichische Kuratorium für Fischerei und Gewässerschutz, der Dachverband der Fischereivereine und Angler, betont: *„Fischfressende Tiere sind ein Teil der österreichischen Natur."* Die zunehmende Einzäunung oder Aufgabe vieler Hobbyteiche verdränge die Otter jedoch vermehrt, was besonders in kleinen und mittleren Gewässern in vielen Fällen eine massive Überfischung verursache. Das Fischottermanagement in Österreich, das unter anderem Schaden reguliere, sei noch unzureichend. Der Otterbestand müsse im Einklang mit der Fauna-Flora-Habitat-Richtlinie so reguliert werden, dass genügend Tiere den geforderten „günstigen Erhaltungszustand" sicherten, gleichzeitig aber unnötiger Schaden von der Fischereiwirtschaft abgewendet würde. Dazu müsse man den Bestand der Otter systematisch erfassen und Obergrenzen für die Otterpopulation analog zu den Rehen im Wald ermitteln. Überschüssige Tiere müssten durch Abschuss entnommen werden – um weitere eigenmächtige Aktionen der Teichbesitzer zu verhindern und dem Artenschutz gerecht zu werden.

In Niederösterreich wurde 2015 der ganzjährige Schutz für Fischotter und Biber aufgehoben. Die Tiere fallen jetzt in die Zuständigkeit des Naturschutzgesetzes. Die Landesregierung kann dann bei Problemen in einzelnen Regionen Eingriffe in die Populationen zulassen.

DER FLEISSIGE BIBER

150 Jahre nach ihrer Ausrottung findet man heute wieder Biber in den Flusslandschaften Österreichs und Bayerns. Das rund 35 Kilo schwere Nagetier war aus der Landschaft verschwunden – sein Biberpelz wurde teuer gehandelt, das „Bibergeil", ein Drüsensekret, mit dem das Tier sein Revier markiert, als Schmerzmittel nachgefragt. Biberfleisch war außerdem in der Fastenzeit als Mahlzeit erlaubt, festgelegt im Konstanzer Konzil von 1414/18. 1754 bestätigte der Jesuitenpater Pierre Charlevoix, französischer Missionar in Nordamerika: *„Bezüglich des Schwanzes ist er ganz Fisch, und er ist als solcher gerichtlich erklärt durch die Medizinische Fakultät in Paris, und im Verfolg dieser Erklärung hat die Theologische Fakultät entschieden, dass das Fleisch während der Fastenzeit gegessen werden darf."*

In den 70er-Jahren setzte ein Team des Instituts für vergleichende Verhaltensforschung und der Stadt Wien den „Fisch" an der Donau aus: 32 europäische und 15 kanadische Biber. Die nordamerikanischen Einwanderer verschwanden bald auf ungeklärten Wegen – vermutlich erkrankten sie an heimischen Nagerkrankheiten, auf die ihr Immunsystem nicht vorbereitet war. Die europäischen Biber aber, die aus Polen, Schweden und Weißrussland nach Österreich gebracht wurden, eroberten bald die heimischen Flusslandschaften. In Bayern, wo der Bund Naturschutz schon vor 50 Jahren 120 Tiere aussetzte, leben inzwischen an die 8000 Biber.

BIBER

Der Europäische Biber (*Castor fiber*) ist mit seinem spindelförmigen Körper, einem breiten, abgeplatteten, mit lederartiger Haut bedeckten und unbehaarten Schwanz und den Schwimmhäuten perfekt an das Leben im Wasser angepasst. In der Biberburg leben die Altbiber mit bis zu vier Jungen, oft noch mit Jungtieren aus dem Vorjahr. Der Biber ist ein reiner Pflanzenfresser. Er bevorzugt Kräuter, Sträucher, Wasserpflanzen und Laubbäume.

Der Biber ist ein reiner Pflanzenfresser. Er bevorzugt Kräuter, Sträucher, Wasserpflanzen und Laubbäume wie Espen, Erlen und Pappeln. Aber er frisst auch Gräser und Schilf sowie Zweige, Astrinde und Blätter von Bäumen. Dazu fällt er mit seinen großen und langen Schneidezähnen Bäume und errichtet sich daraus Nahrungsflöße, einen Wintervorrat aus etlichen Zweigen. Dabei staut er Fließgewässer auf und verändert die Landschaft. In München fällen die Biber Bäume entlang der Isar, mitten in der Stadt. Neben der Unfallgefahr in besiedelten Gegenden verursacht der Biber Fraßschäden an Feldfrüchten. Er untergräbt Ufergrundstücke und verursacht mit seinen Dämmen Überschwemmungen. Während die Verluste an Getreide, Zuckerrüben, Mais und Raps oder auch einigen Gemüsesorten sich meist in geringen Bereichen bewegen, verursachen Schäden an Nutzhölzern oder Obstbäumen umfangreichere ökonomische Schäden. Je nach Härte des Holzes kann der Nager in einer Nacht einen halbmeterdicken Baum fällen.

Was für den Menschen ärgerlich ist, hat für Flora und Fauna eine ökologische Schlüsselfunktion. Ist dem Biber der Wasserstand zu niedrig, baut er sich Dämme, um Fließgewässer zu stauen. Vom Menschen begradigte Flüsse werden abgebremst und bekommen wieder einen natürlicheren Lauf.

Das mildert die negativen Auswirkungen von Starkregen und wirkt ausgleichend auf den gesamten Wasserhaushalt eines Gebiets. Der Biber, so der WWF Österreich, trägt *„entscheidend zur Artenvielfalt bei. Es entstehen besonnte, pflanzenreiche Flachwasserzonen und große Totholzmengen in unterschiedlichster Form. Ufer- und Auengehölze werden aufgelichtet und strukturiert. Die permanenten Biberaktivitäten schaffen so Lebensräume für viele Insekten und Vögel, Laich- und Versteckmöglichkeiten für Fische und Amphibien."* Der Biber sei ein „Ökosystem-Ingenieur".

Nach der europäischen Fauna-Flora-Habitat-Richtlinie ist der Biber streng geschützt, unter anderem dürfen die Tiere nicht gefangen oder getötet werden und ihre Dämme und Bauten weder beschädigt noch zerstört werden. Niederösterreich will jedoch – unter gewissen Voraussetzungen – außerhalb der Schonzeit, also vom 1. September bis 31. März, Biberdämme entfernen und die Tiere mit Fallen fangen oder durch Abschuss töten. Das soll Schäden an Hochwasserschutzbauten, Kläranlagen und Fischaufstiegshilfen verhindern. Ausdrücklich ausgenommen von der Verordnung sind Naturschutzgebiete, die Nationalparks Donau-Auen und Thayatal sowie Europaschutzgebiete. Eine ähnliche Regelung gibt es in Bayern.

Biberspuren sind am Ufergehölz leicht zu erkennen.

Der Biber fällt oft sehr große Bäume. Er ernährt sich von den zarten Zweigen, der Rinde und den Blättern dieser Bäume. Eigentlich ist er jedoch ein Pflanzen-Allesfresser.

Das Verbreitungsgebiet der Kormorane (Phalacrocorax carbo) umfasst große Teile Europas. Die Nahrung besteht fast ausschließlich aus Fisch. Kormorane sind zu allen Jahreszeiten gesellig, die Brutkolonien liegen an Küsten oder größeren Gewässern.

Foto © Dieter Manhart & Dorli Fischer

DER VERHASSTE KORMORAN

Da sitzt er wieder – immer auf demselben Baumstamm, der vom Ufer aus ins Wasser gestürzt ist, und trocknet sein Gefieder. In China ist der tierische Fischer ein fleißiger Gehilfe: Der Vogel kann bis zu einer Minute unter Wasser bleiben und bis zu 16 Meter tief tauchen. Gezähmten Tieren wird ein Ring um den Hals gelegt, der sie am Verschlucken der Beute hindert. Stattdessen liefern sie ihre Beute am Boot ihres Herren ab. In Europa ist der Kormoran geschützt – und ein Feind der Fischer.

Die Nahrung des Kormorans besteht fast ausschließlich aus kleinen bis mittelgroßen See- und Süßwasserfischen. Die Vögel jagen nach den Fischen, die am leichtesten verfügbar sind, je nach lokalen Bedingungen und Jahreszeit. In Bayern wurde die Winterernährung des Kormorans untersucht. In Voralpenseen, künstlichen Gewässern und Flüssen waren gleichermaßen Karpfenfische der Hauptbestandteil, gefolgt von Flussbarschen, Rotaugen und Renken.

Der „Wasseradler"

In Europa ist der Beutegreifer seit vielen Jahrhunderten ansässig, zum Beispiel zeigt ihn ein bayrischer Renaissance-Stich 1590 als „Wasseradler". Als Nahrungskonkurrent wurde er jedoch immer schon massiv verfolgt. Seine Brutkolonien wurden zerstört. Es gab Abschussprämien und teilweise wurden Soldaten zur Kormoranbekämpfung eingesetzt. 1920 war der Vogel in Mitteleuropa so gut wie ausgerottet. Als der Kormoran dann 1979 durch die Europäische Vogelschutzrichtlinie unter Schutz gestellt wurde, konnten sich die Bestände durch Vögel aus Kolonien in den Niederlanden, Dänemark und dem Baltikum erholen. 2013 soll es in Europa wieder 2,5 Millionen Kormorane gegeben haben, so der Oberösterreichische Landesfischereiverband.

In Österreich überwintern heute 4000 bis 4500 Tiere, 60 Prozent davon entlang der Donau. Eine Brutkolonie gibt es in den March-Thaya-Auen. Doch zum Schutz der Fischereigewässer dürfen Kormorane mit

Kormorane sind auch gute Flieger. Nach Tauchgängen lassen sie ihr Gefieder trocknen.

Ausnahmegenehmigungen in verschiedenen Bundesländern wieder abgeschossen werden. 1997 wurde der Kormoran nämlich aus dem Anhang II der Vogelschutzrichtlinie, „völlig geschützt", wieder herausgenommen. Ähnliche Regelungen gibt es in Bayern. Dort werden jährlich im Winter durchschnittlich 5200 Kormorane erlegt.

In der Zeit vom 16. August bis 15. März ist es zum Schutz von gefährdeten Fischbeständen erlaubt, im Umkreis von 100 Metern von Gewässern und von anerkannten Fischzuchtbetrieben Kormoranabschüsse vorzunehmen (in Bayern 200 Meter). BirdLife Österreich lehnt das ab und fordert stattdessen die Einführung von Ruhezonen. So würden die Wasservögel an Orte gelenkt, an denen sie sich von reichhaltigen Fischbeständen ernähren können, etwa größere Stillgewässer und Flüsse. Wo an Fischzuchtanlagen und Teichen regional Probleme auftauchen könnten, sollten vor Ort gemeinsam Lösungen gefunden werden.

Keine Belege für Schäden

Der Naturschutzbund Deutschland (NABU) wie auch der Landesbund für Vogelschutz in Bayern (LVB) und der Deutsche Rat für Vogelschutz (DRV) betonen, dass wissenschaftliche Untersuchungen, unter anderem in Bayern, gezeigt hätten, dass in natürlichen Gewässern keine nennenswerten Schäden durch Kormorane aufträten. Es gebe keine wissenschaftlich belegten Nachweise über den Umfang, in dem die Vögel das Vorkommen von Fischarten oder gar seltenen Fischarten beeinflussten. Stattdessen sei ein paralleles Anwachsen von Kormoran- und Weißfischbeständen festgestellt worden.

Auch die deutsche Bundesregierung stellte in der Antwort auf eine Anfrage klar, *„dass es keine gesicherten Belege dafür gibt, dass der Kormoran eine Fischart in ihrem Bestand bedrohe. Lediglich auf regionaler Ebene kann nicht ausgeschlossen werden, dass es in Einzelfällen zu Bestandsreduzierungen bei Äschen kommt."* Bei Bestandsrückgängen müssen auch immer ökologische Zustände der Gewässer betrachtet werden. Vor allem Berufsfischer, ergab eine Schweizer Studie, neigten im Übrigen dazu, die Schäden überzogen darzustellen.

Es scheint also fragwürdig, allein den Kormoran für schwindende Fischbestände verantwortlich zu machen. Der Abschuss von Kormoranen löst nach Ansicht vieler Ökologen nicht das Problem abnehmender Fischbestände. Außerdem gibt es für Teichwirtschaften, deren Schaden durch den Fischfresser tatsächlich beträchtlich sein kann, Alternativen: Das Bayerische Staatsministerium für Landwirtschaft und Forsten empfiehlt, Gewässer mit einer Fläche bis zu einem Hektar mit Schutznetzen zu überspannen. Diese halten nahezu alle Vogelarten fern.

Kormorane schwimmen auch ausgezeichnet. Die Fische werden durch Tauchgänge bis zu einigen Metern unter der Wasseroberfläche erbeutet. Die Fortbewegung unter Wasser erfolgt mit den Füßen.

Foto © Eva & Helmut Pum

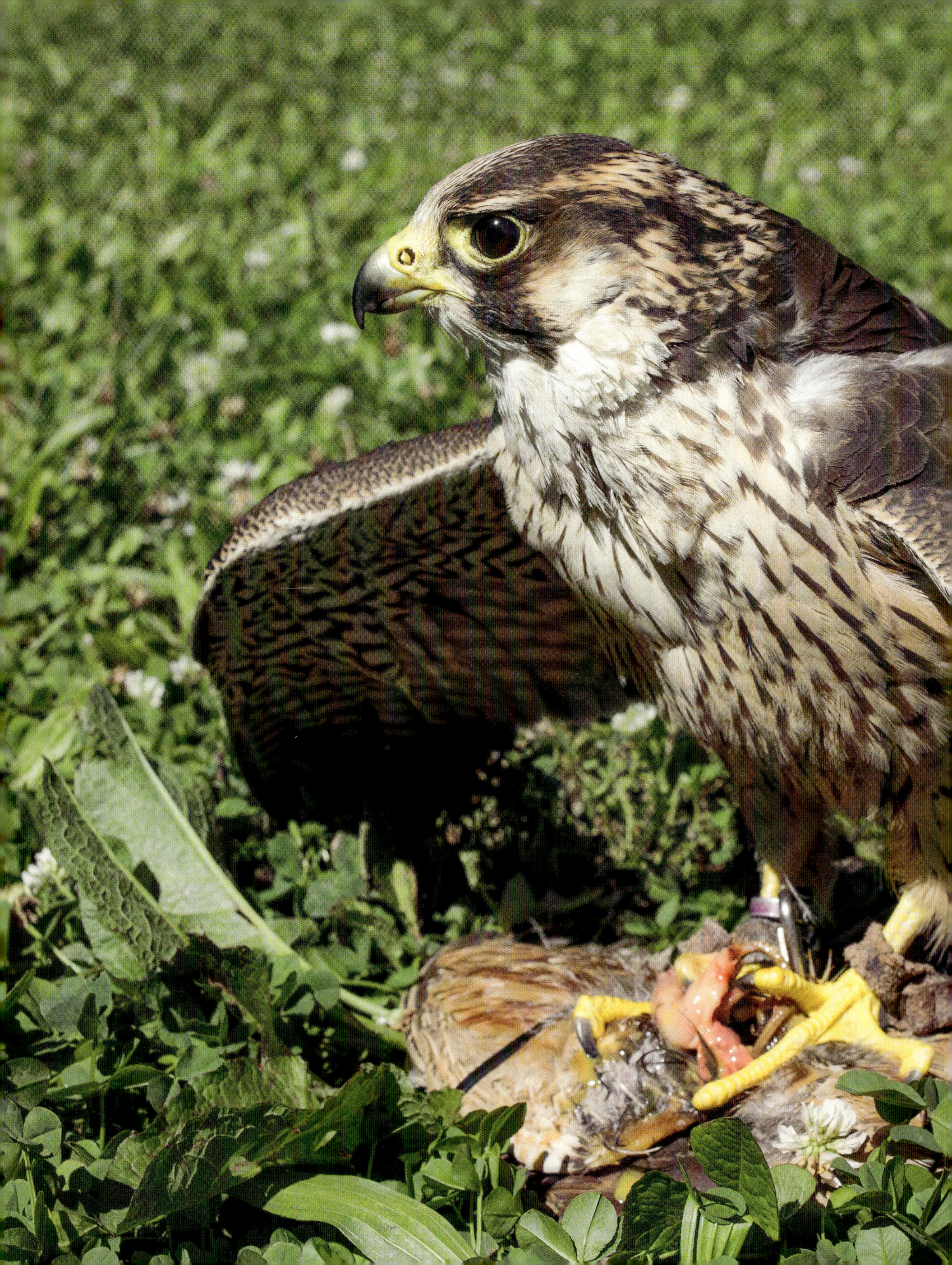

DIE FALKNEREI: EINST UND HEUTE

„Wer einen Sperber stiehlt, muss dem Besitzer sechs Sous zahlen, andernfalls darf der Vogel dem Dieb sechs Unzen Fleisch aus dem Gesäß reißen."

(Hentschel, 2010)

Hoch am Himmel, über der sengenden Wüstensonne, die die Luft erzittern und das Licht flirren lässt, spielt sich ein seltsames Schauspiel ab: Immer wieder stößt ein Raubvogel auf einen anderen Vogel herab, doch der folgt unbeirrt seinem Kurs, taucht ab, weicht aus und steigt wieder auf, scheinbar gelassen und unberührt von den heftigen Attacken des Angreifers. „Pioniere und Visionäre" sind hier laut dem Österreichischen Falknerbund am Werk, in einem Projekt, das im Wüstenstaat Abu Dhabi seinen Anfang nahm. Es geht um das Training von Wüstenfalken mithilfe eines künstlichen Beutevogels – einer Robotik-Kragentrappe. Denn, so die Begründung: Die Falken haben *„zu wenige Jagdmöglichkeiten auf Beutewild"* in ihren natürlichen Lebensräumen.

Kaum eine andere Form der Jagd reicht so weit in die Vergangenheit zurück und ist dennoch so modern. Die Tatsache, dass die Falknerei bereits vor 3500 Jahren praktiziert wurde, hat sie kein bisschen altmodisch werden lassen. Bereits in den Gräbern der Pharaonen fand man mumifizierte Greifvögel – heute lassen sich ihre Besitzer ihre Position per GPS auf das Handy funken. Gleichzeitig ist es dem Österreichischen Falknerbund als einem der international ältesten Vereine dieser Art gelungen, die Falknerei 2012 in die Liste des immateriellen Weltkulturerbes der UNESCO aufzunehmen.

Die Beizjagd hat ihre Wurzeln in den deckungslosen Steppen Mittelasiens, wo es kaum eine andere Möglichkeit zur Jagd gab, als Greifvögel abzurichten und sie als lebendes „Geschoss" in die Lüfte zu entlassen. Die Falknerei nutzt dabei nicht nur die Greifvögel, die ihr den Namen gaben, sondern je nach Beutetier auch Habichte, Bussarde, Uhus, Sperber oder sogar Adler. War der Bestand verschiedener Greifvogelarten in Europa bereits durch die ausgiebige Falknerei vergangener Jahrhunderte bedroht, so ist es heute umgekehrt: Heute werden die Greifvögel künstlich besamt und gezüchtet. Der Zucht und erfolgreichen Auswilderung ist zu verdanken, dass inzwischen auch die Zahl der Greifvögel in der Natur wieder zunimmt.

Der Kern der Beizjagd ist das harmonische Zusammenspiel von Beizvogel, Falkner und Hund. Während der Hund das Wild sucht und aufstöbert oder ihm vorsteht, versucht der Falkner, seinen Beizvogel in eine möglichst günstige Jagdposition zu bringen. Dem Vogel, der bis dahin „verkappt" auf der Faust getragen wurde, wird die Haube vom Kopf genommen. Nach kurzer Orientierung steigt er in Höhen von bis zu 150 Metern auf. Dort kreist der Falke und wartet, dass das Wild aufgescheucht („angehoben") wird. Sobald es fliegt, nimmt er im Tiefflug Kurs auf seine Beute.

Die Beizjagd mit Greifvögeln ist nicht nur eine der schönsten Arten zu jagen – ein anmutiger und geräuschloser ästhetischer Genuss. Die Jagd aus der Luft ist außerdem fair, da Jäger und Gejagte einander begegnen wie in der Natur – auch wenn der Greifvogel einen Vorteil dadurch hat, dass er speziell trainiert wurde und in besonderer Weise gehegt und gepflegt wird. Wanderfalken folgen ihrem angeborenen Jagdverhalten, während so ein Sturzflug anderen Falkenarten erst beigebracht werden muss. Man nutzt das nicht nur zur Jagd auf Flugwild oder Rebhuhn, Fasan oder Wildente, Vögel, die bei einer Bedrohung unbeweglich verharren. Wanderfalken vertreiben auch Vogelschwärme auf Flughäfen oder zerstören Nester, die technische Anlagen lahmlegen könnten. Kaninchen in innerstädtischen Parks und anderen Grünanlagen, wo aus Gründen der Sicherheit nicht geschossen werden darf, werden hingegen meistens mit Habichten und Wüstenbussarden bejagt.

200 STUNDENKILOMETER

Um die nervösen und schnell zu irritierenden Greifvögel zu beruhigen, tragen sie Kappen auf dem Kopf, die ihre Augen verschließen. Im frühen Mittelalter waren die Unterlider der Vögel noch durch einen feinen Faden fixiert, doch dann setzte sich die im „Morgenland" verwendete Kappe durch.
In der Geschichte der Falknerei hat sich diese Kopfbedeckung zu einer eigenen Kunstform entwickelt, die historischen Kappen wurden aus wertvollem Silber gefertigt, trugen prunkvolle Federbuschen oder waren aus bestickter Seide. Wenn ein Vorstehhund Wild anzeigt, zum Beispiel Rebhühner oder Fasane, wird die Kappe abgenommen und der Falke hoch in die Luft geworfen. Dort steigt er bis auf 200 Meter über den Falkner auf und bleibt dort, bis der Hund den Befehl bekommen hat, das Wild aufzuscheuchen. Erst dann legt er die Schwingen an, um im Sturzflug mit über 200 Stundenkilometern zum Erdboden zurückzukehren. Um diese extremen Geschwindigkeiten auszuhalten, trägt er knöcherne Zäpfchen in seiner Nase, die den Druck mildern und ihm das Atmen ermöglichen. Kurz bevor er den Boden berührt, öffnet er die Schwingen leicht, um die Richtung zu ändern und auf die Flugbahn des verfolgten Vogels einzuschwenken. Der Wanderfalke rammt seine Beute mit großer Wucht und tötet sie häufig schon durch den Aufprall.

Im Allgemeinen sind Falken Bisstöter. Sie greifen mit ihren Füßen – die in der Falknersprache „Hände" genannt werden – ihre Beute und töten sie durch einen Biss ins Genick, wobei ihnen die dreieckförmige Ausbildung am Oberschnabel – Falkenzahn genannt – besondere Kraft verleiht. Falken jagen in der Luft Vögel oder große Insekten, nur der Turmfalke stürzt sich auch auf Mäuse am Boden.

WANDERFALKE

Der Wanderfalke ist die am weitesten verbreitete Vogelart der Welt. Er ist ein hochspezialisierter Vogeljäger. Die Nahrung besteht fast ausschließlich aus kleinen bis mittelgroßen Vögeln. Die Sturzflüge aus großen Höhen bei der Jagd und die dabei erreichten hohen Geschwindigkeiten sind enorm.

GRIFF ODER BISS

Habicht, Adler und Bussard hingegen sind Grifftöter. An ihren Fängen befinden sich spitze und scharfe Klauen, die tief in das Beutetier eindringen, mitunter durch die Schädeldecke. Die Beute wird danach mit dem scharfen Hakenschnabel zerrissen und zerteilt. Kerben und Scharten kann der Vogel mittels einer scharfen Kante auf der Innenseite der Mittelklauen entfernen, mit der er auch den Schnabel reparieren und nachschärfen kann.

Zur Vorverdauung landet die Atzung zunächst im Kropf und wird dann allmählich in den Drüsenmagen gedrückt. Die Magensäure der Greife ist in der Lage, die Knochen der Beutetiere aufzulösen. Was unverdaulich ist, wird im Muskelmagen zusammengepresst und als Gewölle schließlich ausgespien. Die verdaute Nahrung wird als Gemisch aus Urin und Kot über die Kloake als „Schmelz" ausgeschieden. Aus Farbe und Konsistenz des Schmelzes kann der Falkner den Gesundheitszustand des Vogels einschätzen.

Die zwölf großen Schwanzfedern der Greifvögel heißen in der Fachsprache Stoßpennen, die zehn Handschwingen Schwungpennen, die zehn Armschwingen Wannen. Da die Federn mit der Zeit verspröden, wechseln die Tiere in einem bestimmten Rhythmus das komplette Gefieder, sie mausern. Um weiterhin flugfähig zu bleiben, werden die Pennen und Wannen streng symmetrisch, also zeitgleich jeweils rechts und links, gewechselt.

Der Umgang mit Greifvögeln erfordert viel Wissen, Geduld und Einfühlungsvermögen. Ist die Zähmung gelungen, werden die Vögel gegenüber ihrem Falkner zahm wie ein Haustier. Zu ihrer Ausbildung wird eine Attrappe eingesetzt, das Federspiel, ein kleines Kissen mit daran befestigen Vogelflügeln, die der Falkner an einer Schnur über seinen Kopf kreisen lässt wie ein Lasso. Damit fordert er den Vogel auf zurückzukommen. Oder aber ein Balg wird an einer Schnur über den Boden geschleppt. Zur Belohnung erhält der Vogel ein Fleischstück. Dabei ist wichtig, dass der Greif danach mit der Nahrung gefüttert wird, auf die er zuvor geflogen ist.

REIHER UND HÜHNER

Seit Jahrtausenden wird auf diese Art gejagt – der Weltreisende Marco Polo berichtete Ende des 13. Jahrhunderts, dass der Mongolenherrscher Kublai Khan jedes Frühjahr mit mehreren Tausend Falknern vom heutigen Beijing aus aufbrach, um in den Ebenen seines Reiches auf Wolf, Fuchs oder Hasen zu jagen. Riesige Kornfelder wurden dort als Köder angelegt. Die Araber jagten Gazellen und Antilopen mit dem Würg-(Saker-)Falken, dessen Flügel eine Spannweite von über einem Meter haben. Größer noch und schneller ist der Gerfalke, mit dem man in Europa traditionell auf Reiher und Gänse beizt. Reiher sind eine besondere Herausforderung für den Beizvogel, denn ihr spitzer Schnabel ist eine ernst zu nehmende Gefahr für ihre Angreifer.

Reiher wurden in den vergangenen Jahrhunderten millionenfach getötet – nicht nur wegen ihrer Haut und ihres schönen Gefieders, auch ihr Fleisch galt als besonders schmackhaft. Im Mittelalter gehörten die Graureiher der „Hohen Jagd" an. Es war ein Privileg des Adels, diese schönen Tiere zu jagen. Deshalb waren Vögel und ihre Kolonien durch strenge Gesetze geschützt. Im 19. Jahrhundert änderte sich die Einstellung gegenüber dem Graureiher und er wurde als Fischereischädling verfolgt. Allerdings ist die Jagd auf die eleganten Vögel heute stark eingeschränkt. Der Silberreiher steht in Österreich auf der Roten Liste und der Abschuss des Graureihers ist nur zum Schutz von Fischereigewässern und unter strengen Auflagen statthaft.

Gebeizt aber werden Enten und Hühner, Hasen und Kaninchen. Früher war diese „Küchenjagd" durch Sperber die Domäne des niedrigen Adels und des Klerus. Auch Habichte wurden dazu verwendet: Sie sind Kurzstreckenkönner und manövrieren mit atemberaubender Geschwindigkeit auch im dichten Wald, wo sie am Boden wie in der Luft Beute schlagen. Turmfalken waren die Jagdwaffe für Knappen und Pagen, Anwärter des höheren Adelsstandes. Die Damen jagten oft mit einem Zwergfalken. Die edleren Falken blieben den Kavalieren des Hochadels vorbehalten.

DIE FALKNEREI

Der Gerfalke wird seit dem Mittelalter als Beizvogel (Jagdfalke) sehr geschätzt. Kaiser Friedrich II. war ein begeisterter Falkner.

FRIEDRICHS FALKENBUCH

Zur vollendeten Form entwickelte sich die Falknerei im Mittelalter, wo die Kreuzritter im Nahen Osten die Kunstfertigkeit der arabischen Reiter bewunderten, die zum Teil drei Falken gleichzeitig führten. Einer von ihnen, der geniale Kaiser des Heiligen Römischen Reiches, Friedrich II. (1194–1250), verfasste eine Handschrift, die, obwohl sie als eines der ersten Werke über die Jagd überhaupt gilt, bis heute nichts an Eindrücklichkeit und Relevanz verloren hat. In *De arte venandi cum abivus* (Von der Kunst, mit Vögeln zu jagen) beschrieb der kluge Beobachter der Natur alle Arbeiten des Falkners mit dem Vogel, zum Beispiel, dass man diesem bei Unruhe einen fleischigen Geflügelschenkel zeigen solle, wobei der Vogel dabei aber immer auch das Gesicht des Falkners im Auge haben müsse. Das Originalmanuskript ging in den Wirren der Kreuzfahrerzeit verloren. Doch es gibt mehrere Kurzfassungen, von denen eine in der Wiener Universitätsbibliothek erhalten ist, sowie die berühmte Bilderhandschrift, die sein Sohn Manfred zu Friedrichs Buch in Auftrag gab und die in vielen naturnahen Bildern die Vögel, die Falkner und ihre Werkzeuge zeigt.

Darstellung Friedrich II. mit einem Falken.

„Archiv.org: The Crusades; the story of the Latin kingdom of Jerusalem, 1894 by Archer, Thomas Andrew"

Friedrichs Buch orientierte sich sowohl an älteren arabischen Schriften, die er übersetzen ließ, als auch an einer antiken Abhandlung des Aristoteles (*De animalibus libri*), der er sich in einigen Punkten sogar zu widersprechen traute. Denn er ging induktiv vor – er betrieb eigene Forschungen und schloss darauf auf Naturgesetze: Er experimentierte mit Vogeleiern und testete, bei welcher Temperatur die Jungen schlüpften. Würde die Sonnenwärme allein ausreichen, um die Eier reifen zu lassen? Er gab, beschrieb der Biologe Horst Stern in seinem Roman *Mann aus Apulien*, einer Sklavin Glühwein zu trinken, um ihre Körpertemperatur zu erhöhen, und hieß sie dabei in einem warmen Bett zu liegen und die Eier in ihrer Achselhöhle zu bebrüten. Oder er versuchte herauszufinden, ob der Raubvogel auch ohne seine Augen seine Beute findet, ob er also seinen Geruchssinn nutzt.

Das Falkenbuch Friedrichs II. enthält auch viele Details über Merkmale und Verhaltensweisen von Greifvogel wie Beute – wie unterschiedliche Flughöhen der Vögel, Zug- und Nahrungsverhalten sowie Abwehrstrategien, etwa wenn die Trappe sich nicht nur drohend aufplustert, sondern auch Kot abspritzt, um ihren Jäger unschädlich zu machen. In gewisser Weise war Friedrich ein Wegbereiter für den Nobelpreisträger Konrad Lorenz und seine Forschungen mit Graugänsen.

Das Buch gibt auch viele praktische Hinweise und Anleitungen für die Falkner: Es zeigt, wie sie mit Wasser aus ihrem Mund die Greifvögel besprühen sollen, um sie über die Verdunstung abzukühlen – denn Vögel haben keine Schweißdrüsen. Sie regulieren daher ihre Körpertemperatur ähnlich wie Hunde nur über ihre Schleimhäute (heute benutzt man dazu Sprühflaschen). Oder es wird verlangt, dass jeder Falkner das Schwimmen zu erlernen habe, um das Wild auch am anderen Ufer bergen zu können. Denn der Greifvogel apportiert die Beute schließlich nicht wie ein Hund: Der Falkner muss sie rechtzeitig erreichen, bevor der Vogel sich darüber hermacht.

Friedrich II. war ein begeisterter Falkner. Darstellung von Franz Kampers (1868-1929) in einem historischen Buch.

Ein Wanderfalke mit Haube.

DER WEISSE FALKE

Im Hochmittelalter wurde die Falknerei zum Idealbild des höfischen Lebens. Einem weißen Falken auf edlem Pferd zu folgen war ein Symbol von Anmut wie Macht zugleich. Deshalb ging die Falknerei als erotisches Symbol auch in die Minne ein. Sie zog sich durch Gesetzgebung, Literatur und bildende Künste, findet sich in Handschriften, auf Fresken und Gobelins. „Unter die Haube kommen" ist bis heute als Redewendung erhalten.

Auch in späteren Jahrhunderten verlor die Falknerei nichts von ihrem Glanz, wie Gemälde und Tapisserien von der Renaissance bis ins Rokoko belegen. Prachtvolle Jagdschlösser entstanden allein für diesen Zweck, wie die „Falkenlust" am Rhein bei Brühl. Bei seinem Besitzer, dem Wittelsbacher Kurfürsten Clemens August (1700–1761), Erzbischof von Köln, standen die Falkner so hoch im Kurs, dass sie dreimal mehr verdienten als seine Minister. Wie zentral die Beiz war, ist aus einem Beizbuch eines Zeitgenossen, Markgraf Karl Wilhelm Friedrich von Brandenburg (1712–1757), zu entnehmen. Er erlegte in wenigen Jahren an die 35 000 Stück Wild auf diese Weise.

Dass die Beiz nicht nur mutige und schnelle Vögel, sondern auch besonders gute und schnelle Reiter verlangt, hat sie zum Beispiel für Kaiserin Elisabeth interessant gemacht, die sich stets sportlich bis an ihre Grenzen strapazierte und sich dabei auch von ihrem Gatten Franz Joseph separieren konnte, der lieber im Bergwald darauf wartete, dass man ihm Hirsche zutrieb. Kaiserin Maria Theresia hatte die Falknerei aufgegeben, als sie beleibter und dadurch ungelenker wurde. Maria von Burgund schließlich, die Frau des berühmten „Jagd-Kaisers" Maximilian I., kostete die Falknerei sogar ihr Leben, weil ein Sattelgurt riss und der Sturz sie in der Folge tötete (siehe Seite 111).

Mit dem steigenden Gebrauch von Schusswaffen allerdings starb die Falknerei beinahe aus: 1793 wurde das Oberfalkenmeisteramt am österreichischen Kaiserhof abgeschafft. In der Zeit der Napoleonischen Kriege wurden in Europa dann die letzten fürstlichen Falknereien zerstört.

TRADITION UND MODERNE

Erst in den 1920er-Jahren erlebte die Falknerei eine Renaissance mit der Gründung der ersten Fachverbände und der beginnenden Zucht von Greifvögeln. In der modernen Falknerei stehen biologisch-ornithologische Aspekte sowie Natur- und Umweltschutz und Jagdethik im Vordergrund. Parallel zu den ersten Regularien der Falknerei wurde sie jedoch gleichzeitig im Nationalsozialismus wie vieles andere als germanisches Volksgut usurpiert: Ein Reichsfalkenhof im niedersächsischen Braunschweig wurde zur zentralen Ausbildungsstätte. Reichsmarschall und „Reichsjägermeister" Hermann Göring besaß einen Falken mit dem Namen „Komet" und ein Tafelgeschirr mit Motiven dieser Jagdkunst. Selbst im Konzentrationslager Buchenwald wurde ein Falkenhof eingerichtet.

Die moderne Falknerei hat sich von solchen ideologischen Bindungen gelöst und geht pragmatischen Zwecken nach, wie der Verscheuchung von Tauben- und Krähenschwärmen in Städten, auf Flughäfen oder in Industrieanlagen. Auf Friedhöfen oder in Parkanlagen werden Kaninchen gejagt und erlegt. In Greifvogel-Auffangstationen nimmt man Vögel vor der Auswilderung häufig in falknerische Haltung, da Studien zeigen, dass sie nach dem Training durch den gezielten Muskelaufbau größere Überlebenschancen haben als ein untrainierter Vogel. Nach einer Entwöhnungsphase werden die Tiere dann wieder in die Freiheit entlassen.

Die Falkenhaube ist ursprünglich eine nützliche Erfindung zur Jagd gewesen, damit der Beizvogel die Beute erst sieht, wenn auch der Falkner nah genug ist. Sie nimmt dem Vogel kurzfristig die Sicht und ist maßangefertigt. Heutzutage hilft die Falkenhaube nicht nur bei der Jagd, sondern auch während des Transportes im Auto.

Ein Falknerhandschuh dient zum Aufsitzen des Greifvogels.

Umstritten und in der Praxis sehr unterschiedlich gehandhabt wird die Verwendung von Greifvögeln auf kommerziellen Adlerwarten oder Flugschauen. Diese arbeiten zwar falknerisch, haben aber mit dem Kulturerbe, das der Österreichische Falknerbund (gegründet 1950) bei der UNESCO unter Schutz stellen ließ, häufig wenig zu tun. Er fordert, dass die Haltung von Tag- und Nachtgreifvögeln immer den Bestimmungen des Tierschutzgesetzes entsprechen müsse. Streitpunkte sind dabei vor allem die zeitweilige Anbindehaltung (nur in der Beizjagd erlaubt) und die Verhaubung der Vögel. Bevor die Greifvögel für die Jagd oder für Vorführungen eingesetzt werden können, müssen sie, wie die Falkner es nennen, „abgetragen" werden. Dabei werden sie auf ein Reck gesetzt und mit einer an den Füßen befestigten Leine immer wieder auf die Faust des Falkners gezogen. Nur dort bekommt der Vogel Futter.

WILDTIERE ODER HAUSTIERE?

Die enge Bindung der Beizvögel an den Menschen führt immer wieder zu ethischen Debatten. So ordnet der Gesetzgeber die Greifvögel als „Wildtiere" ein, obwohl sie im Rahmen der Falknerei wegen ihrer Zahmheit und spezialisierten Nutzung eine Zwischenkategorie sind. Die Bedingungen zur Wildvogelhaltung sind in Österreich verschärft worden, um den Tierschutz zu stärken. Jeder, der mit Greifvögeln auf die Beiz gehen will, muss einen Jagdschein besitzen und eine Falknereiprüfung abgelegt haben, bei der es nicht nur um die Technik dieser Jagd geht, sondern auch um alles Wichtige aus Hege und Pflege.

Wie viele Greifvögel in Österreich gehalten werden, ist nicht bekannt. Eine wachsende Zahl lebt als Tourismusattraktion auf Greifvogelwarten. Die Meldepflicht wird häufig umgangen. Vogelschützer fordern deshalb einen generellen Sachkundenachweis für Personen, die mit Greifvögeln umgehen. Eine artgerechte Fütterung stellt hohe Ansprüche an die Halter. Greifvögel sind extrem empfindlich gegenüber Bleivergiftungen, wenn erlegte Wildtiere verfüttert werden.

RISIKO HYBRIDFALKEN

Das Washingtoner Artenschutzabkommen (CITES) sollte außerdem beim Erwerb von Tieren berücksichtigt werden. Ein Problem können auch die Zucht und Haltung von Hybridfalken darstellen, die besondere Jagdeigenschaften herausbilden. BirdLife Österreich fordert in Anlehnung an Deutschland ein Verbot, da sich freigelassene oder entflogene Vögel mit den vom Aussterben bedrohten Würg-(Saker-)Falken paaren können.

Für die Beiz werden in Österreich über 50 verschiedene Greifvogelarten gehalten, die meisten davon sind aus der Familie der Falken (61 Prozent), vor allem Wanderfalken, neben Habichtartigen wie Adlern oder Sperbern. Während der Habicht gut im Wald jagen kann, weil er auf kürzeste Entfernung hohe Geschwindigkeiten erreicht, braucht ein Falke weites, offenes Gelände. Einen solchen Vogel muss man sich auch leisten können: Allein die Anschaffung kostet circa 5000 Euro, die Pflege und Haltung des Vogels noch nicht inbegriffen.

Ein Falkner mit Wanderfalke auf dem Falknerhandschuh.

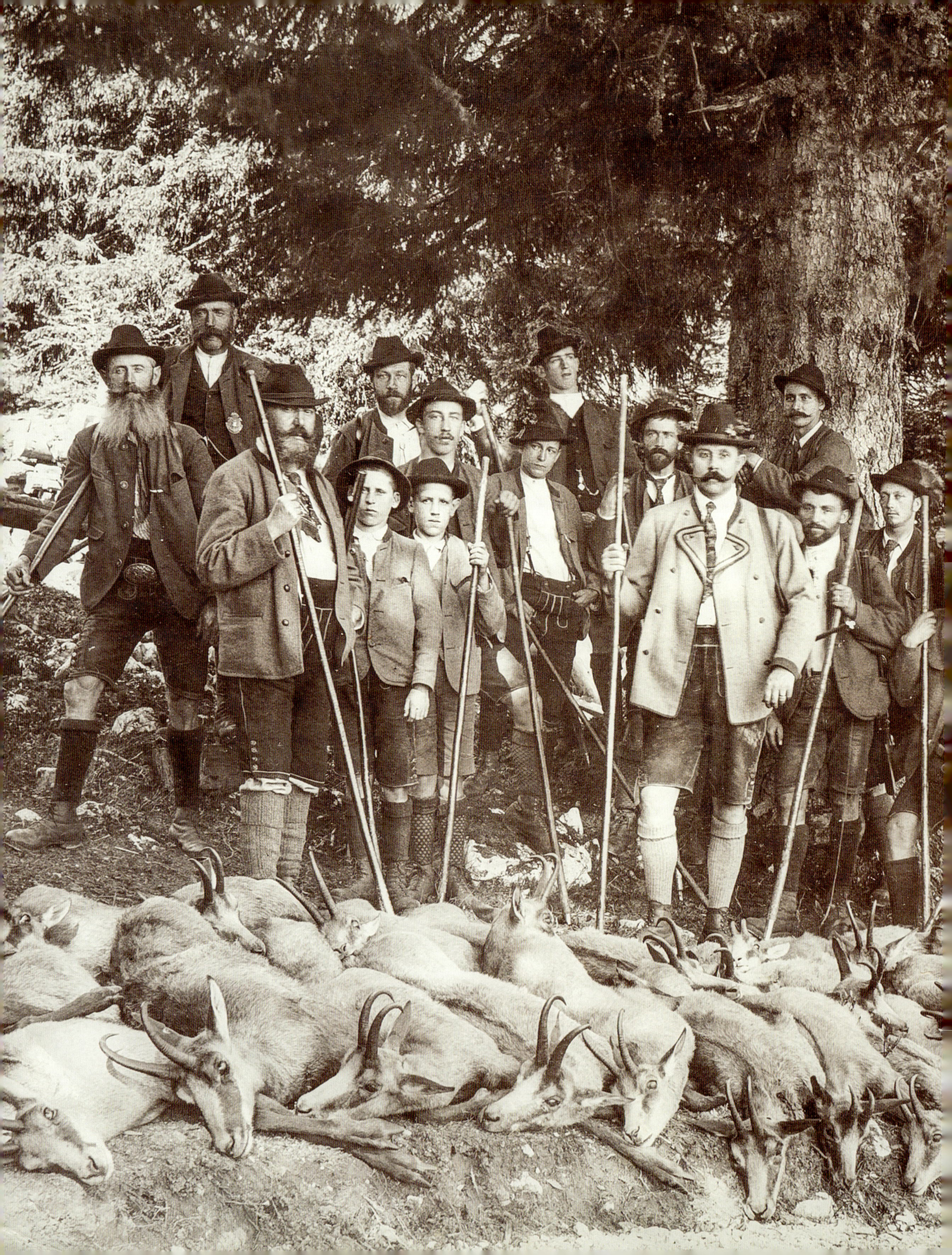

DIE GROSSEN JÄGER

„Darum ist die Jagd von großen und berühmten Potentaten allezeit geliebt und getrieben worden; denn sie ist eine Gemütserquickung, eine Schwermutsvertreibung, eine Feindin des Müßiggangs und aller daraus entspringenden Laster ..."

Georgica curiosa, österreichisches Lehrbuch über Haus- und Landwirtschaft, 1682

Noch nach römischem Recht waren Wildtiere freie, herrenlose „Sachen" gewesen, und jeder durfte sie bejagen – so wie sich seit Abertausenden von Jahren Menschen auf diese Weise ernährt hatten. Doch im frühen Mittelalter wurde diesen paradiesischen Zuständen ein Ende bereitet: Karl der Große (747/748 – 814), der sich nach dem Untergang des Römischen Reiches selbst als Nachfolger der antiken Kaiser sah, unterwarf nicht nur Burgen, Dörfer und Städte in halb Europa. Er machte sich auch den Wald untertan. Zum ersten Mal in der Geschichte wurde das Wild damit zum Besitz der Krone erklärt – die Jagd zum Privileg des Adels.

Der hochherrschaftliche Umgang mit der Natur hat über 1000 Jahre lang Geschichte geschrieben – Sozialordnungen verändert, Hunger und Elend ausgelöst, zu Revolutionen geführt. Die Frage, wem Hase und Reh gehören, hat dabei mindestens ebenso viel Politik gemacht wie die Jagd nach Gold oder Edelsteinen, auch wenn dieser Aspekt in der modernen Geschichtsschreibung wenig Beachtung findet. Nur das Wort „Forst" ist heute noch jedermann vertraut – seinen Ursprung hat es im lateinischen „foris", das bedeutet „außerhalb". Die mit der Landgüterverordnung von 812 vereinnahmten Wälder waren nämlich als „Bannforste" vom allgemeinen Nutzungsrecht ausgenommen. Gleichzeitig enthielt die Verfassung des Fränkischen Reichs auch genaue Vorschriften über das Weidwerk.

Der herrschaftliche Akt Karls des Großen war keine reine Willkür, sondern eher eine politische Reaktion auf strukturelle Veränderungen: Durch die Völkerwanderungen war der Bedarf an Land gestiegen, der herrenlose Wald war planlos abgeholzt worden. Nun sollten Beamte – die ersten Förster – die Bannforste bewachen: *„Und wenn der König"*, heißt es in einer berühmten Anweisung, *„jemand innerhalb der Forste ein Stück Wild oder mehrere geben sollte, dann soll er nicht mehr nehmen, als ihm gegeben ist."* Wer das trotzdem tat, beging eine Straftat – der Tatbestand der Wilderei war damit „erfunden" (siehe dazu Seite 132).

Gleichzeitig war das die Geburtsstunde der „großen" herrschaftlichen Jäger, die als Nachfolger von Artemis und Diana zu den neuen Göttern des Waldes wurden. Die Geschichten und Mythologien, die sich um sie ranken, haben der modernen Jagd bis heute ihr Gepräge gegeben. Sie spiegeln sich in Tradition, Brauchtum und Selbstbewusstsein der Jäger wider – auch wenn sich einzelne Methoden der Jagd und natürlich auch das Bild von der Natur inzwischen verändert haben.

DIE GROSSEN JÄGER

DER LEGENDÄRE SCHÜTZE: MAXIMILIAN I.

Im Mittelalter war die Jagd eine ritterliche Kunstfertigkeit wie auch das Reiten oder der Umgang mit dem Schwert. Zwar mussten Bauern den adeligen Gesellschaften die Tiere zutreiben, doch der Kampf um Leben und Tod blieb immer noch eine reichlich hautnahe Angelegenheit – ein Dreikampf zwischen Reiter, Pferd und Wild. Immerhin wurde der körpernahe Jagdspieß nach und nach von weiter reichenden, stärkeren Waffen abgelöst: Statt Pfeil und Bogen verwendete man nun die tödliche Armbrust. Zu Zeiten des Habsburger-Kaisers Maximilian (1459–1519) war sie schon eine metallene Waffe mit großer Durchschlagskraft.

Gemalt von Albrecht Dürer: ein Porträt von Kaiser Maximilian I., genannt der letzte Ritter. Er war ab 1493 Erzherzog von Österreich und ab 1508 Kaiser des Heiligen Römischen Reichs. Zu seiner Zeit war die Jagd eine ritterliche Kunstfertigkeit.

In seinem *Geheimen Jagdbuch* (geheim im Sinne von nicht allgemein zugänglich, sondern bestimmten Kreisen vorbehalten) warnte Maximilian davor, diese Waffe im Winter einzusetzen, da das Stahlseil bei Kälte reißen konnte. Die zahlreichen Niederschriften des „letzten Ritters" sind in einem Dokument der höfischen Kultur des Spätmittelalters erhalten, dem *Weißkunig*. Dort wird von der intensiven Reit- und Schießausbildung berichtet, die ein Hochadeliger seiner Zeit erhielt, und auch, dass Wildschweine, Steinböcke und Hirsche seine Beute waren. Damals bildete sich die Unterscheidung zwischen „Hochwild" und „Niederwild" heraus: Reh, Hase und Fasan blieben dem adligen Fußvolk überlassen, zum Beispiel den Knappen der Ritter oder den Priestern.

Zum Hochwild hingegen gehörten die Gämsen, die allerdings in wenig ritterlicher Manier mit langen Holzstangen aus der Felswand gestoßen wurden. Allerdings mussten die Jäger beim „Gamsstechen" trittsichere Kletterer sein, um den Bergziegen in luftige Höhen folgen zu können. Seine liebsten Reviere hatte der Kaiser in Tirol, im Karvendel, rund um Achen- und Plansee sowie um Imst und Zirl.

Das Tor zur Neuzeit

Sagen und Mythen ranken sich um die Jagdabenteuer des Mannes, der später als Kaiser Habsburg zum Weltreich machte. Der ehrgeizige Herzog wollte der beste Jäger aller Zeit sein – seine Treffsicherheit war legendär. Das Animalische an der Jagdlust gab Maximilian gern zu: Er fröne ihr vor allem deshalb, um den *„sündigen weltlichen Lastern"* zu entgehen, schrieb er. 18-jährig heiratete er Maria von Burgund, die jedoch fünf Jahre später an den Folgen eines Jagdunfalls starb: Bei einer Reiherbeiz riss ihr Sattelgurt und ließ die schwangere Herzogin zu Boden stürzen. Vermutlich starb sie an den Folgen einer Fehlgeburt.

Auch wenn Maximilian lange um seine erste Frau getrauert haben soll, so nahm ihm das nicht das Vergnügen an der Jagd. Die änderte sich mit der Welt um sie herum: Aus der Verschlossenheit des

DIE GROSSEN JÄGER

Mittelalters öffnete sich ein Tor zur Neuzeit. Alles wurde schneller, weiter, offener. In Burgund hatte Maximilian die spektakuläre Hetz- und Parforcejagd kennengelernt und nach Österreich gebracht: Windhunde spürten das Wild auf, Hunde trieben die Tiere dann in offenes Gelände, das mit Netzen gesichert wurde. Dort wurden sie dann mit der Armbrust erlegt. Die adeligen Damen konnten das Geschehen aus einiger Entfernung zu Pferd verfolgen.

Renaissance-Armbrust mit Pfeil.

Während sich die Jagd zunehmend zum gesellschaftlichen Ereignis wandelte, machte sich Maximilian Gedanken darüber, wie man die Wildbestände hochhalten könne. Als einer der ersten Herrscher griff er gezielt in die Fauna ein, um sie zu seinen Gunsten zu verändern. Dazu gehörten ein „Abschussplan" genauso wie die gezielte Hege mit Winterfütterungen, Salzlecken und Suhlen. Das machte das Wild standorttreu, es vermehrte sich. Bald wurden die ersten umzäunten Gehege angelegt – Ortsnamen wie „Tiergarten", „Hirschanger" oder „Fasanerie" zeugen noch heute davon.

Tierische Konkurrenten der Jäger sollten gezielt dezimiert werden. So hatte Maximilian das Ziel, den Bartgeier auszurotten – heute mit rund 250 Brutpaaren einer der seltensten Greifvögel Europas. Historiker bescheinigen Maximilian eine regelrechte „Mordlust", was diesen Vogel angeht. Dem Aberglauben seiner Zeit nach galt der Bartgeier als „Knochen- und Beinbrecher", der sogar kleine Kinder raube. Maximilian setzte Kopfprämien auf die Geier aus. Als „Schädlinge" verfolgt wurden auch Aasgeier, Milane, Habichte, Weihen und sogar Sperber. Fischadler und Kormoran galten ebenso als Feinde. Der Kaiser hielt sich auch eigene Otterjäger.

Aufstand gegen die Jäger

Als Maximilian 1519 starb, hatte das Land durch die alles bestimmende Jagd des Adels großen Schaden erlitten. Bären und Wölfe bedrohten die Tierherden, doch die Bauern durften keine Hunde zu deren Schutz halten. Ihre Felder, die sie nicht einzäunen durften, waren von Hirschen zertreten und abgeerntet, ihre Äcker von Wildschweinen durchwühlt. Die Benutzung der Almwiesen und Wälder war eingeschränkt – für jede Ausnahme wurden Abgaben verlangt. Auch die Klöster wurden in die Pflicht genommen und mussten die umfangreichen Jagdgesellschaften samt Hunden und Pferden über Wochen und Monate beherbergen und verköstigen.

Kein Wunder also, dass schon kurz nach Maximilians Tod seine Wälder von der hungernden Bevölkerung überfallen und geplündert wurden. 1525 kam es in Tirol zu einem großen Bauernaufstand um den Visionär Michael Gaismair, der einen Entwurf für eine freie Bauernrepublik Tirol erdacht hatte. Teilweise schloss sich sogar der niedrige Adel an, dessen Rechte vom Hochadel beschnitten worden waren. Doch die Aufständischen wurden trotz erbitterten Widerstands geschlagen. Gaismair floh nach Italien und wurde später dort durch gedungene Mörder umgebracht.

DIE GROSSEN JÄGER

Der schnelle Schuss

Maximilian selbst hatte die Ausbildung von Schützen in Tirol vorangetrieben, um die Landesverteidigung zu stärken. Mit der Ablösung der Armbrust aber durch die ersten Schusswaffen rächte sich diese Form der „Aufrüstung", denn die neuartigen Waffen verhalfen der in kriegerischen Künsten untrainierten Landbevölkerung zu mehr Macht. Schon seit dem Ende des 13. Jahrhunderts gab es Schusswaffen mit Schwarzpulver, doch ihre Handhabung war umständlich und galt als unritterlich. Kaiser Maximilian war kein Freund der „Puxen" auf der Jagd gewesen. Für das Heer und seine Artillerie schienen sie ihm jedoch von Wert zu sein.

Als Saufeder wurde der Speer weiter genutzt.

Eine Radschlossflinte und Pulverhörner.

Erst kurz nach seinem Tod wurde das Radschloss erfunden, das die kompliziert zu handhabende Lunte ersetzte und Büchsen auch für die Jagd interessant machte. Von diesem Zeitpunkt an traten die Waffen der ritterlichen Ära in den Hintergrund: Aus dem Jagdschwert wurde der Hirschfänger, mit dem die Tiere den Fang hinter dem Blatt erhalten sollten. Doch schon bald mutierte die Stichwaffe zu galantem Beiwerk ohne echte Funktion. Einzig der schwere Speer hielt sich noch als Saufeder. Bis in die Mitte des 17. Jahrhunderts wurden in der Jagd die ritterlichen Tugenden der Tapferkeit und Gerechtigkeit, der Weisheit und des Maßhaltens hochgehalten – obwohl die Weiterentwicklung der Schusswaffen den heldenhaften Charakter der Jagd längst hatte verblassen lassen. Gleichzeitig wurde der Vorgang der Tötung optimiert: Während man zuvor für die Jagd oft Wochen brauchte, schaffte der Abschuss schon an einem einzigen Tage ein Mehrfaches dieses Erfolgs.

DIE GROSSEN JÄGER

DER EVENT-MANAGER: LEOPOLD I.

Im Prunk des absolutistischen Barock verwandelte sich die Jagd zum theatralischen Schauspiel, das nun völlig dem höfischen Zeremoniell unterworfen wurde. Nicht mehr das Wild stand im Mittelpunkt der Jagd; die ritterlichen Tugenden des fairen Kampfes zwischen Mensch und Tier zählten nicht länger. Nun ging es um das „Event", wie man heute sagen würde.

Leopold I.

Historiker nennen die Zeit zwischen dem Ende des Dreißigjährigen Krieges und der Französischen Revolution das „Goldene Zeitalter der Jagd". Nach den Schrecken des Dreißigjährigen Kriegs um Glauben und Macht in Europa, einer Auseinandersetzung, die rund sechs Millionen Opfer forderte und mehr als jeden dritten Bewohner des Heiligen Römischen Reichs Deutscher Nation das Leben kostete, war die Sehnsucht groß, zu alter Größe zurückzukehren. Es war die Zeit der Gegenreformation und des Absolutismus, der Demonstration der Macht. Kirchenfürsten und weltliche Herrscher waren bestrebt, einander in Pracht und Glanz zu überbieten – und das galt auch für die Jagd.

Kulisse war eine mit gärtnerischer Kunstfertigkeit gestaltete Landschaft mit Jagdpavillons und Kunstwäldern, denn schließlich herrschte der Absolut auch über die Natur. Die ambitionierten Prunkjagden des Habsburger „Barockkaisers" Leopold I. (1640–1715) wurden so kunstvoll choreografiert wie die Wasserspiele oder Feuerwerke. Als er 1666 Margarita Theresa, die Infantin von Spanien, heiratete, wurde im Wiener Prater neben Tanz und Oper auch eine Schaujagd inszeniert, die alles bisher Dagewesene in den Schatten stellte: Mehr als 800 Stück Rot-, Schwarz- und Damwild sowie aus Tirol angelieferte Gämsen wurden zur Belustigung der Gäste erlegt.

Foto © Silar/Wikimedia Commons

DIE GROSSEN JÄGER

Tierquälerei als Unterhaltung

Zu den „Vergnügungen" zählte auch das beliebte Fuchsprellen, an dem sich selbst die Damen beteiligten. Dabei bildeten die Spielteilnehmer, häufig verheiratete oder andere Paare, Gassen, in denen sie sich einander gegenüberstanden und ein etwa 30 Zentimeter breites und 6 bis 8 Meter langes Prelltuch an den Enden hielten. Die Füchse, es konnten auch Hasen, Otter, Marder, Dachse oder Wildkatzen sein, wurden durch die Gassen getrieben und dann mithilfe der Tücher in die Höhe geschleudert, möglichst hoch und oft, bis sie nicht mehr reagierten, weil sie sich meist bei dem häufigen Aufprall auf den Boden die Knochen brachen. Aufgabe der Jäger war es dann, das verletzte Tier zu töten. Manchmal wurden die Opfer zum „figurierten Jagen" wie in einem Theaterstück kostümiert, zum Beispiel als Harlekin.

Das Prellen erforderte einige Kraft und Geschicklichkeit und das Durcheinander, das die „Jäger" und die panischen Tiere veranstalteten, gehörte zur „Belustigung". Manchmal wurden auch unverhofft Sauen durch die Gasse getrieben, die unter großem Gelächter der Beteiligten versuchten, sich unter die Reifröcke der Damen zu retten. Erst Mitte des 18. Jahrhunderts, im Rokoko, wurde das Prellen als grausam gebrandmarkt. Kultivierte Lebensführung und galante Umgangsformen ersetzten die derben Späße des Barock, Spiele wie Federball boten Alternativen zur Jagd als Chance eines Sich-Näherkommens zwischen den Geschlechtern. Bei Leopolds Hochzeit aber wurde noch „geprellt": Über 100 Füchse kamen dabei zu Tode, und danach wurden Dutzende Dachse von Hunden zu Tode gehetzt.

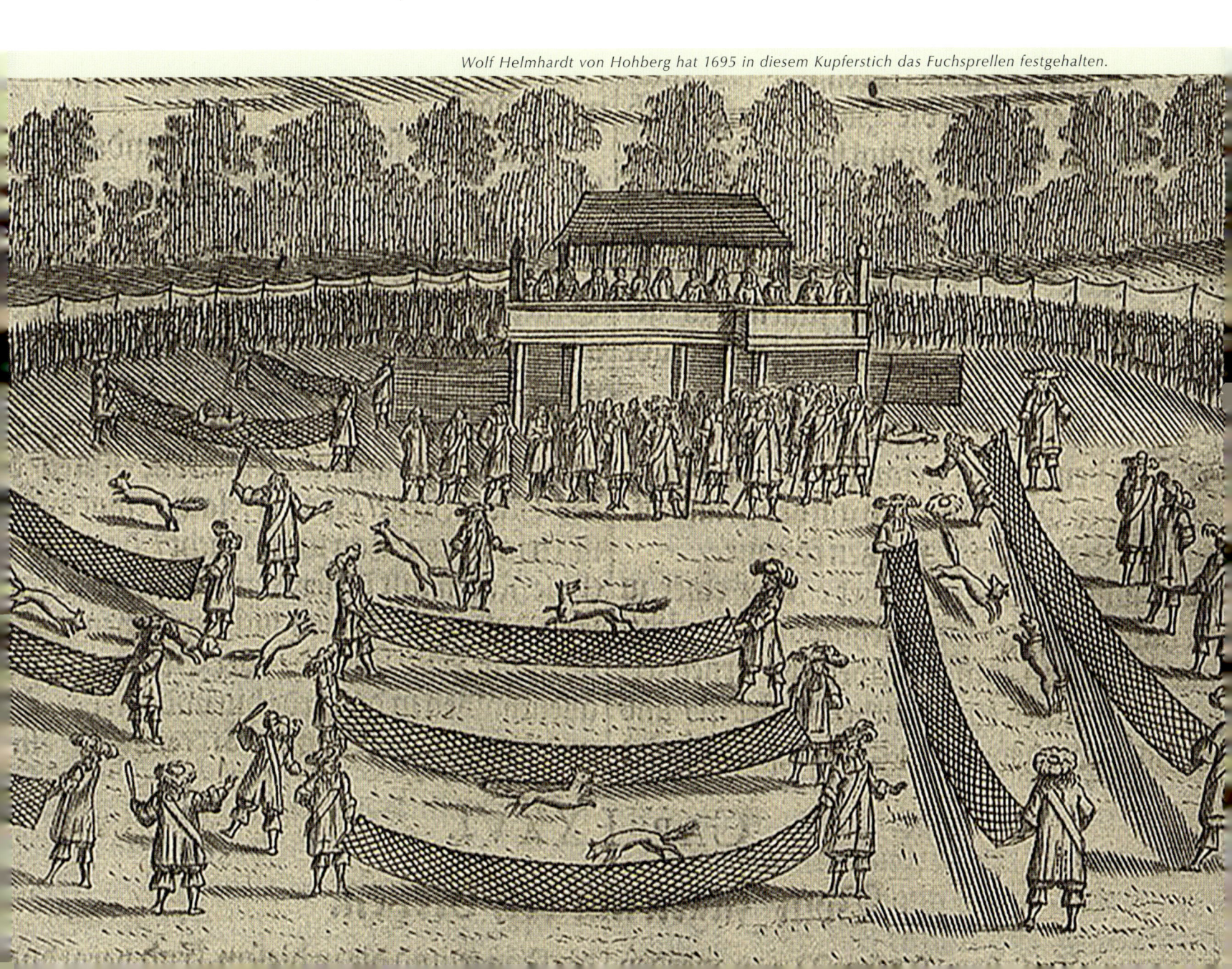

Wolf Helmhardt von Hohberg hat 1695 in diesem Kupferstich das Fuchsprellen festgehalten.

Peter Paul Rubens: Wolfs- und Fuchsjagd. Das Gemälde entstand um 1616, das Original befindet sich heute im Metropolitan Museum of Art, New York.

Foto © John Stewart Kennedy Fund, 1910; metmuseum.org; Accession Number: 10.73/Wikimedia Commons

Der edle Hirsch von Johann Elias Ridinger (1698–1767). Er war ein deutscher Tiermaler, Kupferstecher und Radierer. Seine Kupferstiche waren auf dem Gebiet der Jagd- und Wildmotive stilbildend.

Hal à luy

Neben solchen Prunk- und Lustjagden verbreitete sich die Parforcejagd an den fürstlichen Höfen Europas, eine Jagdkunst nach kompliziertem Reglement. Im Gegensatz zur bis dahin üblichen Hetzjagd sollte das Wild nicht möglichst schnell zur Strecke gebracht werden, sondern im Gegenteil möglichst lange verfolgt und ermüdet werden – vor allem Rot- und Schwarzwild, am liebsten aber der Hirsch. Ein Suchjäger musste, den Leithund an der Leine, nach Fährten und Losung suchen und daraus Geschlecht, Alter und Enden des Geweihs ableiten. Ludwig XIV. (1638–1715), „Sonnenkönig" von Frankreich, ließ sich auf silbernen Tabletts die Losung der Hirsche bringen, um dann eine Entscheidung zu treffen, welcher von ihnen sein Gefallen fand. Das auserwählte Tier wurde dann von den Hunden aufgespürt und in raschem Tempo bis zur völligen Erschöpfung vor den Jägern hergetrieben.

Die Kommunikation während des wilden Ritts übernahm das Jagdhorn, der Etikette folgend natürlich auf Französisch: „Après, après, mon ami, tu dis vrai" (Ihm nach, ihm nach, du zeigst es), hieß es zum Beispiel, wenn die Hunde die Fährte aufnahmen. Hatten sie den Hirsch gesichtet, blies man „La vue", und der Fürstenruf ertönte, wenn das Tier atemlos gestellt worden war. Dann wurden ihm mit dem Hirschfänger die Sehnen der Hinterläufe durchtrennt und das Tier dem Fürsten zum Töten dargeboten. Nach dem Signal „Hirsch tot" zogen die Jäger ihre rechten Handschuhe aus und erhoben die Hand. Mit der Linken zogen sie ihren Hirschfänger 20 Zentimeter aus der Scheide und stimmten in das „Halali" ein, das ursprünglich ein anspornender Ruf für die Hunde war: „Hal à luy" bedeutet „Hetze ihn!". Zum Schluss wurde der rechte Vorderlauf des gestreckten Wildes dem Jagdherrn oder einem Ehrengast als Trophäe überreicht und alle anderen schmückten sich mit einem grünen Bruch.

Trotz der aus heutiger Sicht berechtigten Kritik an diesem ungleichen Kräftemessen zwischen Mensch und Tier muss es ein beeindruckendes, rauschartiges Erlebnis gewesen sein: das aufgeregte Bellen der Hundemeute, das Donnern der Hufe und die Rufe des Horns und daneben all die edel gekleideten Reiter und Reiterinnen. In Frankreich wird die Parforcejagd (chasse à courre) heute noch durchgeführt, in England und Wales wurde sie nach jahrelangen Debatten aus Gründen des Tierschutzes 2005 endgültig verboten – gegen den Widerstand großer Teile der ländlichen Bevölkerung.

Prunkvolle Jagdsujets

Hofmaler wie Peter Paul Rubens (1577–1640) stilisierten die Jagd in dramatischen Gemälden. Sie schmückten Schlösser wie die des Wittelsbacher Kurfürsten Maximilian I. (1553–1651). Die Schwester des Bayern war mit dem Habsburger Kaiser Ferdinand II. verheiratet, und Maximilian wollte hinter dem Kaiserhof nicht zurückstehen. Deshalb scheute er keine Mittel, seine Jagden so glanzvoll wie möglich zu gestalten.

Sein Sohn Ferdinand Maria (1636–1679) ließ spektakuläre Schiffsjagden auf dem Starnberger See nahe München veranstalten: Das Prunkschiff nach venezianischem Vorbild – ein goldschimmernder Bucentauro – diente als schwimmendes Jagdschloss. Aus den umliegenden Forsten wurde das Wild in den See getrieben und dort vor alpenländischer Kulisse – man muss schon sagen – abgeknallt. Weniger luxuriös, aber nach einem ähnlichen Prinzip wurden auch im Wiener Prater die Hirsche bei der "Wasserjagd" in die Altarme der Donau getrieben und dort erschossen – mit den schwerfälligen Steinschlossgewehren wäre man sonst den Tieren nicht Herr geworden.

Abraham a Santa Clara (1644–1709), vor seinem Amt als kaiserlicher Hofprediger im Wallfahrtskloster Taxa bei München, kannte die Exzesse der Wittelsbacher wie der Habsburger und ließ keine Gelegenheit aus, sie zu brandmarken. 1675 erließ der österreichische Kaiser Leopold I. eine neue "Jagdordnung", die die Felder der Bauern schützen sollte: Die Jäger durften nicht mehr querfeldein hinter der Meute herjagen, sondern mussten stattdessen selbst das Wild zu Pferd hetzen. Das schien aber wenig zu fruchten, denn der Hofprediger mahnte noch 1689 in seiner Fastenpredigt: *"… durch das Jagen und Hetzen werden zuweilen die Felder dergestaltet zertreten und verwüstet, dass der arme Bauersmann auf seinem Grund nicht Getreid, sondern lauter Leid zu schneiden findet. Mit was Fug solches könne geschehen, lass ich es dem Gewissen großer Herren über."*

Lucas Cranach der Ältere, Die Hirschjagd des Kurfürsten Friedrich des Weisen, 1529, Wien.

Im Vordergrund der Jagddarstellung aus dem Jahre 1529 sind Friedrich der Weise und Kaiser Maximilian I. mit Knappen sowie Johann der Beständige dargestellt. Im Boot befinden sich adlige Zuschauerinnen. Man nimmt heute an, dass es sich um eine retrospektiv dargestellte Jagdszene aus den 1490er-Jahren nahe dem Schloss Mansfeld handelt, denn sowohl Maximilian I. wie Friedrich der Weise waren 1529 bereits verstorben.

DER BÜCHSENMACHER: KARL VI.

Karl VI. (1685–1740), der wie alle Habsburger im Rahmen seiner Erziehung einen Beruf erlernen musste und sich den des Büchsenmachers aussuchte, wurde nicht nur durch die Spanischen Erbfolgekriege, sondern auch durch einen tragischen Jagdunfall berühmt: Der kurzsichtige Monarch erschoss den Fürsten Adam Franz von Schwarzenberg. Der hatte ihm in etwa 60 Metern Entfernung gegenübergestanden, als Hirsche vor die Flinten der Jäger getrieben worden waren, und hatte das Pech, getroffen zu werden. Um den kaiserlichen Schützen zu entlasten, stellte eine Untersuchungskommission anschließend fest, dass es sich um einen unglücklichen Zufall gehandelt habe.

Karl war ein fanatischer Jäger: Es gab kaum einen Tag, an dem er nicht jagte, und auch auf Reisen nutzte der Habsburger jede Gelegenheit, zum Gewehr zu greifen. Die Terminplanung richtete sich vollständig nach dem Jagdkalender: Im Winter war Sauhatz im Wienerwald, im Frühjahr Kaninchenjagd oder Fuchshatz im Prater, danach Reiherbeize in Laxenburg. Der Juni sah den Beginn der Rotwildjagd im Wienerwald, und im Hochsommer fanden große Hirschjagden in den Donauauen statt. Im September wurde zur Fasan- und Hasenjagd in den weiten Ebenen um Wien geblasen. Dabei hatte Karl aber eine Vorliebe für das große Wild: Hirsche sollten mindestens Zehnender sein oder dreieinhalb Zentner wiegen.

In dieser Hochzeit des Absolutismus wuchs aber auch der Unmut in der Bevölkerung angesichts der exzessiven Jagdlust des Adels. Eine neue Jagdverordnung von Karl VI., die dieser zu Teilen höchstpersönlich verfasst hatte, untersagte sogar in privaten Auen und Wäldern, Holz zu machen, den Wald zu lichten oder Vieh hineinzutreiben – alles nur, um die fürstliche „Lust" nicht zu „ruinieren". Es ging also nicht nur darum, dass die Bauern kein Wild erlegen durften – ihnen wurden elementare Lebensgrundlagen genommen. Wilderei und Hungeraufstände waren die Folge.

Das Mitleid der Kaiserin

Als mit Karls Tochter Maria Theresia (1717–1780) eine Frau den Thron bestieg, war die Ära des Barock vorbei, und es folgten Eleganz und Galanterie des Rokoko. Anstelle des maßlosen Herrschaftsanspruchs des Absolutismus trat eine gewisse Zurückhaltung, die politisch Früchte tragen sollte – man war sich bewusst, dass die Geduld der Untertanen am Ende war. So ließ die Kaiserin unter anderem eine Jagd abbrechen, bei der in Marchegg 700 Stück völlig abgehetztes Hochwild in die March getrieben wurden, wo sie verendeten.

Ohnehin waren viele landesfürstliche Wälder aus Finanznot verkauft oder verpachtet worden, darunter auch der Prater in Wien. Das Gut Ebersdorf erhielt die Stadt Wien zur Gründung eines Armenfonds. 1770 wurde das Schwarzwild per kaiserlichem Edikt für vogelfrei erklärt und durfte nun von jedermann gejagt werden. Die Mitglieder der Hofmusikkapelle ließ die musikbegeisterte Kaiserin in den Weingärten zwischen Döbling und dem Kahlenberg Wachteln, Rebhühner und Hasen jagen. Joseph Haydn übrigens, der Komponist der Kaiserhymne, war als Kapellmeister großer Jagdherren wie des Fürsten Esterházy ein begeisterter Jäger und setzte der waid-

Karl war ein fanatischer Jäger. Es gab kaum einen Tag, an dem er nicht jagte, und auch auf Reisen nutzte er jede Gelegenheit, zum Gewehr zu greifen. Er verfasste eine neue Jagdverordnung.

männischen Lust in mehreren seiner Kompositionen ein Denkmal. Die Kaiserin selbst liebte die eleganteren Formen der Jagd wie die Falknerei (siehe Seite 97). Unter ihrem Sohn Joseph II. wurde den Bauern gestattet, ihre Felder vor Wildschäden zu schützen. Für entstandene Verwüstungen musste bezahlt werden. So wie viele Initiativen des Reformkaisers blieb jedoch auch diese ohne nachhaltige Wirkung.

DER WILDSCHÜTZER: ERZHERZOG JOHANN

In der Zeit der Aufklärung entwickelte sich ein neuer Blick auf die Natur. Philosophen debattierten über Legitimation und Grenzen menschlicher Handlungen. Man dachte darüber nach, was einen „Naturzustand" eigentlich ausmache, in welcher Weise sich die Natur von der Zivilisation unterscheide. Das Unberührte wurde idealisiert. Tieren wurden Empfindungen zugetraut. Das veränderte die Haltung ihnen gegenüber. Dichter wie Goethe und Schiller kritisierten die Jagd als selbstsüchtige Eingriffe in die Schöpfung. Gleichzeitig erlaubten neue Erkenntnisse in Naturwissenschaften und Biologie eine intensivere Nutzung der Natur. Die Forstwirtschaft entwickelte sich zu einem bedeutenden Wirtschaftszweig, allerdings zum Preis großflächiger Kulturen schnell wachsender Kiefern und Fichtenwälder.

Einer, der viele dieser gegenläufigen Impulse wahrnahm und produktiv umsetzte, war Erzherzog Johann (1782–1859), einer der vielen Enkel von Maria Theresia. Diese außergewöhnliche Persönlichkeit wurde im heraufziehenden Biedermeier zur Idealfigur des „guten" Fürsten stilisiert. Als Förderer von Kunst und Wissenschaft stand Johann vielen Reformideen wie auch Forderungen der bürgerlichen Revolution positiv gegenüber. Unter anderem plädierte er für eine andere Art des Jagens. So schrieb er in einem Artikel für eine Zeitung: *„Es ist keine Kunst, auf diese armen Tiere mit vielen Treibern, mit zwei oder drei Doppelgewehren zu jagen, 1 bis 20 Gemsen zu erlegen, 100 bis 150 Schüsse zu machen, vieles anzuschießen, aber wenig rein auf der Decke zu haben; dieses ist keine Unterhaltung, es ist eine Metzelei."*

Als Ausgleich zu seinen politischen Verpflichtungen – unter anderem war Johann ein Jahr lang Reichsverweser nach der bürgerlichen Revolution von 1848 – pflegte der Erzherzog eine besondere Liebe zu den Bergen. In der Steiermark machte er den Brandhof zu seinem Lebensmittelpunkt. Er studierte die Natur, wenn er gemeinsam mit den Gamsjägern wanderte und kletterte, und kümmerte sich um den Bestand der Gämsen, der bereits dramatisch reduziert war, indem er riesige Schongebiete einrichtete. Der Erzherzog setzte sich für eine Ethik der Jagd ein: In seinem Jagdgebiet durfte jeder Schütze zum Beispiel nur einen einläufigen Stutzen verwenden und keine Kitzgeiß oder ihr Kitz schießen. Johann forderte Demut gegenüber dem Tier als Geschöpf: *„Da saß ich allein im Sonnenschein, meinen Gedanken freien Lauf lassend. Mir war wohl. Ich möchte mit niemandem tauschen. Gemsen sah ich genug. Zuerst kamen bei mir vierzig vorbei, lauter Gaisen und Kitzen, die waren sicher, dass ihnen nichts geschiehet. Als diese wegzogen, trennte sich ein alter Bock, den nahm ich aufs Korn und schoss ihn. Alles was später kam, ließ ich gehen. Ich hatte genug ..."*

Statue von Erzherzog Johann in Mariazell. Diese außergewöhnliche Persönlichkeit wurde im heraufziehenden Biedermeier zur Idealfigur des „guten" Fürsten stilisiert. Als Förderer von Kunst und Wissenschaft stand Johann vielen Reformideen wie auch Forderungen der bürgerlichen Revolution positiv gegenüber. Unter anderem plädierte er für eine andere Art des Jagens.

DIE GROSSEN JÄGER

Franz Joseph – Hinter dem scheinbar legeren Aussehen steckte jedoch ein strenges Protokoll: „Zu den Äußerlichkeiten, die ziemlich strikte einzuhalten waren, gehörte unter anderem die Gewandung, welche der Landestracht mehr oder weniger gleichen musste." Vor allem mussten die nackten Knie unter der kurzen Lederhose zu sehen sein.

DER SOLDATISCHE JÄGER: FRANZ JOSEPH I.

„Er besaß das harte Auge des Jägers", schrieb der Schriftsteller Joseph Roth (1894–1939) über Kaiser Franz Joseph I. (1830–1916), der bereits als Zwölfjähriger einen Zwölfender geschossen hatte. Seinen Sohn Rudolf (1858–1889) wollte er deshalb auch bald zum Weidmann machen. Er äußerte *„ungeheure Freude"*, als dieser mit neun seinen ersten Hirsch erlegte. Doch bald war er – wie in allem anderen auch – unzufrieden mit den weidmännischen Leistungen seines Sohnes und schrieb dem damals Elfjährigen ungeschminkt: *„Ich bedaure sehr, dass du … auf der Jagd alles gefehlt hast …"*

Die Jagd war Franz Josephs große Leidenschaft. Selbst im Briefwechsel mit seiner Frau Elisabeth nimmt sie einen besonderen Platz ein. Hirsche, Gämsen, Auerhähne und Wildschweine – 55 000 Stück Wild soll der Kaiser im Lauf seines langen Lebens erlegt haben. Die kaiserlichen Jagdreviere waren über das ganze K.-u.-k.-Imperium verteilt. Franz Joseph kaufte geeignete Häuser an oder ließ Jagdschlösser errichten, zum Beispiel in der Steiermark in Eisenerz und Radmer oder auch in Oberösterreich an den Langbathseen und am Offensee. Die 14 kaiserlichen Jagden umfassten 142 000 Hektar.

Besonders wildreich war die Jagd um das Schloss Mürzsteg nach dem Semmering, das noch heute als Sommersitz des österreichischen Bundespräsidenten dient. 1903 war dort Zar Nikolaus zu Gast, der bei seinem Besuch nicht nur 17 Gämsen erlegte, sondern auch die „Mürzsteger Punktationen" über die Balkanpolitik verhandelte. Mit 2350 Stück Rotwild, 2750 Gämsen, 260 Hähnen und 1800 Rehen war der Wildbestand ausreichend, um auch langwierige Verhandlungen am Laufen zu halten.

Protokoll mit Lederhose

Wenn nicht gerade Politik auf der Tagesordnung stand, ging es in den Jagdschlössern im Vergleich zum höfischen Alltag eher zwanglos zu. Es gab einfache Gerichte wie Kaiserschmarrn oder Geselchtes mit Sauerkraut und Knödeln. Beim Essen durfte man „über den Tisch" miteinander sprechen, was bei Hofe unmöglich war. Auch konnte der Kaiser direkt angesprochen werden, allerdings wollte dieser Berichten zufolge nie über andere Themen als die Jagd sprechen.

Zu den Jagdausflügen nahmen die Teilnehmer kaltes Fleisch, Gebäck und Kognak mit oder Thermoskannen mit Tee oder Suppe. Der Kaiser trug dann eine abgewetzte Lederhose, graue Joppe und Wadenstrümpfe, genagelte Schuhe und einen Hut, geschmückt mit der Halbschar eines Birkhahnspiels und Gamsbart. Hinter dem scheinbar legeren Aussehen steckte jedoch ein strenges Protokoll: *„Zu den Äußerlichkeiten, die ziemlich strikte einzuhalten waren"*, berichtete sein Flügeladjutant Ludwig Ritter von Höhnel, *„gehörte unter anderem die Gewandung, welche der Landestracht mehr oder weniger gleichen musste."* Vor allem mussten die nackten Knie unter der kurzen Lederhose zu sehen sein.

Trotzdem war die Jagd eine der wenigen Gelegenheiten, bei denen der Kaiser sich relativ ungezwungen verhalten konnte. Am liebsten jagte Franz Joseph, der jährlich eine eigene Jagdkarte löste, allein, begleitet von einigen Helfern, oder mit wenigen ausgewählten aristokratischen Freunden. Ein ausländischer Gast hätte wohl kaum den Kaiser in ihm erkannt, und selbst von einem Bauern in der Nähe von Ischl wurde berichtet, dass er neben dem Kaiser von Österreich auch noch den König von Sachsen und den Großherzog der Toskana auf den richtigen Weg zurückgeführt habe, ohne sich der Prominenz seiner Begleitung bewusst gewesen zu sein.

Während seiner sommerlichen Aufenthalte in der Kaiservilla nahm Franz Joseph zunächst die Bahn nach Ebensee und ließ sich dann auf Haflingern oder Ponys den Berg hinauf bis zu den Jagdständen tragen. Als junger Mann schoss er auf Hoch- und Niederwild, später nur noch auf Hochwild und Auerhähne. Die Kaiserin nahm als begeisterte Reiterin lieber an Parforcejagden im ungarischen Gödöllö teil, in Begleitung prominenter Ungarn, zum Beispiel Mitgliedern der Familien Esterházy oder Batthyány.

Für den gemeinsamen Sohn Rudolf ließ der Kaiser schon zu dessen dritten Geburtstag neben der Kaiservilla in Reichenau ein kleines Kinderhaus errichten, das die komplette Ausstattung eines Jagdhauses besaß. Der Kronprinz wurde wegen seiner labilen Konstitution und seines unsteten Wesens dennoch nie zu einem wirklich großen Jäger – obwohl er sich anstrengte, den Anforderungen des Vaters gerecht zu werden. Denn die Leidenschaft für die Jagd war so ziemlich das Einzige, was die beiden teilten. Rudolf war ornithologisch interessiert und schrieb eine Art wissenschaftlichen Essay: *Fünfzehn Tage auf der Donau*. Die landschaftskundliche Arbeit über die Aulandschaften und die Adler brachten dem intelligenten und vielseitigen Kronprinzen, dem sein Vater untersagte, eine akademische Ausbildung zu absolvieren, ein Ehrendoktorat der Universität Wien ein.

Vielleicht war es also doch kein Zufall, dass bei einem Jagdausflug mit seinem Vater eine seiner Kugeln den Kaiser nur um Haaresbreite verfehlte – wie damals bei Hof spekuliert wurde.

In seinem Jagdschloss Mayerling erschoss sich der schwermütige und drogenabhängige Rudolf mit Mary Vetsera im Jahr 1889.

Welch große Bedeutung der Jagd im Leben des Kaiserhofs zugemessen wurde, zeigte der berühmte Makart-Festzug, der zu Ehren der Silbernen Hochzeit des Kaiserpaars 1879 durch Wien führte. In der Geschichte Österreichs, die dort auf Wagen opulent

Kaiser Franz Joseph mit einer Jagdgesellschaft in Weissenbach. Am liebsten jagte Franz Joseph, der jährlich eine eigene Jagdkarte löste, allein, begleitet von einigen Helfern, oder mit wenigen auserwählten aristokratischen Freunden. Der Kaiser trug dann eine abgewetzte Lederhose, graue Joppe und Wadenstrümpfe, genagelte Schuhe und einen Hut, geschmückt mit der Halbschar eines Birkhahnspiels und Gamsbart.

und prächtigst von über 2000 Menschen dargestellt wurde, spielte die Jagd eine entscheidende Rolle. Die *Neue Freie Presse* berichtete damals:

„Da naht ein riesiger Reiter auf einem gewaltigen Fuchshengste; vor ihm schreiten, die Fahne des heiligen Hubertus tragend, zwei Jäger mit der Stirnhaube und dem Sammtbarett, der Jagdzug ist da … ganz besonders wohlbedacht mit Mordwerkzeugen aller Art erschien die Gruppe der Hirschjagd … Vor dem Triumphwagen, auf dem der Jagdkönig thronte, ritt Zahnarzt Berghammer in reicher Tracht auf einem prächtigen Schimmel … Die Sättel und das Riemzeug der Reckpferde – erstere aus Sammt, letzteres aus farbigem Leder erzeugt – waren strenge im Style der maximilianischen Zeit gehalten …"

In den Huldigungsschriften wird hervorgehoben, wie wichtig die Jagd für die Wirtschaft der jeweiligen Gegend war: „Der Kaiser selbst hat schon über tausend Hirsche und mehr als zweitausend Gemsen erlegt, deren Geweihe und Krickeln die Wände aller Jagdschlösser und viele Säle zieren. Ist der Kaiser bei einer solchen großen Jagd anwesend, so herrscht ein ganz anderes Leben unter den Jägern und Treibern. Alle sind vom größten Eifer beseelt, damit die Jagd nur ja gut ausfalle. Bei Besichtigung der Strecke wird das Wild sogleich von den Jägern aufgebrochen und die ‚Bausche' – Lunge, Leber, Herz und Nieren – wird entnommen. Von allem erbeuteten Wilde gehört dieser ‚Jägerrest' jenem Förster, in dessen Bezirk die Jagd war. Im nächsten Wirtshaus bekommen dann die Treiber, oft hundert oder hundertfünfzig an der Zahl, ihr Freibier mit Würstel und Brot. Des Kaisers Jagden sind für die ganze Gegend des Leibgeheges etwas sehr Wichtiges, alles Belebendes. Schönes Schußgeld erhalten die Förster, auch die Treiber verdienen reichlich. Das viele Wildbret wird in der Forstverwaltung verkauft. Das ‚Vordere' ist recht billig, und da leben die Leute gut, die ja sonst nicht allzu oft Fleisch essen können."

Im hohen Alter wurde dem soldatischen Kaiser, der auf harten Betten schlief und sich wenig Rast gönnte, die Hochgebirgsjagd zunehmend schwer, er litt unter Schwindel und musste sich mit Wagen oder zu Pferd weit ins Revier bringen lassen. Zum Anlegen benutzte er eine Brille, über deren mangelhafte Korrektur er sich häufig beschwerte. Sein Hoffotograf begann, jeden einzelnen Blattschuss zu dokumentieren, in der Sorge, es könne der letzte sein.

Als Franz Joseph im Juli 1914 noch einmal bei einer Hirschjagd in Mitterweißenbach im Salzkammergut war, konnte er sein Gewehr nicht mehr ruhig halten und gab auf. Am 28. Juni war sein Neffe und Thronfolger Franz Ferdinand in Sarajevo erschossen worden. Am 28. Juli sollte der Erste Weltkrieg beginnen. Die Gewehre wurden nun für Menschen gebraucht. Mit seiner Entscheidung, Serbien den Krieg zu erklären, hatte der greise Monarch einen der grauenvollsten Kriege der Geschichte begonnen.

In Wald und Flur war der Kaiser auf jeden Fall besser zu Haus gewesen als in der Politik. So hatte er einmal in einem Brief an seinen Cousin Albert von Sachsen geschrieben: „Nun aber genug von Politik. Reden wir jetzt von Schnepfen."

Ausschnitt des sogenannten „Kaiser Jagdstandbildes" in Bad Ischl, Bronzestatue von Franz Joseph in Jagdkleidung mit erlegtem Hirsch zu Füßen. Gewidmet von der Weidmannschaft Österreichs zum 80. Geburtstag Kaiser Franz Josephs.

DER SCHIESSWÜTIGE: FRANZ FERDINAND

Während Franz Joseph in 86 Jahren rund 55 000 Tiere erlegt hat, kam sein 1914 ermordeter Neffe und Thronfolger in nur 51 Jahren auf über 270 000 Stück Wild – ein Fünffaches der Strecke. In die Annalen der Habsburger ging Franz Ferdinand von Österreich-Este (1863–1914) deshalb als „Der Schießwütige" ein, vor dem Hintergrund der besonderen Tragik, dass er selbst durch die Kugel eines serbischen Nationalisten ums Leben kommen sollte. Dabei hatte Franz Ferdinand persönlich keinerlei politische Ambitionen. Als er in Graz als Sohn des Erzherzogs Karl Ludwig geboren wurde, war an eine „Karriere" als Kaiser nicht zu denken. Er war Fünfter in der Thronfolge. Doch die Brüder von Franz Joseph konnten dessen Nachfolge nicht antreten: Ludwig Viktor (1842–1919) galt als nervlich sensibel und für repräsentative Aufgaben wegen seines exzentrischen Lebenswandels nicht geeignet. Maximilian (1832–1867) wurde als Kaiser von Mexiko exekutiert. Und Karl Ludwig (1833–1896) war kaum jünger als der Kaiser. Seit dem Selbstmord von Kronprinz Rudolf war deshalb der unwillige Franz Ferdinand, von seiner Natur her ebenso verschlossen wie cholerisch, der wahrscheinlichste Nachfolger auf dem Thron.

Reiten und Schießen war das Einzige, das Franz Ferdinand wirklich zu interessieren schien – die Natur war nur die Kulisse für seine Leidenschaften. Seine Parforceritte erschöpften den lungenkranken Franz Ferdinand so sehr, dass seine Ärzte um sein Leben fürchteten. Nur mit Mühe konnte er dazu gebracht werden, sich auszuruhen und sich hinzulegen – damals die einzig mögliche Therapie für die Tuberkulose. Zur Untätigkeit verurteilt machte der Erzherzog Schießübungen auf Tannenzapfen in der Umgebung.

Eine Weltreise könnte, so spekulieren manche Historiker, auch das Ziel gehabt haben, das „Problem" mit dem unsteten Erzherzog auf biologische Weise zu lösen: Kaum jemand bei Hofe konnte sich vorstellen, dass der Schwerkranke die Anstrengungen überleben würde. Doch die Seeluft und die Abwechslung schienen Franz Ferdinand gutzutun: Berühmt wurde sein Wettschießen mit dem Sechsten Nizam von Hyderabad, Mahbub Ali Khan, bei dem Franz Ferdinand als stolzer Sieger hervorging. Ob der indische Gastgeber, der als bester Schütze Indiens galt, ihn aus Höflichkeit gewinnen ließ, ist nicht bekannt. In Indien erlegte Franz Ferdinand auch seinen ersten Tiger und schoss Elefanten – die Trophäen, die er aus Asien mit nach Österreich brachte, waren Symbole des imperialen Anspruchs des Abendlandes.

Franz Ferdinand bei der Jagd. Er unterhielt mehrere große Jagdreviere. Auf seinen langen Weltreisen sammelte er Trophäen bei vielen Großwildjagden. Seine riesige Trophäensammlung befindet sich noch heute auf Schloss Konopiště.

DIE GROSSEN JÄGER

Viele der Trophäen des Thronfolgers befinden sich in den Fluren und Appartements seines böhmischen Schlosses in Konopiste. Ornamente aus Rehbockgehörnen schmücken die Tapeten, die Meublage besteht aus Elefantenfüßen und Elchgeweihen, und auf den Fotos, die in den original eingerichteten Räumen stehen, sind immer wieder die riesigen Strecken erlegter Tiere zu sehen, die auf den repräsentativen gesellschaftlichen Jagden den hohen Herren vor die Flinte getrieben wurden. Seine Abschussliste, die in Schloss Artstetten verwahrt wird, dem Ort seiner letzten Ruhestätte, verzeichnete zum Schluss 272 439 Stück Wild.

Franz Ferdinand mit erlegtem Bison. Er erlegte aber nicht nur das Wild, er kümmerte sich auch, was selten erwähnt wird, höchstpersönlich um die Hege. Dennoch: Reiten und Schießen war das Einzige, das Franz Ferdinand wirklich zu interessieren schien – die Natur war nur die Kulisse für seine Leidenschaften.

In Konopiste empfing Franz Ferdinand auch den deutschen Kaiser Wilhelm II., der aus protokollarischen Gründen nur fernab des Hofes Sophie Chotek, die Gattin des Thronfolgers, treffen durfte – denn nach den Gesetzen des Hauses Habsburg war Sophie eines Erzherzogs unwürdig, da sie nicht dem Hochadel entstammte. Fotos zeugen von der freundschaftlichen Atmosphäre, die den Rahmen auch politischer Gespräche über die Zukunft Europas bildete. Denn auf der Jagd wurde die Bündnispolitik der Großmächte diskutiert, die letztlich zum Ersten Weltkrieg führte.

Der Deutsche Kaiser nutzte die Jagd zur heroischen Selbstdarstellung. Der Uniformvernarrte führte eine eigene „preußische Hofjaguniform" ein, die er auf allen seinen Jagden und auch im Ausland trug: einen hochgeschlossenen, doppelreihigen Rock mit langen Schößen und mit Orden verziert, am Gürtel ein Hirschfänger mit Quaste, hohe Stulpenstiefel mit silbernen Sporen, einen Hut mit seitlich hochgeschlagenen Krempen und doppeltem Birkhahnstoß. Der operettenhafte Auftritt wurde von einigen seiner Gastgeber insgeheim ins Lächerliche gezogen, doch das kam erst nach dem Ende der Monarchie ans Licht.

Was die Schießwut anging, so waren Wilhelm II. und Franz Ferdinand Seelenverwandte – oder vielleicht sogar Konkurrenten. Auf den Niederwildjagden in Schlesien soll der Deutsche Kaiser bis zu 1000 Schüsse abgegeben haben – obwohl er nur einhändig mithilfe eines Zielstocks schießen konnte, denn sein linker Arm war seit seiner Geburt verkürzt und für die Jagd mit der Waffe nicht zu gebrauchen. Trotzdem entwickelte Wilhelm große Geschicklichkeit mit der Waffe, und da ihm große Mengen Wild durch Drückjagd entgegengetrieben wurden, konnte er mitunter alle fünf Minuten einen Hirsch erlegen – eine, wie ein Jagdhistoriker vermerkt, *„außergewöhnliche, aber auch widerwärtige Leistung"*. Ein mutiger Journalist schrieb schon damals: *„Mit dem, was wir das ‚edle Weidwerk' nennen, hat die Jagdausübung des Kaisers leider nur zum Teil zu tun, im Übrigen gehört sie entschieden mehr zum ‚Schießsport'."*

Mindestens 70 000 Stück Wild hat Wilhelm II. im Lauf seines Lebens erlegt. Der „allerhöchste Jäger", wie damals die Sprachregelung war, war dabei mehr an Rekorden interessiert als an waidmännischer Kunst. 13 Hirsche binnen einer Stunde, 578 Hasen in drei Stunden, 60 Wildschweine und vier Damschaufler in zwei, 2609 Fasanen in drei und 85 Füchse in vier Tagen – meldeten die Jagdzeitschriften penibel. Seine Erfolge verdankte der

DIE GROSSEN JÄGER

Deutsche Kaiser unter anderem speziellen von Paul Mauser entwickelten Waffen, darunter ein Rückstoßlader, mit dem Wilhelm II. ohne Pause zehnmal hintereinander schießen konnte. Seine Einstellung zur Jagd war eine grundsätzlich andere als die seines Großvaters und Reichsgründers Wilhelm I. (1797–1888), der am liebsten auf die Pirsch ging und Gatterjagden wie auch Massenabschüsse verurteilte.

Beim Bündnispartner Österreich war der Preuße Wilhelm trotz aller Differenzen über die neue deutschnationale Stärke gern gesehener Gast. Er wurde jährlich von Franz Joseph zur Jagd eingeladen und ging besonders gern – schon als Kronprinz – mit dem fast gleichaltrigen „Rudi" nach Mürzsteg zur Gamsjagd. Regelmäßig berichtete er dabei an den Reichskanzler Otto von Bismarck über die im ungezwungenen Rahmen stattgefundenen diplomatischen Gespräche über die Grenzkonflikte auf dem Balkan. Auch der Antrittsbesuch als Deutscher Kaiser 1888 in Wien wurde von einem Jagdausflug begleitet. Der Unterschied zwischen den beiden Regenten lag nicht nur im Alter, sondern in den Weltanschauungen – das zeigte sich auch in der Jagd: Fotografien zeigen die beiden auf der Pirsch: Wilhelm II. in seiner schneidigen Jagduniform, der greise Habsburger in der schlichten Joppe.

Dass der Deutsche Kaiser aber entgegen dem Protokoll als erster Monarch die Gattin des Kronprinzen Franz Ferdinand wie eine Herrscherin behandelte und sie bei seinem Besuch in Konopiste ausdrücklich auch zu einem Staatsbesuch einlud, wurde vom Habsburger-Kaiser nicht goutiert. Franz Ferdinand aber, an sich kein Freund der Preußen, fühlte sich Wilhelm gegenüber zu großem Dank verpflichtet.

Kaiser Wilhelm und Franz Ferdinand bei der Jagd. Auf den Niederwildjagden soll der Deutsche Kaiser bis zu 1000 Schüsse abgegeben haben – obwohl er nur einhändig mithilfe eines Zielstocks schießen konnte, denn sein linker Arm war seit seiner Geburt verkürzt und für die Jagd mit der Waffe nicht zu gebrauchen.

Die Kinder von Franz Ferdinand mit seinem 5000. erlegten Hirsch. In die Annalen der Habsburger ging Franz Ferdinand von Österreich-Este deshalb als „der Schießwütige" ein.

Königsglück und Herrschertod

Der österreichische Thronfolger wurde auf seinen Jagdausflügen häufig von seiner Familie, seinen drei Kindern und seiner Frau, begleitet. Stolz posieren sie für den Fotografen mit einem kapitalen Hirschen. Franz Ferdinand erlegte aber nicht nur das Wild, er kümmerte sich auch, was selten erwähnt wird, höchstpersönlich um die Hege. Er kaufte Eicheln in Budweis und Kastanien in Agram für die Winterfütterung. Das Wild erhielt Kupferlecksteine und Melassekraftfutter, und von weit entfernten Regionen des Kaiserreichs wurden Tiere herbeigeholt, um die Bestände aufzufrischen. Viele dieser Aktionen bezahlte der Erzherzog aus der eigenen Tasche.

Für den selbst in habsburgischer Tradition sehr frommen Thronfolger stand bei Jagd wie Hege wohl die Gewalt über Tod und Leben im Vordergrund – das „Königsglück", göttliches Zeichen der legitimen Herrschaft über die Welt. Dass der Thronfolger am 27. August 1913 im salzburgischen Alpwinkel einen Albino-Gamsbock erschoss, wurde später als Ankündigung seines baldigen Todes gedeutet. Einer slowenischen Sage nach lebt in den Bergen eine weiße Gams mit goldenen Hörnern, der Zlatorog, ein magisches Wundertier.

Der Erzherzog selbst hatte nach dem Schuss seine Gemahlin gefragt, ob sie gesehen habe, was er getroffen hatte. Sie verneinte das. Da erzählte er von der Sage, die besagt, dass jeder, der eine weiße Gams schieße, innerhalb eines Jahres sterben müsse. *„Aber warum hast du dann geschossen?"*, soll die Herzogin entsetzt gerufen haben. *„Na, wenn man sterben muss"*, war die Antwort, *„stirbt man sowieso!"*

DIE GROSSEN JÄGER

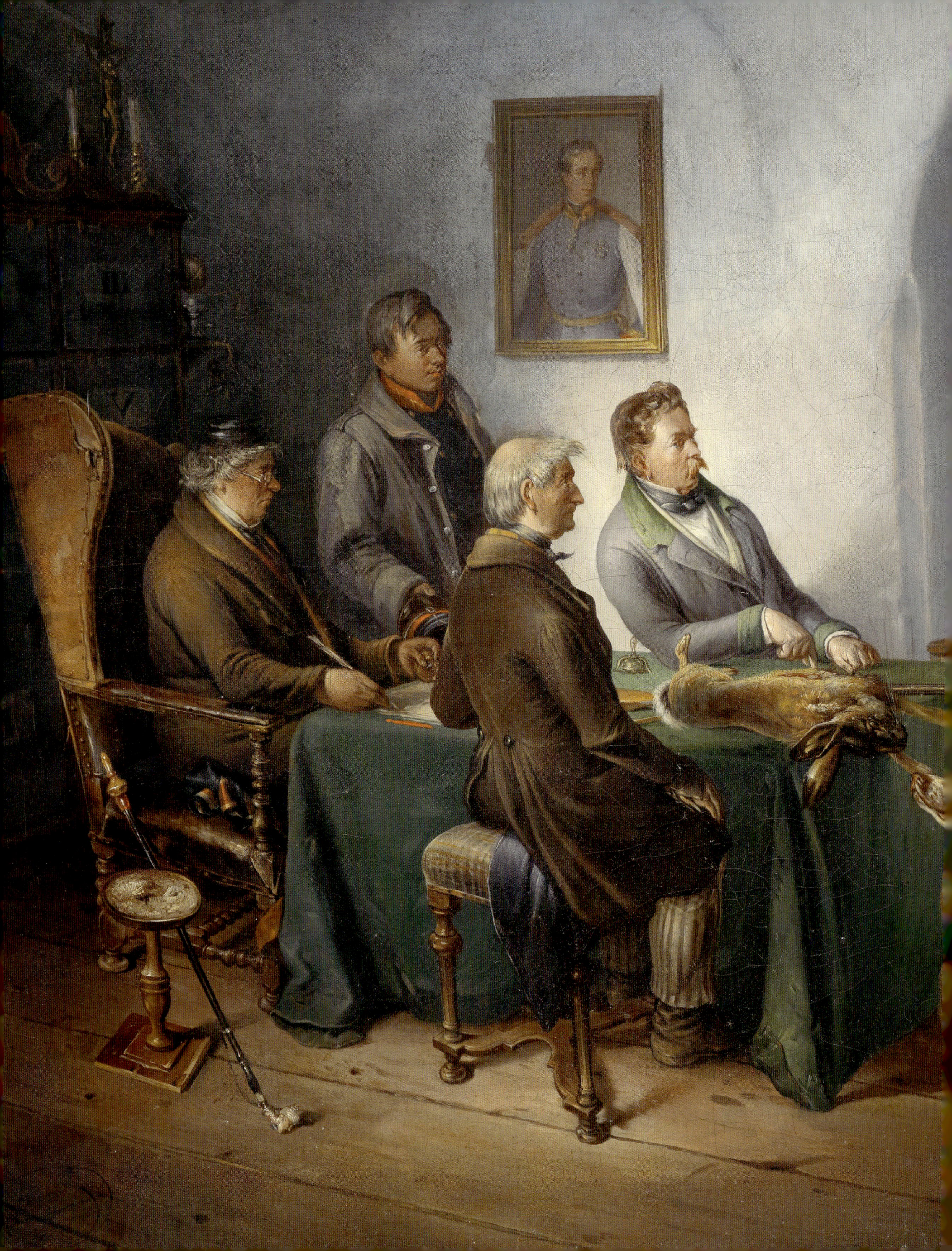

DAS WILDERN IM WANDEL DER ZEIT

von Krone *Chefreporter Christoph Matzl*

DAS WILDERN IM WANDEL DER ZEIT

Kulturanthropologe Roland Girtler zeichnet eine Kultur des bäuerlichen Rebellentums nach. In einer Zeit, als der Adel seine Jagden noch auf Kosten der Landwirte durchführte und wagemutige Wilderer Volkshelden der „kleinen Leute" waren.

„Es ist eine jahrhundertealte rebellische Randkultur, die stets eine besondere Faszination auf die Menschen ausübte: Der unterdrückte Bauer, dem die Jagd verboten war, stellte sich seinen adeligen Unterdrückern gleich, indem er ihnen die edle Gams oder den kapitalen Hirsch wegschoss." So analytisch nimmt Soziologe Girtler – mein ehemaliger Uni-Professor und nunmehriger *Krone*-Redaktionskollege – das Herzstück des Wildschützentums beim Interview im Café Landtmann ins Visier. Eine etwas pittoreske Szene, wenn zwei Journalisten im feinen Kaffeehaus der einstigen Habsburger Metropole am grünen Tisch über die Faszination der Jagd plaudern und bei Kaffee und Apfelstrudel über das verruchte Wildern in den finsteren Wäldern der Alpen schwadronieren. Aber genau diese Form des freien Gesprächs über Alpendramen von der Walder-Saga über den Freischütz Jenewein bis zum Amoklauf des mordenden Raubschützen vom Annaberg ist es, die dem per Fahrrad durch ganz Österreich vagabundierenden Soziologen den Durchblick verschaffte. Nur so konnte er auf die Menschen zugehen, ihr Vertrauen gewinnen und einen Einblick in die Geheimnisse, Mythen und Legenden rund um das Weidwerk erlangen. Nachzulesen in seinem Wilderer-Standardwerk über das Rebellentum in den Bergen (Böhlau Verlag).

Wilderer-Experte Prof. Roland Girtler mit seinem ehemaligen Studenten und jetzigem Krone-Kollegen, Chefreporter Christoph Matzl.

Eine Geschichte der Rebellion

Die Geschichte des Wilderns ist also eine Geschichte der Rebellion. Die historische Rückschau der Wilderei, ohne diese romantisch zu verherrlichen, zeigt die Konflikte zwischen Jagdherren, Jägern und Wildschützen. Hatten die freien Bauern bei den alten Germanen bis etwa 1000 noch das Recht der Jagd, so änderte die Einführung des römischen Rechts alles. Denn nun gehörte alles herrenlose Gut, also auch das Wild, dem König beziehungsweise dem Landesherrn. Adelige und Stiftsherren beanspruchten das alleinige Jagdrecht. Von Anfang an fühlte sich das „gemeine Volk" in seinem gewachsenen Recht beschnitten. Kurzum, die Wurzeln des Wilderns liegen in dieser historischen Auffassung. Und vor allem in Zeiten der Armut, des Hungers, zogen die Leute unaufhaltsam in die Wälder zum Wilddiebstahl.

Selbst drakonische Strafen wie die Verurteilung zum Galeerenhäftling oder Zwangsarbeit schrecken viele Wildschütze nicht ab, schließlich richtet das Wild auch enormen Schaden in den Feldern und Gärten an. Die leibeigenen Bauern versuchen sich jahrhundertelang gegen die Unterdrückung aufzulehnen. Erfolglos. Sowohl der erste Bauernaufstand 1525 als auch der zweite Bauernkrieg 100 Jahre später unter dem Oberösterreicher Stefan Fadinger werden blutig niedergeschlagen. Die Rache der Adeligen ist grausam. Dennoch geben die Bauern nicht auf – und gehen weiter wildern. Erst die Revolution von 1848 soll die erhoffte Befreiung bringen: Mit dem Jagdpatent schafft Kaiser Franz Joseph nämlich das bislang aristokratische Privileg ab: Das Jagdrecht wird nun mit dem Grundeigentum verbunden. Tatsächlich können sich aber nur reiche Großbauern eine Eigenjagd leisten. Kapitalkräftige Bürgerliche, die den Lebensstil der Adels imitieren wollen, kaufen hochverschuldete Bauernwirtschaften und werden so zu neuen Jagdherren. Vielleicht gerade deshalb hält sich in den alpinen Regionen vom 19. Jahrhundert bis in die Zeit nach dem Zweiten Weltkrieg, Anfang der 1960er-Jahre, das Wildschützentum: Man wehrt sich mit der Flinte und geschwärztem Gesicht gegen die mittlerweile kapitalistischen Jagdherrn. Schließlich ist es für die Sozialrebellen durchaus reizvoll, den Blaublütigen und dem neuen Geldadel samt ihrer oft pompösen Prahl- und Trophäensucht eines auszuwischen. *„Wildern ist also Geschichte, die mit dem Leben des ‚kleinen Mannes' im Gebirge zusammenhängt"*, so Girtler. *„Als sozialer Rebell stellt sich der Wildschütz gegen den feudalen Jagdherrn."* Einerseits sind die Leute wildern gegangen, wenn die Zeiten schlecht waren, andererseits war es auch die Freude an der Jagd und am Abenteuer. Vor allem nach den großen Kriegen, wenn die Soldaten halb verhungert von den Fronten oder aus der Gefangenschaft zurückkamen, gingen viele in die Wälder, um ein Wildbret zu erlegen. *„Es zeigt sich, dass eine Kultur des Mangels die Basis für das Wildern abgibt"*, schließt der Soziologe. Und dadurch, dass der Wilderer einen Teil des erbeuteten Fleisches herschenkt, gewinnt er die volle Sympathie der armen Leute – wobei die Wildschützen aus den Schichten kommen, die sich den Zugang zur Jagd aus finanziellen Gründen nicht leisten konnten: oft Kleinbauern, Holzknechte oder Arbeitslose. Gleichzeitig entwickelt sich eine wahre Wildererromantik. Denn in den schroffen Regionen müssen die Raubschützen nicht nur über ausgezeichnete Ortskenntnisse verfügen, sondern auch tapfere Burschen mit einem gesunden Naturverständnis sein. So ist es laut Girtler nur verständlich, dass das Wildern Initiationsritualen alter Kulturen ähnelt.

Junge Burschen, die heimlich auf die Pirsch gehen, verschaffen sich damit ein Ansehen innerhalb der Dorfjugend. Nur wer sich als Wilderer bewährt, wird in die echte Männergesellschaft aufgenommen. Äußere Symbole sind der Hirschfänger, der Gamsbart und die hirsch- oder gamslederne Hose. Gleichzeitig bringt das tollkühne Wildern auch Ansehen bei den Mädchen im Ort. „A Bua, der nicht gewildert hat, darf auch nicht fensterln gehen", besagt etwa ein Salzburger Volksspruch. Zahlreiche Wildererlieder besingen die Schneid des jungen Wildschützen, dessen Mut die Herzen der Mädchen öffnet.

Typen: Wildschütz und Raubschütz

Allerdings gilt es grundsätzlich zwischen zwei völlig konträren Wilderertypen zu unterscheiden: dem Wildschütz und dem Raubschütz! Der Wildschütz ist angesehen, weil er weidmännisch und fair im Wald unterwegs ist. Er hält sich an eine Art „Ehrenkodex". Das heißt, der „gute Wilderer" würde niemals als Schlingenleger dem Wild nachstellen. Für ihn wäre es undenkbar, dass Tiere als Geschöpfe der Natur, tagelang gefangen, fürchterliche Not und Schmerzen erleiden müssten. Als Wildschütz würde er auch nie ein Mutterreh schießen, das von seinem Kitz gebraucht wird. Ebenso wird ein geachteter Schütze niemals ohne Notwehr das Leben eines Jägers oder Försters gefährden, sondern beim zufälligen Aufeinandertreffen schleunigst das Weite suchen. Und da er mit dem erbeuteten Fleisch bestimmt auch Bedürftige unterstützt, umgibt einen Wildschütz die Aura eines „Robin Hood", der Ruf eines Ehrenmannes, der sich heldenhaft für die Armen einsetzt. Natürlich hält sich der Wildschutz weidmännisch an Schonzeiten. Interessant, dass aus so manchem „illegalen Wildschütz" später ein gesetzestreuer Jäger wurde – wenngleich sich derart vom wildernden Saulus zum weidmännischen Paulus verwandelte Jäger oft zu erbitterten Gegnern ihrer einstigen Wildererkameraden entwickelten. Für einen Jagdherrn bedeutete ein zum Jäger „bekehrter" Wildschütz, dass er gleich zwei Fliegen auf einen Schlag erledigt hatte: Einerseits ist mit der Rekrutierung des Wilderers der „Jagdfeind" geschwächt, andererseits kennt der neu gewonnene Jäger alle Tricks und Taktiken der Gesetzlosen. „Er weiß, was er zu tun hat, um Wald und Wild vor allem vor seinen ehemaligen Kollegen zu schützen." Ganz anders verhält sich hingegen der sogenannte Raubschütz. Für Girtler ist er ein hinterhältiger, ja gefährlicher Beutemacher, der Gewalt in keiner Weise scheut. Er ist ein gewissenloser Schwarzschütz, dem es vordergründig nur um die Trophäe geht. Das heißt: ein unheimlicher Gesell, der dem Wild das Haupt samt Geweih als Trophäe abschneidet. Das Fleisch interessiert ihn gar nicht. Er häutet das Tier lediglich, um das Leder zu verkaufen. Am schlimmsten allerdings ist die Tatsache, dass der Raubschütz auch gegen Jäger und Förster gezielt mit der Waffe vorgeht, sobald er von diesen gestellt wird. Besondere Gefühlskälte wird zudem all jenen heutigen Wilderern attestiert, die gleichsam mit dem Auto auf die Pirsch gehen – nämlich dadurch, dass sie das Wild mit Scheinwerfern anstrahlen und blenden. Die Tiere bleiben dadurch gebannt, wie hypnotisiert, stehen – und der Raubschütz braucht nur noch anzulegen und abzudrücken. Autowilderer gelten für Weidmänner und alle Naturfreunde als absolute Verbrecher. Rückblickend gesehen ist die traditionelle Form des Wildderns samt ihrer Romantisierung etwa Ende der 1950er-Jahre zu Ende gegangen. Auch wenn die Herz-Schmerz-Geschichten in Büchern und Filmen weiter die Wildererromantik glorifizierten, so war die jahrhundertealte, nahezu vererbte Tradition des aufrichtigen Wildschützen zu Ende. Schließlich gibt es heute die neue Form der Gemeindejagden, und jeder Mann beziehungsweise jede Frau, der oder die nicht vorbestraft ist, kann nun problemlos die Jagdprüfung ablegen und somit legal auf die Pirsch gehen.

So stellt auch Professor Girtler klar, dass es ihm in seinen Studien keinesfalls darum ging, gesetzloses Handeln oder Gräueltaten zu rechtfertigen. Vielmehr zielte sein Bemühen darauf ab, die Kultur der alten Wildschützen in ihrer Buntheit und Vielgestaltigkeit darzustellen: *„Ich habe versucht zu zeigen, dass die klassischen Wilderer als Mitglieder alter dörflicher Randkulturen sich grundsätzlich aus jungen bäuerlichen Burschen rekrutierten, die sich seit Jahrhunderten als wahre Rebellen das Recht zur verbotenen Jagd nahmen. Die alten Wildschützen, die sich gegen die noblen Jagdherren wehrten, waren die Helden der ‚kleinen Leute'. Sie erwarben Ansehen im Dorf und die Liebe junger Mädchen."* Auch die Themen der alten Wildschützenlieder spiegeln das Wesen des vergangenen Wildderertums wider: nämlich gegenüber den Ausbeutern und Unterdrückern seine Freiheit und die der anderen zu erkämpfen, und zwar mit den Mitteln, über die ein Wildschütz als Kind der Armut verfügt: Stärke, Tapferkeit, Schlauheit, Entschlossenheit und Treue.

Theatralische Bilder über Kampfszenen zwischen Jägern und Wildschützen romantisierten die Wilderei.

DAS WILDERN IM WANDEL DER ZEIT

Weltrekordschütze und Thronfolger Franz Ferdinand posiert stolz vor einer erlegten Reh-Strecke.

FRANZ FERDINAND, DER SCHIESSWÜTIGSTE HABSBURGER

Genau gezählte 274 899 Stück Wild hat Franz Ferdinand erlegt. Umgerechnet auf seine rund 40 weidmännischen Jahre sind das 18 Abschüsse am Tag. In den Wäldern der Monarchie und auf seinen Weltreisen schoss der Erzherzog Elche und Elefanten, Löwen und Möwen, Rehe und Hirsche – praktisch alles edle oder exotische Getier, das ihm vor die Flinte lief. Schon mit neun Jahren hatte der adelige Dreikäsehoch 1892 sein erstes Wild ins Visier nehmen dürfen. So wurde aus dem Kaiserneffen zwar kein hochgebildeter Edelmann, dafür ein ausgezeichneter und wahrscheinlich der schnellste Schütze seiner Zeit: Denn auf den habsburgischen Expeditionen luden behände Diener Waffe für Waffe im Blitztempo nach. Und wenn einmal besonders flott gefeuert werden sollte, dann griff der Blaublütige halt zum Schnellfeuergewehr – eine „Lebensstrecke" an Abschüssen, mit der der Thronfolger bis zu seinem 51. Lebensjahr einen bedenklichen Weltrekord aufgestellt hat. Abschuss für Abschuss wurde penibel notiert, die Beute exakt dokumentiert und der stolze Jäger mit dem erlegten Wild fotografiert: als tollkühner Triumphator! Wie beispielsweise in Ceylon (Sri Lanka), wo er als Großwildjäger voller Stolz auf seinem ersten erlegten Elefanten steht, um für die Kamera des Hoffotografen zu posieren. Diskussionen oder gar Rücktrittsdebatten wegen der offenkundig pathologischen Schießwut des künftigen Kaisers waren absolut ausgeschlossen. Dass der spanische König Juan Carlos 2014 nach der Veröffentlichung eines Fotos, das ihn vor einem für 40 000 Euro Abschussgebühr in Botswana erlegten Elefantenbullen zeigt, zerknirscht abgedankt hat, hätte im Hause Habsburg anno 1900 wohl für Unverständnis, Unmut und kaiserliches Kopfschütteln gesorgt. War doch auch seine Exzellenz Franz Joseph selbst bis ins hohe Alter passionierter und passabler Jäger. Seine Kaiserliche Hoheit hatte es allerdings „nur" auf 10 000 Abschüsse – vorwiegend im geliebten Salzkammergut – gebracht. Der krankhafte Schießwahn des auserkorenen Thronfolgers war allseits bekannt und musste wohl oder übel vom Volk akzeptiert werden. Aber nicht von allen – denn die Wilderer in den Bergen widersetzten sich und schossen dann und wann der adeligen Jagdgesellschaft ein Stück Wild vor der Nase weg. So tragisch sich die Lebensgeschichte des 1914 in Sarajevo ermordeten Thronfolgers auch liest, so bitter ist die Ironie, dass es eine Kugel war, die das Leben von Franz Ferdinand auslöschte und einen Weltbrand entfachte. Dass sie ausgerechnet ihn traf, der selbst so gerne schoss – und 274 899 Tiere erlegt hatte …

DAS WILDERN IM WANDEL DER ZEIT

DIE WILDERERSCHLACHT VON MOLLN IM MÄRZ 1919

Vier erschossene beziehungsweise mit dem Bajonett erstochene Wilderer, ein mit einem Mostkrug erschlagener Gendarm, neun verletzte und zwölf verhaftete Wirtshausgäste: Das ist die Schreckensbilanz des Wildererdramas vom 14. März 1919 in einem Gasthaus der oberösterreichischen Gemeinde Molln.

Eine bitterböse Auseinandersetzung zwischen Exekutive und freien Bürgern in der noch so jungen Republik, die die Justiz auf eine ihrer ersten Proben stellte: ein dramatisches Aufeinanderprallen von 50 Gendarmen und 25 Wilderern, ausgelöst von zwei Meuchelmorden, verübt in den Wäldern des Steyrtals nur wenige Monate vor der Blutnacht.

Zuerst wurde der Förster des Grafen Lamberg, der zehnfache Familienvater Johann Daxner (56), von Raubschützen im gräflichen Revier hinterrücks erschossen. Drei Monate später feuerte ein Forstadjunkt auf den flüchtenden Wilderer Vinzenz Bloderer und traf diesen von hinten in den Rücken. Der Lungendurchschuss war für den Kriegsheimkehrer tödlich. *„Beide Morde hatten die Gemüter in Molln enorm erregt. Die Forstleute schimpften auf die Wilderer, und die Wilderer verfluchten die Forstleute"*, bringt Professor Girtler den Konflikt auf den Punkt.

Hintergrund der vielen verbotenen Pirschen: die furchtbare Not nach Ende des Ersten Weltkriegs als spürbare Folge der von den Siegermächten verhängten Lebensmittel- und Rohstoffblockaden. Allerorts herrschte Hunger. Und von der Front heimkehrende Soldaten waren ausgezehrt und verbittert. Viele Veteranen sahen deshalb im Wildern die einzige Möglichkeit, endlich wieder zu stärkendem Fleisch zu gelangen, zumal sich die meisten Jagdinhaber, wie der oberösterreichische Graf Lamberg, nicht an die behördlichen Landesverordnungen hielten. Denn um die Not der Bevölkerung zu lindern, sollten 80 Prozent des überschüssigen Wildes in allen Jagden geschossen und das Fleisch an die Bedürftigen verteilt werden. Doch der adelige Jagdherr ignorierte den Abschussbefehl ganz einfach.

In der Folge schlossen sich Mollner Wilderer zu Jagdbanden zusammen und veranstalteten sogar Treibjagden. Darauf wiederum ordnete die oberösterreichische Landesregierung die Verhaftung von fünf als Wildschützen bekannten Burschen an. Am 13. März 1919 wurde das Wildererquintett festgenommen und ins Grünburger Bezirksgericht überstellt.

Doch schon am Tag danach nahm das Schicksal der ertappten Wildschützen seinen Lauf. Wenngleich anfangs alles nur wie ein *„ein wenig übertriebener Wildererstreich"* wirkte: Konkret befreiten rund 20 Schützenkameraden die Arrestanten auf dem Bahnhof kurz vor der geplanten Überstellung ins

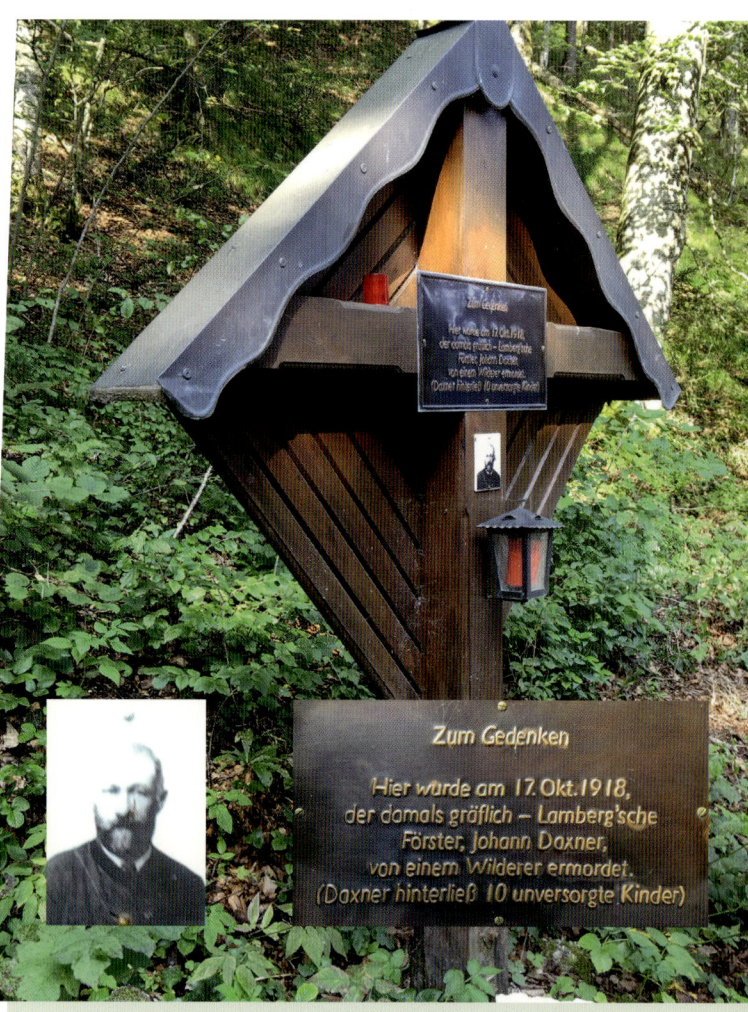

Eine Gedenktafel erinnert an den tragischen Auslöser der Wildererschlacht von Molln: Der Förster und zehnfache Vater Johann Daxner wurde von Raubschützen eiskalt ermordet.

DAS WILDERN IM WANDEL DER ZEIT

Schicksalsträchtiger Schauplatz des Wilderermassakers: Das ehemalige Gasthaus Dolleschall neben der Pfarrkirche von Molln – ein Porzellanteller erinnert an die vier von Gendarmen getöteten Wilderer.

Kreisgericht nach Steyr. Danach marschierten sie mit den „fünf Helden" zurück nach Molln zum Kirchenwirt Dolleschall. Fidel und frech trank man auf die Heldentat und stieß auf den vermeintlichen Sieg über die Exekutive an.

Doch um die gebrochene Rechtsordnung wiederherzustellen, hatte die Gendarmerie bereits 50 Mann – darunter etliche Gendarmerieschüler aus Steyr – mit zwei Lastwagen Richtung der rebellischen Wildererbande in Bewegung gesetzt. Gegen 19.15 Uhr kam es dann zum blutigen Showdown, zur Schlacht zwischen Gendarmen und Wildschützen. Denn nachdem Major Dimmel mit 15 Uniformierten die Gaststube gestürmt hatte, um allen Wilderern Handschellen anzulegen, entwickelte sich ein Tumult. Und obwohl Frauen und Kinder unter den Gästen waren, gab der gestrenge Gendarm den Schießbefehl. „Im Zuge der hitzigen Debatte waren bereits erste Mostkrüge auf die Sicherheitskräfte geschleudert worden", lautete seine spätere Rechtfertigung. Zumal auch ein Gendarm durch Glassplitter eines Krügels, die in sein Auge gedrungen waren, getötet worden war.

Während zwei Wilderer binnen Minuten in der Gaststube im Kugelhagel den Tod fanden, starb ein dritter nach einem Bajonettstich in den Bauch. Ein weiterer Wildschütz versteckte sich kurioserweise im Backofen der Gasthausküche – und blieb unentdeckt. Der fünfte befreite Arrestant allerdings, der wegen einer dunklen Vorahnung gar nicht zur alkoholgeschwängerten Befreiungsfeier ins Wirtshaus gegangen war, wurde von einem Gendarmerietrupp in seinem Bauernhaus aufgestöbert und nach einem kurzen Verhör eiskalt im Bett mit einem aufgepflanzten Bajonett erdolcht. „Er warf sich ins Bajonett und spießte sich so selbst auf", lautete die staubtrockene Erklärung im Protokoll.

Beim Begräbnis folgten 1500 Menschen den vier Särgen. Und mit zwölf Böllerschüssen wurde der vier Toten, allesamt Kriegsheimkehrer, gedacht. „*Der Mollner Trauerzug war zu einer Demonstration des Protests gegen die Obrigkeit und der Sympathie für die Wilderer geworden*", so die Analyse Girtlers. „*Für die Menschen damals hatte der Tod der vier Männer durchaus eine sozialrevolutionäre Komponente: Denn die Wildschützen als soziale Rebellen und Vertreter des kleinen Mannes standen dem begüterten und politisch mächtigen Jagdherrn gegenüber.*"

DAS WILDERN IM WANDEL DER ZEIT

DIE WALDERSAGA

Nachdem Pius Walder als mutmaßlicher Wilderer im Osttiroler Villgratental von zwei Jägern verfolgt und von hinten mit einem Kopfschuss getötet worden war, schworen seine vier Brüder am offenen Grab Rache. Ein Schwur, der den Getöteten zur Legende machen und jahrzehntelangen Unfrieden ins Tal bringen sollte.

*"Zwei wegen Wildern vorbestrafte Jäger
aus der Nachbarschaft waren die Schützen.
In den Hinterkopf schossen ihm die Feigen,
die keine Spur von Reue zeigen.
Eineinhalb Jahre Gefängnis für den Meuchelmörder,
der Mittäter wurde nie angeklagt.
Ein Schandurteil der österreichischen Justiz!
So was will ein Rechtsstaat sein!"*

Diese Anklageschrift auf einer Parte zum 30. Todestag von Pius Walder zeigt, dass in Osttirol auch die Zeit keine Wunden heilt. Denn die Hauptdarsteller im Drama um den Walder-Clan können nicht verzeihen, dass ihr geliebter Pius „meuchelmörderisch getötet" wurde und der Todesschütze dafür nur eineinhalb Jahre im Gefängnis saß.

Blenden wir zurück: Was ist tatsächlich an diesem Schicksalstag vom 8. September 1982 im 1600 Meter hoch gelegenen Dorf im Grenzgebiet geschehen? „Unter den Schüssen zweier Jäger war der 30-jährige Wilderer Pius Walder zusammengebrochen. ‚Bedauerlicher Unfall', meint die Jägerschaft. ‚Das war gemeiner, hinterlistiger Mord', beharren die Brüder des Getöteten und deren Freunde darauf, dass der fatale Schuss absichtlich abgefeuert worden sei. ‚Widererschicksal' wiederum meinen Außenstehende. Fakt ist: Der 42-jährige Unglücksschütze Johann Schett sitzt wegen Mordverdachts im Innsbrucker Gefängnis", so fasste Krone-Redakteur Siegfried Meissnitzer den Beginn der Walder-Saga damals zusammen.

Vor der Gendarmerie lieferte der Unglücksschütze jedenfalls folgende Version sinngemäß ab: *„Ich bin in einem Wirtshaus in Innervillgraten von einem Jagdpächter angerufen worden, dass sechs Schüsse in der Helleiten gefallen sind. Als Revierjäger sollte ich die Sache klären. Im Wald habe ich dann tatsächlich einen Wilderer mit geschwärztem Gesicht und einem Gewehr über der rechten Schulter gesehen. Nachdem Josef Schaller als zweiter Aufsichtsjäger eingetroffen war, machten wir uns auf die Suche nach*

Ein Partezettel als Anklageschrift gegen den „Meuchelmord" an Pius Walder (30).

Pius Walder
geb. 4.4.1952
† 8. September 1982

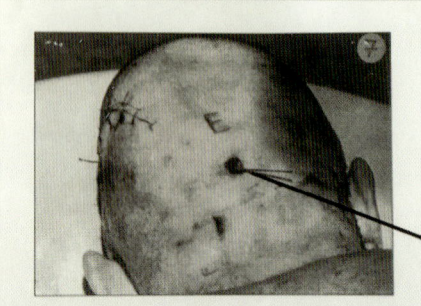

Erschossen wurde er wie ein Stück Vieh, vergessen kann man sowas nie !

Hinterkopfeinschuss
(Bild der Gerichtsmedizin)

dem Wildschütz. ‚Halt, Jagdwache, Gewehr abnehmen!', hab ich ihm noch zugerufen. Danach rannte der ertappte Wilderer Richtung Wald und blieb trotz unserer Zurufe nicht stehen." Acht Mal feuerten die beiden Weidmänner dem Flüchtenden nach. Nach dem letzten Schuss stürzte Pius Walder tödlich in den Hinterkopf getroffen zusammen. Kriminaltechnische Untersuchungen ergeben übrigens, dass aus seinem Gewehr an diesem Tag kein einziger Schuss abgefeuert worden war …

Ganz anders hört sich hingegen die Darstellung des damals 38-jährigen Bruders an. Hermann Walder polterte: *„Die haben eine regelrechte Treibjagd auf den Pius veranstaltet."* Zudem hatte er Zeugen aufgetrieben, die eine Unterredung belauscht haben wollten, wonach die Jäger folgende Anweisung erhalten hätten: *„Wenn ihr den Pius erwischt, schießt ihm nicht in die Füße, sondern auf den Kopf."* Obwohl diese Beobachtung auch bei der Kripo angeführt wurde, hat das Gericht diese Zeugen angeblich nie gehört.

Bemerkenswerter Begleitumstand: Pius und sein ältester Bruder, der 49-jährige Josef, waren bereits 1976 wegen des Verdachts der Wilderei aktenkundig geworden. Der Jäger Josef Schaller will sie damals *„zweifelsfrei"* bei dem gesetzlosen Treiben beobachtet haben. Die Gendarmen luden die Brüder zum Verhör; sie bestritten die Vorwürfe. Angezeigt waren die Brüder ausrechnet von Johann Schaller, also jenem Jäger, der bei den umstrittenen Todesschüssen auf den Jüngsten der Walder-Dynastie dabei war.

Äußerst skurril ist allerdings die pikante Tatsache, dass mit dem Duo Josef Schaller und Johann Schett zwei Jäger Jagd auf einen Wilderer gemacht hatten, die selbst bereits wegen Wilderei vorbestraft waren: Schaller hatte auf italienischem Gebiet zwei Gämsen gewildert und dafür ein langes Jagdverbot ausgefasst. Und Todesschütze Schett hatte als Raubschütz einen Steinadler mit einem Fuchseisen gefangen und das Tiroler Wappentier erschlagen. Dafür wurde ihm der Jagdschein drei Jahre lang entzogen.

„Mein ist die Rache" – Die Walder-Brüder schwören am offenen Grab Vergeltung.

Nach dem Begräbnis versuchte der Walder-Clan – der Erschossene hatte vier Brüder und sieben Schwestern – die Öffentlichkeit auf die *„Ungerechtigkeit und den Meuchelmord"* aufmerksam zu machen. Vor allem vor dem Prozess im Februar 1984 spitzte sich der Streit zwischen der Villgratener Jägerschaft – von Pius-Anhängern mittlerweile als *„Jäger-Mafia"* verunglimpft – und der Walder-Familie zu. *„Trotz besonders strenger Sicherheitsvorkehrungen kam es im Innsbrucker Landesgericht nach dem Urteil im Prozess gegen den Jäger Johann Schett (43) zu schweren Tumulten: Die Brüder des im Herbst erschossenen Wilderers Pius Walder, die Rache geschworen hatten, verloren die Beherrschung, als der Anwalt des Angeklagten die Haftentlassung seines Mandanten beantragte. Das Urteil: drei Jahre Haft wegen Körperverletzung mit tödlichem Ausgang"*, so der damalige Krone-Gerichtsbericht.

Obwohl die Staatsanwaltschaft auf Mord plädiert hatte, kam der Todesschütze also glimpflich davon: Er saß insgesamt nur eineinhalb Jahre im Gefängnis. Für den Walder-Clan ein *„Schandurteil der österreichischen Justiz"*, und vor allem die beiden aktivsten Racheengel, Hermann und Emil Walder (*„Pius, wir* rächen dich!"), schworen ebenso wie schon am offenen Grab nun im Gerichtssaal Vergeltung.

Und im Herbst 1984 erfolgte dann der nächste Höhepunkt ihres Rachefeldzugs gegen das Fehlurteil: Unangemeldet und unerschrocken drangen zwei Walder-Brüder aus Osttirol im Justizministerium in Wien bis zu Minister Dr. Harald Ofner vor. *„Bitte, Herr Minister, helfen Sie uns gegen dieses Schandurteil und sprechen Sie ein Machtwort"*, so die beiden. Der Minister erklärte darauf, dass er als Justizchef nicht die Macht habe, ein Urteil, das ein unabhängiges Gericht gesprochen hat, wieder aufzuheben. Das Geschworenengericht hatte sich schließlich mit acht Stimmen und ohne Gegenstimme auf das milde Urteil geeinigt. Die Brüder konnten und

Todesschütze Johann Schett war zuerst Wilderer und dann Aufsichtsjäger im Villgratental. Links: Todesschütze Schett.

wollten nicht verstehen, dass Schett, der aus 107 Metern Entfernung den Hinterkopf von Pius getroffen hatte, nicht lebenslänglich hinter Gittern landete. Obgleich der Justizminister die Brüder mit der Bitte um Ruhe im Tal verabschiedet hatte, blieben die Walders stur. *„Es kann keine Ruhe einkehren, wenn nicht eine Wiederaufnahme des Verfahrens durchgeführt wird"*, antworteten sie trotzig.

Tatsächlich ging es im Villgratener Tal künftig nicht harmonischer zu. Beide Seiten, hier die Jägerschaft und dort der Walder-Clan, schaukelten den Konflikt hoch. Und im Juli folgte dann ein Anschlag, der für Sprengstoff im Wildererdorf sorgte: Denn vor dem Kinderzimmer von Ewald Walders Haus explodierte eine Bombe. *„Das war eine Warnung! Man will uns davon abbringen, für eine Wiederaufnahme gegen den Todesjäger Johann Schett zu kämpfen"*, waren sich die Walders im Gespräch mit „Krone"-Redakteur Diethold Scharr einig. *„Und wenn es bei uns 365 Tage im Jahr regnet, so reicht das nicht aus, das böse Blut aus dem Dorf abzuwaschen"*, brachte ein Jungbauer die verfahrene Lage auf den Punkt.

Selbst ein Vierteljahrhundert konnte die Wunden nicht heilen. Bei der Gedenkmesse für Pius am 25. Todestag verlangten alle Trauergäste geschlossen Sühne für die Todesschüsse. Selbsterklärend: Viele Geistliche hatten es aus verschiedensten Gründen abgelehnt, das Requiem zu zelebrieren. Bitterböse Racheschwüre am Grab, deftige Raufereien auf dem Friedhof, brutale Fußtritte für den Pfarrer und andere Gemeinheiten hatten die ansässige Geistlichkeit vergrämt. Erst nach langer Suche erklärte sich Bernhard Kriegbaum, „mutiger" Priester vom Innsbrucker Jesuitenkolleg, dazu bereit, eine Seelenmesse für Pius zu lesen. Dennoch, das Alpendorf Villgraten, dessen Namen rätoromanischen Ursprungs ist und „Tal des Ahorns" heißt, blieb trotz der frommen Gebete weiterhin ein „Tal des Hasses" …

Als sichtbaren Protest hatten die Brüder ihrem *„geliebten und gemeuchelten Pius"* ein imposantes Grab aus weißem Marmor errichten lassen. Natürlich mit der dementsprechenden Inschrift, die keine Zweifel offen lässt, dass die Angehörigen von einer absichtlichen Tötung ausgehen: *„Ich wurde am 8. September 1982 in Kalkstein von zwei Jägern aus der Nachbarschaft beschossen und vom 8. Schuss tödlich in den Hinterkopf getroffen."* Das Grab, das mit anderen letzten Ruhestätten die Kirche von Kalkstein umgibt, ist aus weißem Marmor. Auf dem wetterfesten weißen Prunkstein ist das verwegene Wilderergesicht von Pius als Relief zu sehen: Mit stolzem Blick und einer Frisur, die ein wenig an den „King",

DAS WILDERN IM WANDEL DER ZEIT

den großen Elvis Presley, erinnert, blickt Pius in Richtung seiner einst so geliebten Berge. *„Das Internet-Lexion Wikipedia reiht mittlerweile Pius unter die berühmtesten Wildschützen des deutschsprachigen Raums und nennt ihn in einem Atemzug mit dem legendären bayerischen Jennerwein"*, berichtete *Krone*-Redakteur Stefan Dietrich in einer Reportage über den Walder-Mythos.

Schon bald entwickelte sich die protzige Grabstätte mit dem in Stein gemeißelten Racheschwur zur beliebten Touristenattraktion. Im Zuge von Walder-Recherchen zog es auch mich zur schicksalsträchtigen Ruhestätte, begleitet von einem mehr als kompetenten Wilderer-Reiseführer, nämlich von einem kernigen Neffen der Walder-Brüder, der als erfolgreicher Hotelchef ein Viersternehotel leitet. Wenngleich der waschechte Walder-Verwandte alle Fragen rund um seinen erschossenen und zur lebenden Legende gewordenen Onkel Pius geduldig beantwortete, wollte er in Kalkstein nicht aus dem Wagen, mit dem wir durchs Villgratental und zum Grabmal gefahren waren, aussteigen – offenbar aus seiner pragmatischen Überlegung heraus, durch einen auffälligen Besuch mit einem Wiener Journalisten weiteres Öl ins lodernde Feuer des lokalen Wildererstreits zu gießen. Natürlich kannte auch er all die Zeitungsgeschichten und vor allem die Gschichterln rund um die Urkraft seiner bärenstarken Onkeln, wie etwa die amüsante Posse, als Pius einen stänkernden Gendarmen im Wirtshaus kurzerhand hochgehoben und an einen Kleiderhaken an der Wand gehängt hatte. Dieser Streich oder die Anekdote von Onkel Pius und Onkel Hermann, die eine Citroën-Ente, die ihnen beim Einparken im Weg gestanden ist, einfach zur Seite gehoben hatten, trugen bestimmt ebenso zur Mystifizierung des Wildererdramas bei. Jenes packende Epos rund um Männlichkeit, Freundschaft

Das Faksimile der damaligen Krone-Reportage spiegelt die Wilderei als Sprengstoff im Osttiroler Grenztal wider.

Ein Walder-Neffe als unerkannter Fremdenführer zum Grabmal von „Onkel Pius".

und Ehre, deren Elemente sogar Schriftsteller Felix Mitterer in seinem Drehbuch zum 2001 verfilmten *Tatort*-Krimi „Elvis lebt" verarbeitet hat.

Seinen bislang letzten, gewohnt bizarren Auftritt auf der „Walder-Bühne" lieferte der mittlerweile 71-jährige Hermann beim Begräbnis des Todesschützen Johann Schett (72), der im Juli 2012 verstorben ist. Als „Rächer" stellte er sich mit einem Schild vor den Friedhof und brüllte: *„Der Satan hat den Mörder in die Hölle unter die Glut befördert!"*

Für den „Wilderei"-Experten Girtler ereignete sich das Drama von 1982 zu einer Zeit, da es den Wilderer im klassischen Sinn gar nicht mehr gab: *„Während früher die Wilderer einiges Ansehen genossen, haben sie heute kaum eine Chance, Unterstützung und Sympathie zu finden. Und da im Villgratener Tal viele Angst vor Repressionen durch Jäger hatten, getrauten sich auch viele nicht, das Wort für Pius – gleichsam ein Relikt des früheren Wilderertums – zu ergreifen. Es kam zur Verteufelung der Brüder Walder."* Laut Professor Girtler ist auch bemerkenswert, dass die Walder-Brüder echte Sympathien in ihren Aktionen nicht bei ihren Freunden und Nachbarn im Dorf, sondern vor allem bei Menschen in den Städten und vielen Intellektuellen erlangten.

Das Marmorgrab des erschossenen Wilderers als makabere Tourismusattraktion.

Im Grenzwald zu Ungarn wurde Wilderer „Josef" von Soldaten beim illegalen Jagen erwischt.

DER WILDERER VOM GRENZWALD

45 Jahre lang ging ein Burgenländer an der Grenze zu Ungarn illegal auf die Jagd. Als Wilderer vom Grenzwald erlegte er vorwiegend Hasen. Mit den historischen Rebellen in den Bergen hatte er zwar nur wenig gemein, doch er fühlte sich als einer von ihnen, außerhalb des Gesetzes – aber frei! Erst Grenzsoldaten, die ihn für einen illegalen Einwanderer hielten, stellten den Wildschütz 2001 bei seiner letzten Pirsch.

Wie es sich auch bei der journalistischen Jagd gehört, legten sich mein Kollege Christoph Budin und ich im burgenländischen Rechnitz auf die Lauer, um den geheimnisvollen Wilderer vom Grenzwald interviewen zu können. *Krone*-Chef Hans Dichand hatte uns kurz zuvor das Vertrauen als „Reporter-Duo für große Geschichten" geschenkt, und so freuten wir uns riesig über unser erstes Jagdglück. Denn „Josef", der erst nach vier Jahrzehnten ertappte Wildschütz, hatte keine „Reporterscheu".

„Kummts eine, wenns wos wissen wollts über mi", bittet uns der 68-Jährige, dessen Gebiss nur noch aus einem einzigen verwaisten Stiftzahn im Unterkiefer besteht, in seine bescheidene Stube. Schon im Vorraum zeigt sich, dass wir an der richtigen Adresse sind: Neben der Tür hängt eine Galerie von einem Dutzend Jagdtrophäen. Der Luster ist aus Wurfstangen gebastelt und neben der Kuckucksuhr zieren zwei Krickerln die Wand. *„Ich hab nur an Hasen schießen wollen fürs Gulasch"*, erzählt der Burgenländer spitzbübisch lächelnd von seiner letzten, verhängnisvollen Pirsch, *„aber i kann halt nimmer so schnell laufen, da ham die Soldaten mi eben erwischt."* Nach einer kurzen Verfolgungsjagd holten die jungen Grenzwächter den Fußmaroden ein und waren nicht wenig erstaunt, dass ihnen statt eines vermeintlichen Grenzgängers ein waschechter Wilderer samt Gewehr ins Netz gegangen war. Ordnungsgemäß übergaben sie ihn den Gendarmen. Die wiederum kannten „Herrn Josef" bereits von früheren „Scharmützeln und Duellen" aus der

DAS WILDERN IM WANDEL DER ZEIT

Beschwörend bittet der Wilderer die Journalisten beim Interview um Verständnis.

Vergangenheit. Drei Gewehre hatten sie ihm schon abgenommen. *„Jetzt hams a no mei letztes Flobert"*, erinnert er sich wehmütig nun an das Ende seiner langen Wildschützkarriere.

„Begonnen hat das mit der Wilderei gleich nach dem Krieg", denkt er zurück. Schon sein Vater sei mit der Flinte im Wald gewesen. In der schlechten Zeit hätten sich eben viele etwas zum Essen geschossen. *„Damals waren nur die Russen a Gfoa."* Ebenso wie sein Herr Vater war Wilderer Josef aber alles andere als ein skrupelloser Raubschütz, sondern ein bedauernswerter hungriger Zeitgenosse, der Kleinwild zur Strecke brachte, um so überleben zu können. Denn ein leichtes Leben hatte er wahrlich nicht gehabt, der Josef. Keinen Schulabschluss. *„I kann net amal schreiben oder lesen"*, gibt er offen zu und erzählt von der harten Arbeit als Holzknecht. Wirklich schlimm sei es für den damals kräftigen und feschen Burschen erst geworden, als er krankheitshalber (*„kaputter Rücken"*) nicht mehr die Axt schwingen konnte.

Vor zwanzig Jahren hat er sich deshalb gleichsam aus dem Leben zurückgezogen. Und so schaut es auch aus in seinem Haus. Es gleicht einer Wildererhöhle, in der die Zeit stehen geblieben ist: Über Herrgottswinkel und Abwasch hängen dichte Spinnweben. An der Kredenz stecken vergilbte Fotos von Hasen und Rehen. Seither hat er immer wieder *„a bisserl was gschossen"*. *„Auch etwas außer Hasen?"*, wollen wir wissen. *„Dazu sag i nix"*, hält Josef seinen knöchernen Zeigefinger vor die Lippen, *„sonst kumm i a no ins Gfängnis."*

Die Geschichte vom Wilderer, der von Militärs auf frischer Tat erwischt wurde, verbreitete sich im Bezirk Oberwart und unter Österreichs Weidmännern jedenfalls wie ein Lauffeuer. Ein „Robin Hood des Grenzwaldes" ist der Herr Josef deshalb aber nicht. Vielmehr ein vom Schicksal vergessener Mann, der sich aus dem Wald geholt hat, was ihm seiner Meinung nach zustand. Beim Wort „Wilderer" aber beginnen seine müden Augen verwegen zu leuchten. Als wollten sie sagen: *„Ich war einer von ihnen, außerhalb des Gesetzes, aber frei!"*

Malerische Kulisse der Bärentöter-Posse – das Ötschergebiet, in dem Tierschützer Bären ausgesetzt hatten.

DER BÄRENTÖTER

Sechs Jahre nach unserer Reportage über den „Wilderer vom Grenzwald" nahmen Krone-Partner Christoph Budin und ich im Winter 2007 erneut eine Wildschützgeschichte ins Visier, eine bizarre Wilderer-Story, die in der Redaktion anfangs niemand glauben konnte, ging es doch um Jäger, die im Ötschergebiet als Bärentöter unterwegs waren, von Tierschützern ausgesetzten Wildpfoten auf den Pelz rückten und diese eiskalt abknallten!

Die Vorgeschichte liest sich wie ein rühriges Bärenmärchen mit einem traurigen Ende. Tierschützer, die sich seit zwei Jahrzehnten bemüht hatten, wieder Braunbären in der Alpenrepublik anzusiedeln, vermeldeten stolz, dass schon 31 Jungtiere in unseren Wäldern zur Welt gekommen sind. So weit, so bärig. Doch plötzlich verschwanden immer mehr der drolligen Wildpfoten. Von insgesamt 23 Tieren fehlte bald jede Spur.

Da sich die Bärenfreunde nicht mehr zu helfen wussten, erstatteten sie Anzeige. Fahnder des NÖ-Landeskriminalamts wurden eingeschaltet, um das rätselhafte Bärenverschwinden zu klären. Lange Zeit tappten die Ermittler im Dunkeln, auch wenn an den Stammtischen rund um Türnitz (NÖ) ab und zu schon gemunkelt wurde, dass Revierjäger selbst einige der Jungbären zur Strecke gebracht haben könnten.

Immer mehr Bären waren von einem auf den anderen Tag weg. Unter anderem tauchte auch die auffällige Bärin Christl im Dunkel der Ötscherwälder für immer unter. *„Sie verschwand samt elektronischer Senderüberwachung mit Halsband- und Ohrenmarkersender"*, ärgerte sich Bärenanwalt Dr. Georg Rauer beim Interview. Umso mysteriöser, dass die Tiere spurlos von der Bildschwäche verschwanden. Kein einziger Kadaver wurde im Unterholz oder in einer Höhle gefunden. Licht ins Dunkel brachte erst „Kommissar DNA".

DAS WILDERN IM WANDEL DER ZEIT

Denn die „Jäger der verlorenen Bären", sprich die Kriminalisten, hatten in einem Kellerstüberl im Bezirk Lilienfeld einen verdächtigen präparierten Jungbären entdeckt – Bingo! Der Gentest im Labor brachte nämlich rasch die traurige Wahrheit zutage: Beim ausgestopften „Bärenmädchen" handelte es sich um „J 93", so der Codename des erlegten Bärenjährlings. Und laut DNA-Vergleich stammte das Tier hundertprozentig von der Ötscher-Bärin Cilka ab.

Auch wenn der überführte Bärentöter, ein Jäger aus dem Bezirk, bereits verstorben war und er sein Geheimnis mit ins Grab genommen hatte, kam nun die traurige Wahrheit dennoch ans Licht, wenngleich der gerissene Raubschütz zu Lebzeiten seinen Jagdkameraden und sogar der eigenen Frau immer wieder treuherzig den Bären aufgebunden hatte, dass er das einjährige „Ötscher-Baby" in Rumänien erlegt hätte. Völlig legal …

Jägerlatein hin, Stammtischgerede her: Für Experten steht heute fest, dass es sich bei „J 93" nie und nimmer um einen Problembären gehandelt hatte und der Abschuss in keinster Weise zu rechtfertigen gewesen wäre. Ob der damals 54-jährige Bärentöter aus purer Trophäengier geschossen hat oder ob er den kleinen „Meister Petz" lediglich mit einem anderen Wild verwechselt hat, wird wohl nie mehr geklärt werden können. Ebenso wie dieses Rätsel wird auch die Frage nach dem Verbleib der vielen anderen verschwundenen Bären kaum zu beantworten sein. Erfreulich: Seit den kriminalistischen Ermittlungen dürfte zumindest in den Ötscherbergen kein Bär mehr erlegt worden sein.

Auf dem Faksimile der Krone-Reportage ist das feige von einem wildernden Jäger erlegte und später sogar präparierte „Ötscher-Baby J 93" rechts oben zu sehen.

Drei Polizisten und ein Sanitäter erschossen

Das Blutbad des Wilderers

Kronen Zeitung – Abendausgabe – UNABHÄNGIG
Mittwoch, 18. September 2013 / Nr. 19.182, € 1,–
Deutschland, Italien, Spanien, Slowakei, Slowenien € 1,80
GR € 1,90,- / HUF 540,- / HRK 14,- / CHF 3,- / CZK 50,- / TRY 4,50
www.krone.at
Wien 19, Muthgasse 2, ☎ 01/36 011-0
ABO-SERVICE: ☎ 05 7060-600

ER IST der Amokläufer: Jäger Alois Huber. Bei der Jagd nach dem Killer ist auch ein Bundesheer-Panzer im Einsatz (neun Seiten Bildberichte).

Fotomontage/Fotos: Franz Crepaz (2)

Die Krone-Titelseite über den schwärzesten Tag in der jüngsten Geschichte der Exekutive und Jägerschaft.

DER AMOKWILDERER VON ANNABERG

Ein Wilderer, der seit Jahren in Niederösterreich und in der Steiermark Hirsche erlegt und diesen das Haupt als Trophäe abgetrennt hatte, tappt 2013 bei Annaberg in eine Polizeikontrolle. Doch der Raubschütz durchbricht die Sperre, erschießt gezielt drei Beamte sowie einen Sanitäter und verschanzt sich darauf in seinem zur Festung ausgebauten Anwesen …

Die Nacht zum 17. September geht als bisher schwärzeste in die Geschichte der österreichischen Exekutive und Jägerschaft ein. Denn als der seit Jahren von der Polizei gejagte „Wilderer von Annaberg" nahe der örtlichen Hirschwiese kontrolliert werden soll, rastet dieser aus. Er durchbricht die Straßensperre. Und es beginnt ein mörderischer Amoklauf, der das Land 24 Stunden lang in Atem hält. Denn obwohl das vorerst unbekannte Phantom bereits einen „Cobra"-Beamten angeschossen und schwer verletzt

DAS WILDERN IM WANDEL DER ZEIT

Jagdkamerad und Motorradfreund Herbert: Per Handy gestand ihm Alois Huber, der Wilderer von Annaberg zu sein, die Polizisten ermordet zu haben, verabschiedete sich für immer – und legte auf.

und Manfred Daurer. Er exekutiert die zwei mit Salven aus seinem auf Dauerfeuer gestellten Spezialgewehr. Mit der Leiche eines der beiden erschossenen Inspektoren am Beifahrersitz flüchtet er schließlich mit dem geraubten Streifenwagen durch das verregnete Voralpenland.

Genau zu diesem Zeitpunkt traf auch ich, auf der Suche nach dem „schaurigen Tatort" des unheimlichen Wilderers, in der Nähe von Annaberg ein. Unterwegs im dichten Morgennebel mit einem mehr als mulmigen Gefühl, auf den blutigen Spuren eines Verbrechers, mit dessen Kaltblütigkeit niemand gerechnet hatte. Zufällig und etwas erleichtert stieß ich bald auf den Fahndungstross der Exekutive und folgte diesem – im gebotenen Sicherheitsabstand – nach Großpriel. Denn dort, rund 70 Kilometer von Annaberg entfernt, hatte sich – wie mittlerweile identifiziert – der 55-jährige Fuhrunternehmer und Jäger Alois Huber in seinem zur Trutzburg umgebauten „Jagdschlössl" verbarrikadiert und verschanzt.

hat, flüchtet es keineswegs, sondern legt sich im Wald auf die Lauer. Wie auf einer Pirsch nimmt er seine Opfer ins Fadenkreuz: Mit einem Schnellfeuergewehr samt Nachtsichtgerät, Schalldämpfer und Spezialmunition für die Bärenjagd ausgerüstet, lauert der Killer, mittlerweile im Dunkel der Regennacht untergetaucht, auf seine Verfolger. Mit einem gezielten Kopfschuss liquidiert er sein nächstes Opfer, den Rettungsfahrer Johann Dorfwirth. Der 70-jährige Rotkreuzmitarbeiter wollte dem angeschossenen „Cobra"-Mann mit Sanitätern zu Hilfe kommen. Erst nachdem ein weiterer „Cobra"-Polizist das Feuer auf den bis dahin „unsichtbaren Feind" erwidert hat, flüchtet dieser in den Wald.

Wenig später überrumpelt der Raubschütz an einer weiteren Straßensperre die Polizisten Johannes Ecker

Schwer bewaffnete Cobra-Einheiten umstellten das zur Festung umgebaute Haus des Amok-Wilderers.

DAS WILDERN IM WANDEL DER ZEIT

Er hortete Waffen wie für einen Krieg

Der Geheimbunker des Serienkillers

Die bizarre Welt des Vierfachmörders Alois Huber: Nach dem Freitod in seinem unterirdischen Bunker durchsuchte die Polizei das ganze Haus des Wilderers – und fand 100 Waffen (7 Seiten Bildberichte).

Ein Luftbild zeigt, wo ein Panzer die Mauer des „Jagdschlosses" durchbrach.

Es folgte ein stundenlanger Nervenkrieg. Denn noch ging die Einsatzleitung von einer „mobilen Geiselnahme" aus. Noch hoffte man, dass der bislang vermisste Polizist Manfred Daurer als Geisel von Alois Huber vielleicht am Leben sein könnte. Äußerste Vorsicht und Verhandlungstaktik waren angesagt!

Eine nervtötende Zerreißprobe auch für Verwandte, Freunde und Nachbarn des Amokläufers. Seelisch und psychisch schwer mitgenommen, warteten sie am Rand des Belagerungsrings – das Nachbardorf Kollapriel hatte aus Sicherheitsgründen nicht mehr evakuiert werden können – auf das Ende des Blutdramas.

Besonders bewegend: das Interview mit Herbert Huthansl, einem aufrichtigen Jagdkollegen und Motorradfreund des Polizistenmörders. Um sieben Uhr früh hatte ihn Huber am Handy angerufen, um das Unfassbare zu gestehen – und um sich zu verabschieden. „I bin's, da Alois. I bin daham. Das ganze Haus is von Polizisten umzingelt. A Hubschrauber is a do, und jetzt wolln s' mi holen", so begann Huber seine Telefonbeichte. „Es is leider wahr: I hab drei Polizisten daschossen, heut in der Nacht. I bin da Wilderer von Annaberg. Mich haben sie auch angschossen. Am Bauch. Die Burgi (seine Schäferhündin) hab i schon erlöst – und mich kriegen s' auch nicht." Obwohl Weidmann Huthansl darauf auf seinen auf die schiefe Bahn geratenen Jagdkameraden beruhigend einredete und ihn zur Aufgabe zu bewegen versuchte, blieb dieser stumm und beendete das Gespräch.

In für Besucher unzugänglichen Räumen hortete der Trophäenjäger Hunderte beim Wildern erbeutete Geweihe.

DAS WILDERN IM WANDEL DER ZEIT

Vertreter von Medien aus aller Welt berichteten live vom hinterhältigen Amoklauf und dem letzten Gefecht des zum mordenden Wilderer gewordenen Jägers Alois Huber.

Da Amokschütze Huber in der Folge immer wieder aus seinem Versteck auf Polizisten, Feuerwehrleute, praktisch auf alles, was sich in seiner Umgebung bewegte, gefeuert hatte, forderte die Einsatzleitung Unterstützung durch Bundesheerpanzer an. Und nachdem zwei „Cobra"-Profis unbemerkt in das Anwesen eingedrungen waren und in einem Anbau den versteckten Streifenwagen mit der Leiche ihres getöteten Polizeikollegen entdeckt hatten, wurde die Erstürmung des Gehöfts beschlossen: Gegen 18 Uhr durchbrach ein Heerespanzer die Mauern. Sondereinheiten durchkämmten das Jagdschlössl. Aber erst nach langem Suchen fand man 24 Stunden nach Beginn des mörderischen Wildererwahns, also kurz nach Mitternacht, in einem Geheimbunker die Leiche des Alois Huber – er hatte noch Feuer gelegt, bevor er sich eine Kugel in den Kopf jagte.

Während nur Stunden nach der Tragödie von profilierungssüchtigen Seiten allmögliche Schuldzuweisungen erfolgten, bewahrte Niederösterreichs Sicherheitsdirektor, Dr. Franz Prucher, die Ruhe. Schließlich hatte er von Anfang an bei der Fahndung nach dem Wilderer auf die Beiziehung von „Cobra"-Elitepolizisten bestanden. Auch der Generaldirektor für öffentliche Sicherheit, MMag. Konrad Kogler, behielt trotz der tragischen Umstände einen kühlen Kopf. Er ordnete an, einen Evaluierungsbericht des Einschreitens zu erarbeiten. Das Bewertungsteam kam zu dem Schluss, dass der Polizeieinsatz *„lageangepasst und zielorientiert"* abgewickelt worden sei. *„Niemand konnte mit einem derart äußerst brutalen und rücksichtslosen Vorgehen des zu allem bereiten Gewalttäters rechnen"*, hatte „Cobra"-Oberst Detlef Polay von Anfang an die Situation richtig beurteilt. Allerdings sprach sich das Evaluierungsteam *„für die Verfügbarkeit weiterer gepanzerter Fahrzeuge, den Ausbau der Ortungstechnik und die Schaffung eines österreichweiten, technisch einheitlichen Einsatzsystems mit GPS-Erfassung der Einsatzmittel sowie den Ausbau des Sanitäterpools beim Einsatzkommando Cobra"* aus.

Was die Tatortermittler dann im Geheimbunker des Serienkillers entdeckten und Kriminalermittlungen ans Tageslicht brachten, zeigte die unfassbare Weite der weidmännischen Schattenseiten von Alois Huber auf, eines Mannes mit zwei Gesichtern: ein Kerl, der unter Nachbarn und Jagdkameraden als *„der überaus nette Kumpel von nebenan"* galt, und ein Psychopath, der, sobald er zum Wildern oder auf Verbrechertouren ausrückte, zum rücksichtslosen Raubschütz wurde.

Allein die Zahlen seiner gehorteten Waffen- und Trophäensammlung dokumentieren, in welch unweidmännischen Abgrund der 55-Jährige gestürzt war.

Das Protokoll des Wahnsinns: Im Bunker wurden 305 Schusswaffen, zahlreiche Schalldämpfer, optische Geräte und 20 000 Schuss Munition sichergestellt. In den für alle Besucher gesperrten Obergeschoss- und Kellerräumen fand man 90 Hirschtrophäen, 500 gewilderte Reh- und Gamstrophäen und eine Vielzahl an Tierpräparaten. Insgesamt dürfte Huber seit 1994 zumindest 91 Straftaten in Niederösterreich und in der Steiermark – es konnten auch Einbrüche und Diebstähle in Wien, Kärnten und Salzburg nachgewiesen werden – verübt haben. Davon konnten 49 Einbrüche in Jagdhäuser, Jagdschlösser, Schießstätten sowie in ein Wildtiermuseum nachgewiesen werden, wobei der Beschuldigte auch zum Feuerteufel wurde und elf Objekte in Brand setzte.

Tragische Quintessenz des traurigen Wildererdramas von Annaberg: Die zwei Grundtypen von Wilderern, der „weidmännische Wildschütz" vergangener Tage sowie der „rücksichtslose Raubschütz" der Gegenwart, unterscheiden sich wie Tag und Nacht, wie Himmel und Hölle …

Wie im Krieg: Mit seiner Hündin „Burgi" unter einer Tarnweste versteckt, lauerte Raubschütz Huber mit einem Spezialgewehr samt Schalldämpfer auf kapitale Hirsche.

Das Arsenal des Wahnsinnsjägers von Annaberg.

Vom Wildschütz zum weidmännischen Jäger: Alfred Kerbl (83), rüstiger Rentner aus Molln.

Zeitdokument: ein vergilbtes Bild, das nach dem Begräbnis der vier von Gendarmen getöteten Wilderern im März 1919 im Steyrtal aufgenommen wurde.

WILDEREI HEUTE

Um zu erfahren, wie es heute um die Wilderei steht, wagten sich Regisseur Kurt Mündl und sein *Halali*-Team gleichsam in die Höhle des Löwen, nämlich ins oberösterreichische Molln, dem einstigen Schauplatz des schlimmsten Wilderermassakers in Österreich, das vor knapp 100 Jahren vier Wildschützen und einen Gendarmen das Leben gekostet hat.

Dort, wo das Wildern sozusagen Tradition hatte und vielen im Blut lag, bin ich selbst schon seit Langem Gastfischer an der Steyr. Dass beim „Klausner-Wirt" Krickerln sowie Wildererbilder an der Wand hängen und das Wildbret des Genusskochs vorzüglich mundet, wusste ich zwar, aber dass das Thema Wildern trotz der tragischen Heimatgeschichte kein Tabuthema mehr ist, war überraschend. Denn der ebenso rüstige wie bauernschlaue Jäger Alfred Kerbl (83) gestand ohne Scheu: *„Ich bin früher selbst ein Wilderer gewesen, so wie vor mir schon mein Vater."* Doch hört man in die Lebensgeschichte des einstigen Sensenmachers hinein, so versteht man rasch, dass ein weidmännischer Wildschütz und kein Raubschütz vor einem steht. *„Gewildert haben in der schlechten Zeit nach dem Krieg sehr viele, die nichts zu essen hatten und überleben wollten"*, erzählt der Kerbl. Er bestätigt damit auch die Geschichte meines Onkels, der nach der Heimkehr von der Front im Pittental (NÖ) einem sturzbetrunkenen Russen das Gewehr gestohlen und damit ebenso für die Familie wildern gegangen ist …

Als Zeitzeuge hat der 83-jährige Kerbl einen der fünf Wilderer, den die Gendarmen 1919 im Gasthaus „Dolleschall" vor dem Blutbad festnehmen wollten, noch persönlich gekannt. *„Der Wolfbauer Gust hatte sich damals im Backofen versteckt und konnte flüchten. Der war ein besonders wilder Hund! Vor dem haben sich die Jäger und Gendarmen wirklich gefürchtet …"*, beschreibt Kerbl den einstigen Kraftlackel bewundernd. Er selbst ist während seiner Wildererkarriere *„Gott sei Dank niemals auf einen Jäger getroffen"*. Denn um jeglichem Konflikt zu entgehen, ist er jedes Mal rechtzeitig davongelaufen. *„Ich hätte nie und nimmer auf einen Jäger geschossen."*

DAS WILDERN IM WANDEL DER ZEIT

„Was nämlich vor drei Jahren im niederösterreichischen Annaberg beim fürchterlichen Amoklauf eines Jägers passiert ist, hat mit unserem Wildern in der Nachkriegszeit gar nichts zu tun. Das war eine Riesenschweinerei. Ein gemeines, ein hinterhältiges Verbrechen", so der Mollner, der einst als Wildschütz und nun als Jäger praktisch auf beiden Seiten des Gesetzes gestanden ist. Tiefe Verachtung und Zorn über den Polizistenkiller sind ihm anzusehen.

„Vor den meisten der heutigen Wilderer braucht sich bei uns hier keiner mehr zu fürchten. Erstens gibt es kaum welche. Und wenn sie etwas schießen, dann geht es meist nur darum, Prominenten, Politikern oder dem protzigen Geldadel eins auszuwischen", schmunzelt der 75-jährige Jäger und Fischereiaufseher Johann Rußmann beim Plaudern am Nachbartisch. So etwa war in den 1980er-Jahren Landwirtschaftsminister Günter Haiden in der Region geladen, um einen Kapitalhirsch zu schießen. Viele bekamen davon Wind. Und schließlich wurde der Zwölfender angefüttert und so ins Nachbarrevier gelockt. Just an dem Tag, an dem der Herr Minister aus Wien angereist war, wurde der Kapitale erlegt. Das erzählt man sich jedenfalls an den Stammtischen im Steyrtal. Egal ob Jägerlatein oder nicht: Der „ministerielle Hirsch" war bereits zur Strecke gebracht worden. Legal.

Fischer und Jäger Manfred Kapeller verachtet „Autowilderer".

„Früher kannten alle in der Gegend den Wilderer Karl. Wenn er mit seinem klapprigen Damenfahrrad unterwegs war und am Packelträger Futter geladen hatte, wussten wir: Unterm Heu ist wieder ein heimlich erlegter Hase versteckt", erzählt Manfred Kapeller, ein Fischerkamerad und Jäger, den ich beim Angeln an der Steyr treffe. „Dem Karl hat aber keiner was getan. Alle wussten: Der ist arbeitslos, hat wenig Geld und muss sechs Kinder ernähren", so der 70-Jährige nachdenklich. Allerdings gebe es in seinem Revier bei Garsten immer wieder diese fürchterlichen Autowilderer. „Das sind verbrecherische Gfraster, die die Rehe mit Scheinwerfern blenden und vom Auto aus abknallen, um dann das Geweih als Trophäe abzuschneiden!"

„Tatsächlich ist die heutige Wilderei ein vergessenes Delikt. Beinahe jeden Tag passiert ein Fall", deckt *Krone*-Redakteur Michael Pommer auf. Aus Unterlagen des Nationalratsabgeordneten Johann Maier gehen nämlich alarmierende Zahlen hervor: 2012 wurden 287 Eingriffe in fremdes Jagd- und Fischereirecht gemeldet, weitere 34 Delikte waren sogar schwere. Übrigens stammten von den 153 ermittel-

Fischereiaufseher und Jäger Johann Rußmann erzählt von Streichen, die auch unter gestrengen Weidmännern zum Schmunzeln führten.

DAS WILDERN IM WANDEL DER ZEIT

ten Tatverdächtigen 71 aus dem Ausland, wobei die Dunkelziffer der „Eingriffe in fremdes Jagdrecht" in den etwa 12 000 rot-weiß-roten Revieren noch etwas höher liegen dürfte. Die Vermutung: Nicht alle Abschüsse werden gemeldet, Jagdzeiten werden nicht eingehalten oder es wird ganz einfach im Revier des Nachbarn gewildert.

„Nach dem Zweiten Weltkrieg bis Mitte der 1950er-Jahre endete das klassische Wildern im österreichischen und bayerischen Gebirge", zieht auch Kulturanthropologe Roland Girtler einen Strich unter die einst oft romantisierte Wilderei. Jeder, der nicht vorbestraft ist, kann heute einen Jagdschein machen. Und die Hauptaufgabe der Jäger, die früher auf Wilderer aufpassen mussten, ist vielerorts praktisch weggefallen. Dazu kam allerdings das Hegen, wenngleich der Wildbestand, verglichen mit damals, stark zurückgegangen ist. *„Zusammenfassend lässt sich sagen, dass das Pirschen über die Jagdgrenze hinweg oder außerhalb der Schonzeit und das üble, die Tiere entwürdigende Autowildern nichts mit dem einstigen Wildern zu tun haben"*, stellt Girtler klar, dass die verklärenden Wildererlieder in seinem Buch nur für diese weidmännischen Wildschützen gelten, also für jene jungen Burschen, die aus dem kleinbäuerlichen Milieu kamen, Holzknechte waren oder ärmeren Schichten angehörten, das Fleisch an Bedürftige verteilten und so auch Ansehen im dörflichen Leben – und vor allem bei den Mädchen – genossen.

Dass nach dieser Zäsur ausgerechnet Wildererromane Bestseller wurden und Filme über verherrlichte Wildschützen in den Kinos zu Kassenschlagern, mag zwar viele fest verwurzelte Jäger verärgert haben, aber dem Publikum hat es offenbar gefallen.

Literaturangaben:
Girtler, Roland, 2003, *Wilderer – Rebellen in den Bergen*, Böhlau-Verlag, Wien
Janisch, Peter, 6. unv. Auflage 1996, *Gehst mir aufs Leben, Schütz?*, Verlag Neumann-Neudamm J., Melsungen
Kirchner, Franz, 1987, *Das Mollner Heimatbuch*, Eigenverlag, Molln

Weidmann und einstiger Falkner Alfred Kerbl mit einer prächtigen Wurfstange, die er dem Reporter zur Erinnerung an das freundliche Steyrtal schenkt.

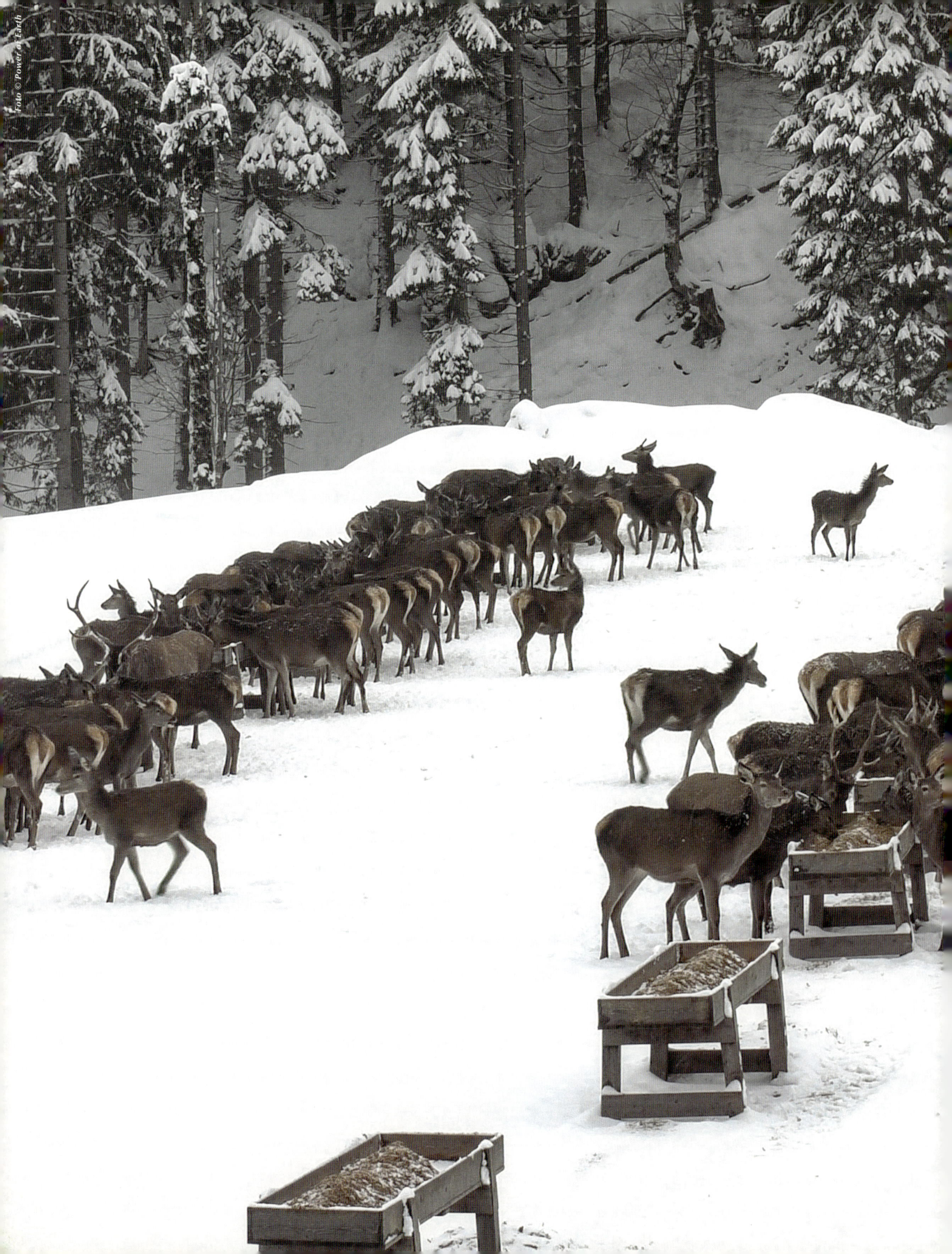

Foto © Power of Earth

DER KONFLIKT: WALD UND WILD

„Wenn mager die Äsung und bitter die Not und hinter dem Wilde einherschleicht der Tod: Und wer ihm dann wehret, ist Waidmann allein, der Heger, der Pfleger kann Jäger nur sein."

Hermann Löns

„Zu viel Boom – zu wenig Bum!"

Horst Stern

„Der Wald ist krank und sein Totengräber ist der Rothirsch." Am Heiligabend des Jahres 1971 flimmerte in Deutschland ein Naturfilm über die Bildschirme, der weit über die Grenzen der Bundesrepublik hinaus für Aufruhr sorgte und Fernsehgeschichte schrieb: *Bemerkungen über den Rothirsch* von Horst Stern. Zur besten Sendezeit und mitten in die selige Weihnachtsfreude hinein erklärte der Journalist die vergötterten Bambis zu „gefräßigen Rehen", die sich durch die Schuld der Jäger so übermäßig vermehren konnten. *„Der menschliche Wolf versagt: Er ernährt sich von Kalbfleisch und jagt den Hirsch als Knochenschmucklieferant für die Wand überm Sofa."* Die Wildbewirtschaftung, wie man die „Hege mit der Büchse" zeitgemäß nenne, sei aus den Fugen geraten: „Zu viel Boom, zu wenig Bum …"

Was hat sich in den vergangenen 45 Jahren geändert? Nicht so sehr viel, meinen viele Naturschützer, obwohl der unheilige Fernsehabend sogar den deutschen Bundestag beschäftigte und zur Änderung des deutschen Jagdgesetzes führte. Auch in Österreich, wo der Schutz des Bergwaldes auch als Schutz des Kulturraums besondere Dringlichkeit hat, stünden immer noch die Trophäen und nicht das gesamte Ökosystem im Mittelpunkt, stellt der Ökologische Jagdverband Österreichs (ÖJÖ) fest. Schon Horst Stern hatte kritisiert, dass nicht zuletzt in der Tradition des Jagdgesetzes der Nazizeit immer noch die Trophäenschau Messkriterium für Jagderfolg sei und deshalb zu wenige junge, weibliche und geweihlose Tiere geschossen würden. Die Schonzeitenregelung bei männlichem Rotwild folgt noch immer dem Jahreskreislauf der Geweihbildung.

Hirschfütterung ohne Schneelage.

IMAGEPROBLEME

Bestimmte Jagdpraktiken verschlechtern das Image der Jagd und der Jäger zusätzlich unnötig, weil sie nicht mehr zeitgemäß seien, kritisiert zum Beispiel Barbara Fiala-Köck, Tierschutzombudsfrau der Steiermark. Eine Umfrage des Instituts für Markt-, Meinungs-, und Mediaforschung, Linz, vom Februar 2013 ergab, dass nur zwei Prozent der Befragten den Jägern einen tadellosen Ruf attestierten, die breite Mehrheit hatte zum Teil massive Vorbehalte gegen die Jägerschaft. Trotzdem war das Bekenntnis zur Jagd auf Wild eindeutig: 55 Prozent befürworteten sie klar, während nur 24 Prozent sich als dezidierte Gegner bezeichneten.

„Politiker, Wirtschaftsgrößen und meist Hobbyjäger", so der Ökologische Jagdverband Österreich (ÖJÖ), bestimmten das Wirken der österreichischen Landesjagdverbände. Deshalb hat er sich 2010 als Interessensvertretung für jagende Grundbesitzer und Naturliebhaber gegründet. Ziel ist die Förderung der nachhaltigen landwirtschaftlichen Nutzung und Wildbewirtschaftung.

Die Jäger stecken häufig zwischen Baum und Borke: Manche Tierschützer kritisieren sie, weil sie überhaupt Tiere töten, andere bemängeln, dass ihnen nur die Trophäen wichtig seien oder sie zu wenig schössen, weil sie mehr an der Beobachtung des Wildes interessiert seien. Umweltverbände kritisieren, dass sich Jäger nur um diejenigen Tierarten kümmern, die sie auch bejagen wollten. Einige Experten fordern, die Jagd ganz einzustellen und die Natur sich selbst zu überlassen. Aber geht das überhaupt?

WALD UND WILD: EIN BEZIEHUNGSDRAMA

Was ist ein „natürlicher" Wald? Mit dem Rückzug der Eismassen vor etwa 10 000 Jahren breitete sich in Europa der Urwald unserer heutigen Wälder aus. Zunächst waren es Kiefern und Birken, dann kamen, dem Klima folgend, Eichen, Tannen und Fichten sowie Buchen. Klimatisch gesehen würden Buchenwälder heute noch zwei Drittel von Mittel- und Westeuropa bedecken, wenn der Mensch die Landschaft nicht verändert hätte.

Natürlicher Buchenwald im Nationalpark Thayatal.

In der Jungsteinzeit weideten die ersten Haustiere im Wald. Dabei entstanden in den Gegenden, wo Menschen siedelten, parkähnliche Landschaften. Die Römer benötigten große Mengen an Bau- und Brennholz und rodeten riesige Waldflächen. Die Urwälder dazwischen wurden während der Völkerwanderung dezimiert. Die heutige Verteilung von Wald und Feld entstand bis zum Ende des Mittelalters.

Während das Interesse der adeligen Grundbesitzer an zusammenhängenden großen Forsten und an der Jagd (siehe Seite 110) stieg, wurde der Wald bis in die Neuzeit auch für Produktionszwecke gebraucht: für Mast, Weide, Harzgewinnung, Köhlerei, Aschenbrennerei, Glaserzeugung, Flößerei, Bergbau und Verhüttung. Bereits 1582 schrieb der deutsche Rechtsgelehrte Noé Meurer ein Buch über *Jagd- und Forstrecht*. Er wandte sich entschieden gegen die Auswüchse der Jagd und Wildschäden in Wald und Landwirtschaft sowie gegen die Belastungen der Bauern. Die hohen Schäden besonders durch Rot- und Schwarzwild waren ein wesentlicher Grund für die Bauernkriege gewesen. Meurer trat also für die Verminderung der Wildbestände ein.

Wild vor Wald

Nach dem Dreißigjährigen Krieg gewann jedoch im Absolutismus die höfische Jagd noch mehr an Bedeutung. Dies stärkte die Macht der fürstlichen Jagdbeamten. Der Wald und seine Nutzung wurden ganz klar der Jagd untergeordnet. 1713 tauchte zum ersten Mal der Begriff „Nachhaltigkeit" in Zusammenhang mit dem Wald auf. Dann wurden erste Forderungen nach planmäßiger und sachkundiger Waldbewirtschaftung laut. Doch der Wandel zu den „hirsch- und holzgerechten" Jägern verlief langsam. Unterstützt wurde er durch die Tatsache, dass es erste Forstmeister gab, die nicht adelig und damit Teil der „Jagdfeudalen" waren.

Damals neu war die Wahrnehmung, dass die natürlichen Ressourcen des Waldes begrenzt waren. Seine Schutz- und Erholungsfunktion wurde bewusst, auch dass seine Nutzung Einfluss auf die Baumarten und den Zustand des Waldes nahm.

Rehbock frisst vom Baum.

Bis ins 19. Jahrhundert blieb die forstliche Ausbildung trotzdem eine Unterabteilung der jagdlichen. Nichtjäger und Vieh sollten aus dem Wald möglichst herausgehalten werden.

Mit der Revolution 1848 begann die bürgerliche Jagd. Dass die neuen privaten Waldbesitzer Holz als Wirtschaftsfaktor erkannt hatten, führte zunächst zum Rückgang des Wildes. Der Laubwald konnte sich wieder natürlich verjüngen. Viele der heute noch vorhandenen und wegen ihrer Vielfalt bewunderten Mischwälder entstanden damals, als das Schalenwild knapp war. Dann aber kam es zu einer Wende: Die Hege des Rehwilds als „Hirsch des kleinen Mannes" erhöhte die Bestände wieder. Gleichzeitig wurden wegen des Wildes Baumarten gepflegt, die heute als selten gelten – Eiche, Wildapfel und -birne sowie die Esskastanie.

Wild vor Mensch

In den Jahren nach dem Ersten Weltkrieg dezimierten Elend und Hunger die Wildbestände. Das war wieder eine Chance für verbissgefährdete Baumarten wie die Elsbeere. Die Reparationsforderungen der Siegermächte erzwangen großflächige Aufforstungen mit den schnell wachsenden Fichten und Kiefern. Das Dritte Reich brachte dann ein zentrales Jagdgesetz und die Einführung strenger Hegerichtlinien. Das ging so weit, dass im Kriegswinter 1942/43 Hafer zur Wildfütterung an die Staatsjagdreviere abgeliefert werden musste, ohne Rücksicht auf die hungernde Bevölkerung. Das Wild vermehrte sich, während die Menschen starben.

1951 erklärten deutsche Förster, der Schaden im Wald durch Wildverbiss sei zehnmal so hoch wie der durch Sturm und andere Naturkatastrophen. Viele Waldbesitzer setzten deshalb weiterhin auf die eher verbisstoleranten Fichten und Kiefern. Vergeblich setzten sich Initiativen für einen gestuften Waldaufbau und Mischbestände mit geringeren Wildbeständen ein. In den 80er-Jahren sprachen dann alle über den „sauren Regen", das Waldsterben von unten rückte wieder in den Hintergrund.

HEGE ALS SPAGAT

Die Hege, zum ersten Mal realisiert im Prinzip der Bannforste von Karl dem Großen, versucht bis heute, das Verhältnis zwischen Mensch und Natur zu kontrollieren. Ihre Ziele haben sich im Lauf der Geschichte verändert: Erst ging es darum, die natürlichen Grundlagen für die Ernährung des Menschen zu schützen. Dann sollte ein möglichst großer Wildbestand für die Belustigung des Adels sorgen und Demonstration seiner Macht auch über die Natur sein. Der Nationalsozialismus stellte mit seinen Trophäenschauen das Kriterium der Selektion über alles, während die modernen Jagdgesetze der Nachkriegszeit die Hege als Spagat abbilden: Sie soll einen gesunden und artenreichen Wildbestand erhalten, aber gleichzeitig auch auf die Interessen der Land- und Forstwirtschaft Rücksicht nehmen. Die Pflicht zur Hege erstreckt sich dabei auch auf solche Wildarten, die durch die Schonzeitregelung dauerhaft nicht bejagt werden.

Schälschaden an einem Jungbaum.

Nach dem Verschwinden der für die Wildregulation zuständigen Raubtiere wie Wolf und Luchs (siehe Seite 187), so das Argument vieler Jäger, müssten eben sie deren Aufgabe übernehmen. Ohne ihr Zutun würden die Wildbestände überhandnehmen, was in der Folge in Land- und Forstwirtschaft zu großflächigen Verbissschäden führen würde. Das aber sei eine falsche Vorstellung, setzt dem der Zoologe Professor Josef Reichholf entgegen, der an der Technischen Universität München 30 Jahre lang Naturschutz lehrte: *„Die Raubtiere haben nie bei uns die Wildbestände nennenswert reguliert. Es waren immer Krankheiten, Winterhärte und der Nahrungsmangel. Und genau die Letzteren schaltet der Jäger systematisch aus. Und auch die Raubtiere hat er ausgeschaltet. Die Winterfütterung und die Wildpflege soll ja auch bewirken, dass der Bestand besonders hoch wird."*

Die umstrittene „Not"-Fütterung

Das sieht schon herzig aus, wenn Jäger im Winter durch den tiefen Schnee stapfen, mit Maisbruch und Hafer auf ihrem Rücken, und ihnen die Rehe schon zum Futterplatz entgegenlaufen. *„Halbdomestizierte Krippenfresser"*, hatte Horst Stern geätzt. Den Bestand päppeln durch Winterfütterung? Während die Jäger gleichzeitig betonen, dass sie mit der Jagd den Bestand des Rotwildes klein halten müssen, um den Wald zu schonen?

Jagdverbände argumentieren, dass es im Wald trotz Jagd zu Verbissschäden komme, weil der zivilisatorische Druck zu groß sei – wo viele Menschen sich auf der Suche nach Natur bewegten, komme das Wild eben kaum noch aus der Deckung und traue sich nicht mehr auf die Lichtungen. Dann würde es statt Kräutern und Gräsern eben Bäume verbeißen. Auch hier ist der Zoologe Reichholf anderer Meinung: *„Das Rotwild wird durch die typische Form der Hege in die Wälder gelockt und gedrückt. Gedrückt, weil es scheu gemacht worden ist durch die lange Bejagung. Gelockt durch die Fütterungen ..."*

Winterfütterung mit Wasserstelle.

„Schwarze Schafe", kritisiert der Wiener Landesjagdverband, seien dafür verantwortlich. Sie würden die umstrittene Fütterung immer wieder in Verruf bringen, denn sie fütterten, um die Jagdbeute künstlich zu erhöhen. Die Fütterung sei wirklich nur für Notzeiten gedacht, dann, wenn durch eine hohe Schneedecke keine natürliche Äsung zu finden sei, bei langen Frostperioden und nach Waldbränden, Überschwemmungen oder Dürre. Ein Problem sei allerdings auch, wenn durch veränderte Flächennutzung in seinem Lebensraum das Rotwild nicht mehr zwischen Sommer- und Winterständen wechseln könne und das zu Waldschäden führe.

Massenfütterung aus der Nähe betrachtet.

Ein Hirschrudel im Winter auf einem Steilhang nach einer Waldschlägerung.

Was legitimiert Fütterung?

In Anlehnung an das Jagdgesetz von 1938, wo der Hege ein großer Stellenwert zugeschrieben wurde, wurde in den Jagdgesetzen der Zweiten Republik die Fütterung in Notzeiten gesetzlich vorgeschrieben, mit Ausnahme von Salzburg. In den 70er-Jahren wurde dann zum ersten Mal das Ausmaß der Schälschäden ermittelt und erkannt, wie groß das Problem war. An die Stelle der Fütterung aus Tierschutzgründen rückte nun das Argument, die Wildschäden reduzieren zu wollen. Das führte, so eine Publikation der Bundesforste, *„zu unterschiedlichen Ideologien, teilweise auch wenig sinnhaften Patentrezepten und Modewellen"*. In einigen Regionen fütterte man im Tal, um den Skifahrern auszuweichen. In anderen verlegte man die Futterplätze an den oberen Waldrand, um den Wirtschaftswald weiter unten zu schützen.

Mehr als 150 000 Stück Rotwild leben in österreichischen Jagdrevieren und etwa drei Viertel davon verbringen den Winter an einem Futtertrog, schreibt die Wildbiologin Dr. Karoline Schmidt in der *Presse*: *„5 Kilogramm Futter pro Stück und Tag, gut 200 Tage lang, macht mehr als 100 Millionen Kilogramm Mais- und Grassilage, Rüben, Apfeltrester und Heu."* Eine Strategie besteht im Errichten von Wintergattern rund um die Fütterungseinstände, um das Rotwild vom restlichen Wald (und den Freizeitsportlern) fernzuhalten. Zwischen 150 und 200 Wintergatter gibt es in Österreich, die meisten davon in der Steiermark, wo jedes dritte Rotwild hinter einem Zaun gefüttert wird. In Tirol und Kärnten sind Wintergatter jagdgesetzlich verboten.

Der Erfolg der Wildfütterung ist sehr unterschiedlich und auch schwer zu beurteilen, da die regionalen Gegebenheiten sich stark unterscheiden und statistisch abgesicherte Daten nur für Bezirke oder sogar Bundesländer erhoben werden. Den höchsten Anteil geschälter Bäume hat die Steiermark mit 12,6 Prozent, den geringsten Vorarlberg mit 4,5 Prozent – obwohl in beiden Bundesländern ähnlich intensiv gefüttert wird.

Ohne die Erfüllung der Abschusspläne sei jede Fütterung sinnlos, so die Österreichischen Bundesforste. Wenn der Bestand aber durch die Jagd ausreichend dezimiert würde, könnte eine Fütterung zusätzlich den Wildschaden mindern.

DER KONFLIKT: WALD UND WILD

Macht Füttern hungrig?

Der Wiener Wildbiologe Walter Arnold vom Institut für Wildtierkunde und Ökologie hat in der Schweiz Rotwild untersucht und herausgefunden, wie Hirsche im Winter ihren Stoffwechsel umstellen. Wenn sie in Ruhe gelassen werden, haben die Tiere einen sehr reduzierten Nahrungsbedarf und verdauen insbesondere eiweißreiches Kraftfutter schlecht. Ihre Körpertemperatur fällt an ihren Flanken auf 15 Grad, an den Extremitäten manchmal bis auf drei Grad. Der Energieverbrauch sinkt dramatisch. Eine Winterfütterung verhindert diesen Zustand, die Tiere bekommen wieder Hunger und knabbern die Rinde der Bäume an. Diese Winteranpassung ist am ausgeprägtesten beim Steinwild, gefolgt von Rotwild und Gams. Am wenigsten ausgeprägt ist sie beim Reh.

Arnold schlägt daher vor, die Tiere höchstens von Oktober bis Weihnachten kurz und intensiv zu bejagen und den Rest des Jahres in Ruhe zu lassen. Er verweist auf positive Erfahrungen im Schweizer Kanton Graubünden, wo flächendeckend kleine Wildruheflächen eingerichtet wurden, die vom 1. Dezember bis 30. April nicht betreten werden dürfen. In Österreich konnten winterliche Wildruhegebiete aber bisher nur in geringer Anzahl in Vorarlberg durchgesetzt werden: Die österreichischen Alpinvereine leisten heftigen Widerstand gegen Einschränkungen der Naturnutzung.

BESORGNISERREGEND

In fast zwei Dritteln der Bezirke Österreichs weisen mehr als die Hälfte der Waldflächen starken Wildeinfluss auf, so der Wildschadensbericht 2014, wobei die Tendenz nach wie vor steigend ist. Das sei „besorgniserregend". In jedem vierten Bezirk seien sogar drei Viertel des Waldes betroffen. Die Folge: Die Verjüngung der Baumbestände verzögert sich. Mischbaumarten fallen aus oder werden vom Wild so zurückgestutzt, dass sie nicht schnell genug wachsen, um genügend Licht zu bekommen.

Als besonders problematisch stuft der Bericht die Situation im Schutzwald ein. Im Zeitraum von 2010 bis 2012 waren mehr als ein Drittel der Flächen im subalpinen und montanen Fichtenwald betroffen, sechs Prozent mehr als noch 2004 bis 2006. Im Nadel-Laub-Mischwald der Berge sind sogar zwei Drittel geschädigt. Am stärksten vom Wild beeinflusst sind jedoch die Eichenwälder im Flach- und Hügelland: Mehr als vier Fünftel der Bäume zeigen Verbiss- und Schälspuren. Verbessert hat sich die Situation nur bei den natürlichen Buchenwäldern.

Wildschweine zerstören den Waldboden.

Rehe im Herbst auf einem Feld.

WEIDGERECHT IST WALDGERECHT

Notwendig wäre, so der Ökologische Jagdverband Österreich, eine Weiterentwicklung der Jagd: hin zu einer Bestandsplanung über Reviergrenzen hinweg auf der Basis wildbiologischer Kriterien. Vorreiter könnten die Österreichischen Bundesforste sein, die unter anderem die ehemaligen kaiserlichen Jagdgebiete und Reviere der früheren Landesherren betreuen. Sie bewirtschaften rund zehn Prozent der Fläche Österreichs und sind Pachtherr von rund 1100 Jagdrevieren. Die Bundesforste betonen das Streben nach mehr Nachhaltigkeit: Man jage heute vorsichtiger und bewusster, trachte danach, die Tiere so wenig wie möglich in ihrem Lebensraum zu stören und nur zu entnehmen, was nachwachse.

„Weidgerechte Jagd ist waldgerecht", ist die Philosophie, vor allem der Schutzwald müsse geschützt werden. Die Schalenwildbestände müssten sich dem Zustand des Waldes anpassen. Dazu werden jährlich die Waldverjüngung, der Leittriebverbiss sowie frische Schälungen erhoben, als Basis von Abschussplänen, die „konsequent" erfüllt werden müssten. Standortfremdes oder aus Gefangenschaft stammendes Wild dürfe nicht in die Reviere eingebracht werden. Von ihren „Jagdkunden" verlangen die Bundesforste *„Instinkt und Verständnis für den Regenerationsbedarf des Waldes und für die forstliche Bewirtschaftung"*.

Für die Umweltverbände könnte Wildtiermanagement auch bedeuten, die Jagd gezielt einzusetzen: zum Beispiel zum Schutz von bedrohten Bodenbrütern, indem man Füchse intensiver verfolgt oder Waschbären – zur Schonung von Amphibien und Schildkröten.

Für ökologisch orientierte Jäger, die sich für eine naturnah orientierte Wild- und Waldbewirtschaftung einsetzen, ist dagegen jede Bewertung zwischen frei lebenden Arten ein und desselben Biotops widersinnig. Der Dachs hat den gleichen Stellenwert wie beispielsweise der Hirsch. Nicht die Art, sondern die Aufrechterhaltung der natürlichen Prozesse habe im Vordergrund zu stehen.

Aber was ist die Natur? Der Mensch ist schon sehr lange Teil des Ökosystems. Die Jagd durch ihn ist Teil eines sensiblen ökologischen Gleichgewichts. Und schließlich lehnen auch die ökologisch orientierten Jäger Eingriffe nicht ganz ab: Im Gegensatz zur traditionellen Jagd mit ihrer Fütterungspraxis, der Bindung des Wildes an das Revier und der Orientierung an Trophäen wollen sie nur in wirklichen Notzeiten und ausschließlich Raufutter streuen und eher die natürliche Äsung verbessern. Solchen Forderungen schließen sich auch naturnahe Waldbesitzer wie die Mitglieder des Verbandes Pro Silva Austria an: Jagd brauche gesellschaftliche Relevanz, heißt es da in einer Erklärung, und das Wild solle wild bleiben, das verlange Respekt und Kenntnis biologischer Zusammenhänge. Jagd nur um des Tötens willen werde genauso abgelehnt wie die auf Trophäen; Großraubwild wie Bär, Luchs und Wolf soll einen Platz haben als Indikator für intakte Ökosysteme.

„Ein ausgewogenes Wald-Wild-Verhältnis", so Pro Silva Austria, *„ist kein wissenschaftliches Problem, sondern eine gesellschaftspolitische Aufgabe. ... Es liegt daher an allen Personen, vor allem an den Jägern, aber auch an der mit Naturschutz und am Wald interessierten Öffentlichkeit, mitzuwirken. Man muss die Dinge tun!"*

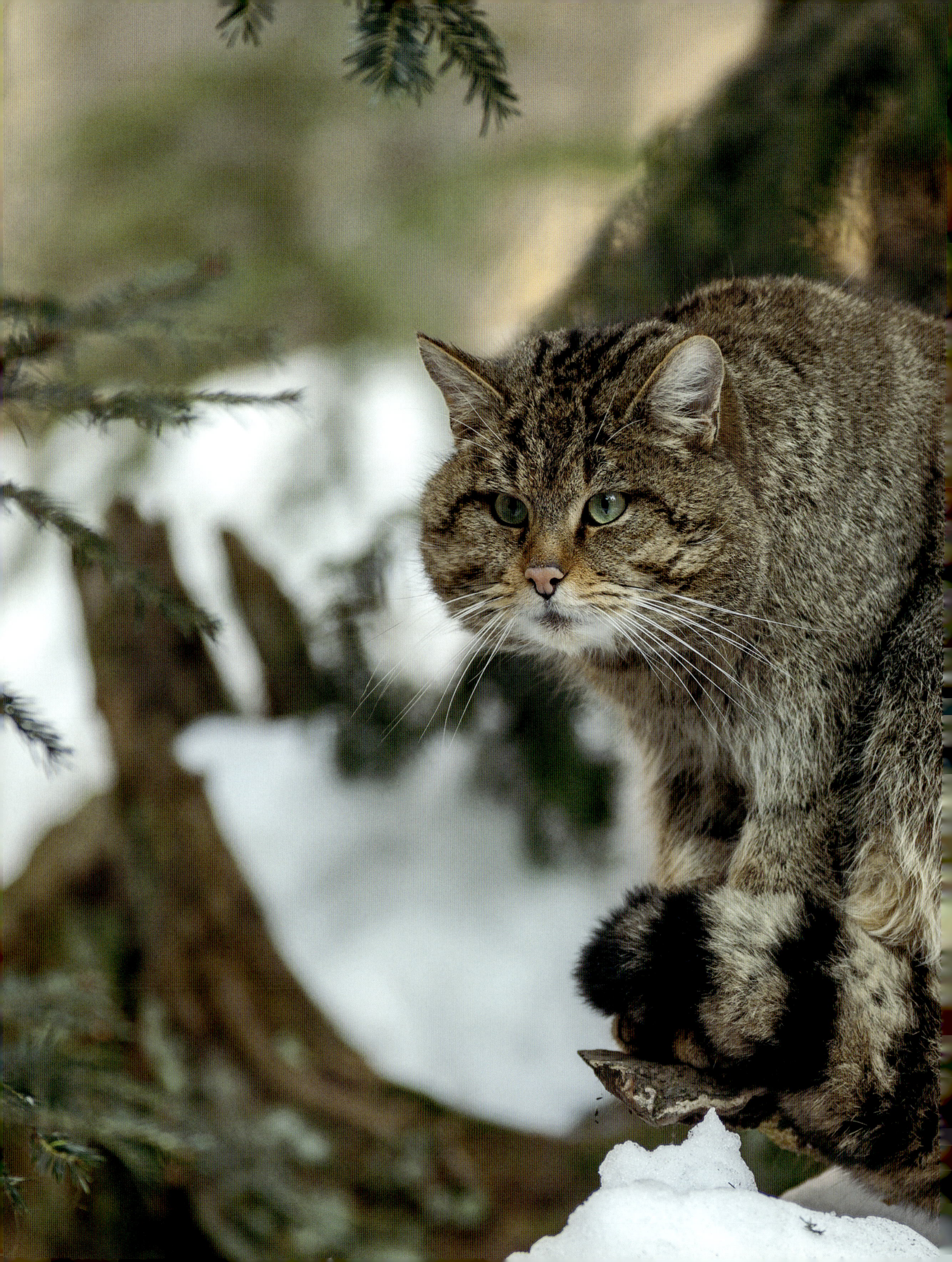

Foto © Dieter Manhart & Dorli Fischer

DIE HEIMKEHRER UND DIE EINGEBÜRGERTEN

„Fremd ist der Fremde nur in der Fremde", hatte der bayerische Komiker und Wortkünstler Karl Valentin (1882–1942) bemerkt. Sein Spruch enthält viel Weisheit, denn er zeigt, wie schwer es ist zu bestimmen, was Heimat eigentlich bedeutet. Seit der Entstehung des Lebens auf dieser Erde haben sich Pflanzen, Tiere und schließlich der Mensch ausgebreitet, immer neue ökologische Nischen erobert und dabei die Welt verändert. Was und wer entscheidet also darüber, was heimische Arten sind – wenn der Mensch zum Beispiel bestimmte Tiere ausgerottet hat und neue an ihren Platz getreten sind? Wäre ein durch Klonung wiederbelebtes Mammut in Mitteleuropa „heimisch", nur weil es vor 12 000 Jahren in dieser Region gelebt hat? Seine Biotope haben sich längst verändert, und deren überlebende Bewohner haben sich den neuen Umständen angepasst.

In der globalen Welt haben die Wanderungsbewegungen von Flora und Fauna jedoch eine in der Geschichte des Planeten ungekannte Dynamik erreicht. Fremde Pflanzen- und Tierarten überrollen Lebensräume und verändern sie massiv. Die erste große Welle hatte bereits 1492 eingesetzt, als die Entdeckung Amerikas den weltweiten Austausch von Gütern, Pflanzen und Tieren intensivierte. Ein weiterer entscheidender Einschnitt, zeigten Studien am Fachbereich für Biologie und Biodiversität der Universität Wien gemeinsam mit dem Helmholtz-Zentrum für Umweltforschung in Leipzig, war der Wirtschaftsaufschwung nach dem Zweiten Weltkrieg. Hinzu kommen die wachsende Mobilität und die Temperaturerhöhung durch den Klimawandel.

Die „DAISIE"-Datenbank der Europäischen Union (Delivering Alien Invasive Species Inventories for Europe) listet über 12 000 fremde Pflanzen- und Tierarten in Europa auf. 15 Prozent davon verursachen ökonomische Schäden, noch einmal so viel bedrohen in verschiedenen Regionen die Biodiversität. In Österreich sind nach Angaben des Bundesministeriums für Land- und Forstwirtschaft, Umwelt und Wasserwirtschaft (BMLFUW) rund 200 von 650 gezählten fremden Tierarten „invasiv": Sie bedrohen Lebensräume oder verursachen wirtschaftlichen Schaden, etwa durch Ernteeinbußen oder erhöhte Kosten für den Schutz von Land- und Forstwirtschaft.

Die wahren Konsequenzen dieser Eroberungszüge, da sind sich die Wissenschaftler einig, sind noch längst nicht abzusehen. Deshalb wird zunehmend versucht, der Invasion fremder Arten von Anfang an Einhalt zu gebieten oder sie dort rückgängig zu machen, wo es möglich ist. Der Abschuss ist eines der Mittel, mit dem der Mensch versucht, das ursprüngliche Gleichgewicht in den bedrohten Lebensräumen wiederherzustellen.

Typisch für den Waschbären (Procyon lotor) sind das ausgeprägte Wahrnehmungsvermögen mit den Vorderpfoten und die schwarze Gesichtsmaske. Sie suchen an Fluss- oder Seeufern, unter Steinen nach Krebsen oder anderen Nahrungstieren. Als Allesfresser ernähren sie sich sowohl von pflanzlicher Kost als auch von Weich- und von Wirbeltieren.

DER PUTZIGE WASCHBÄR

Dabei war es gerade häufig die Jagd selbst, wegen der fremde Tierarten eingeführt und freigesetzt wurden: Im 19. und 20. Jahrhundert sah man darin nämlich eine „Verbesserung" der Umwelt. Eines der berühmtesten Beispiele dafür ist der Waschbär. Ein deutscher Geflügelzüchter hatte 1934 die Idee, zwei amerikanische Pärchen der ursprünglich aus Asien stammenden Kleinbären in Nordhessen für die Jagd auszusetzen. Vom damaligen Reichsjägermeister Hermann Göring erhielt er im Nachhinein grünes Licht. In Freiheit vermehrten sich die kleinen Beutegreifer mit der schwarzen Gesichtsmaske rasant, zumal nach Bombentreffern im Zweiten Weltkrieg weitere Artgenossen aus Pelzfarmen bei Berlin entkamen.

Waschbären sind sehr schlau, anpassungsfähig, geschickte Kletterer und fruchtbar. Längst streifen sie auch in der Schweiz, Frankreich und Polen durch die Nacht und durchsuchen mit ihren geschickten Pfoten Schuppen/Stadel, Mistkübel und Abfallkörbe nach Nahrung. In Österreich scheinen sie nur das Burgenland noch nicht erobert zu haben. Das Institut für Wildtierkunde und Ökologie in Wien versucht, über Meldezettel einen Überblick zu bekommen, wie weit die Waschbäreninvasion bisher vorgedrungen ist.

In Kassel registrierten Biologen einen Bären pro Hektar – die Populationsdichte war damit zehnmal höher als in ihren natürlichen Lebensräumen, den feuchten Laubwäldern Nordamerikas. In Deutschland leben nach Schätzungen bereits eine Million Waschbären – weil es keine natürlichen Feinde gibt, die die Population regulieren könnten.

Die Bevölkerung findet Waschbären meistens putzig und füttert sie mitunter sogar noch. Die wenigsten Menschen wissen, dass die Tiere innerhalb kürzester Zeit die Lebensräume anderer Tiere erobern oder auch vernichten. So fressen sie die bedrohte Europäische Sumpfschildkröte, räumen die Horste der seltenen Uhus aus, besetzen die Baumhöhlen des Waldkauzes und räubern sich durch die Nester von Graureiherkolonien. Sie fressen Eier und Jungtiere, Ringelnattern, Moorfrösche und Gelbbauchunken. Ihr Aktionsradius ist mit 5000 Hektar riesig.

Gejagt werden dürfen die Waschbären in Österreich und Deutschland rund ums Jahr. Zu helfen scheint das aber nicht. Die Erfahrung hat gezeigt, dass junge Waschbärenmännchen in Windeseile die frei gewordenen Reviere besetzen und die Geburtenrate der kleinen Räuber steigt. Die EU hat den Waschbären im Sommer 2016 auf die Liste der 37 besonders invasiven Tierarten gesetzt. Nach der Verordnung 1143/2014 dürfen sie europaweit nicht mehr gehandelt, verkauft, importiert oder gezüchtet werden – ein erster Schritt auf dem langen Weg, die Waschbären auszurotten oder zumindest in Schach zu halten.

Waschbären klettern und schwimmen gut. Der buschige Schwanz ist schwarz und hell geringelt. Der langhaarige Pelz mit variabler Färbung ist vorwiegend grau.

DIE HEIMKEHRER UND DIE EINGEBÜRGERTEN

Ein Fasanhahn verpaart sich meist mit ein bis zwei oder sogar mehr Hennen. Nach der Auflösung der Wintergesellschaften besetzt der Hahn ein Revier, durchziehende Hennen versucht er an sich zu binden. Ist dies erfolgreich, begleitet er die Hennen auf den täglichen Streifzügen durch das Revier. Die Balz findet jeweils paarweise statt.

DER „DUMME" FASAN

Graugans, Höckerschwan und Mandarinente zählen zu den zahlreichen exotischen Vogelarten, die sich in Österreich erfolgreich eingebürgert haben. Die bekannteste Art aber ist der Fasan. Seine Geschichte reicht weit zurück: Der aus Asien stammende Vogel ist der Sage nach von den Griechen aus dem Kaukasus entführt worden. Die Römer züchteten ihn vor 2200 Jahren in Gehegen als Fleischlieferanten. Sie importierten ihn auch in die eroberten Länder ihres Imperiums. Auch bei den Karolingern wurden Fasanen als halbzahme Haustiere in Volieren gehalten. „Fasangarten" oder „Fasanerie" – Ortsnamen wie diese zeugen immer noch davon, dass der Vogel an den europäischen Fürstenhäusern im Mittelalter gehalten wurde. Er wurde ähnlich wie der Pfau verehrt und wie er in abgezäunten Gärten gehalten. Sogar ritterliche Gelübde wurden auf den (gebratenen) Fasan abgelegt.

Heute wird der Fasan geboren, um geschossen zu werden. Seine wirkliche Verbreitung erfuhr der Vogel nämlich erst mit der Erfindung der Schrotwaffe im 19. Jahrhundert. Seine Haltung in freier Natur begann 1780 in England. Der schwere Colchicus-Fasan, auch „Böhmischer Fasan" genannt, war den schießsportbegeisterten Engländern zu schwerfällig, sodass er bald mit leichteren und schnelleren Fasanarten aus dem Kolonialland Indien beziehungsweise aus China oder Japan für die Jagd gekreuzt wurde. Der heutige Jagdfasan ist also eine Mischrasse aus Arten der Mongolei, vom Ufer des Jang-Tse und den Hügeln Japans.

Während der Fasan früher vor allem in Revieren existierte, in denen er intensiv gehegt wurde, wurde er im 20. Jahrhundert zu dem typischen Bewohner der Agrarlandschaft, für den wir ihn heute halten. In den 60er-Jahren gab es in Österreich Fasanen, wohin das Auge blickte, mehr als Feldhasen. 1968 war er die Wildart mit den höchsten Abschusszahlen, wenige Jahre später erreichten die Strecken eine halbe Million Tiere. Das Aussetzen und der Abschuss von aufgezogenen Vögeln schien den meisten Jägern damals normal – ein kritisches Verständnis von Hege und Pflege entwickelte sich erst später. Der Fokus der Jägerschaft, so Miroslav Vodnansky vom Institut für Wildtierökologie der Universität Brünn, lag damals

DIE HEIMKEHRER UND DIE EINGEBÜRGERTEN

auf hohen Strecken, die nachhaltigen Folgen dieser Aktivitäten waren kein Thema.

Im Gegensatz zum offene Flächen liebenden Rebhuhn fanden die Fasanen auch lange Zeit noch in Hecken, Remisen und Feuchtbiotopen genügend Rückzugsgebiete, sodass sie von der modernen Landwirtschaft zunächst weniger betroffen schienen. Ab Mitte der 70er-Jahre kam es dennoch zu einem anhaltenden Rückgang des Fasanenbesatzes, obwohl die Tiere immer noch aus der Zucht in die Natur entlassen wurden. Mehr und mehr zeigten sich die nachteiligen Auswirkungen des Aussetzens: Die in Volieren aufgezogenen Fasanen haben Schwierigkeiten, auf Gefahren der Freiheit angemessen zu reagieren, da sich Wahrnehmung und Fluchtverhalten unter künstlichen Bedingungen nicht ausreichend entwickeln konnten. Auch das Brutverhalten wird unstet.

Hilflose Volierenvögel

Die Verlustrate bei den ausgesetzten Vögeln beträgt innerhalb weniger Wochen nach der Freilassung über 90 Prozent, und die Chance, dass die verbleibenden Fasanen längerfristig mit Bedingungen zurechtkommen, die selbst für wilde Fasanen eine Herausforderung sind, ist äußerst gering. Gleichzeitig gefährden die „zivilisierten" Fasanen die Wildpopulation: Sie ziehen nicht nur Beutegreifer an, sondern übertragen Krankheitserreger und Parasiten, für deren Verbreitung die Volieren ideale Bedingungen bieten. So wird zum Beispiel wird der Rote Luftröhrenwurm direkt über Larven oder über den Umweg von Zwischenwirten wie Regenwürmern oder Schnecken übertragen. Er stellt unter Umständen jahrelang ein Ansteckungsrisiko dar, nicht nur für Fasanen, sondern auch für andere Vögel.

Durch Beutegreifer ist vor allem der Nachwuchs gefährdet. Weniger als 20 Prozent erleben das Jahresende, denn Rabenvögel, Igel, Dachs, Fuchs, Iltis und Waschbären machen sich bereits über die Eier her und fressen auch die Küken des Bodenbrüters, die von der Henne noch gut zwei Monate lang geführt werden würden. Die größten Einbrüche in der Fasanenpopulation werden von Biologen jedoch in dem mangelnden Angebot an Insekten gesehen, die sie insbesondere in den ersten Tagen nach dem Schlüpfen der Jungen benötigen, um diese damit zu füttern und mit Eiweiß zu versorgen.

Wurden 2005 noch über 200 000 Fasanen in Österreich geschossen, so waren es 2014/2015 nur noch 70 444. Auch im Nachbarland Deutschland sanken die Abschussraten auf etwa ein Viertel. Doch immer noch werden Fasanen nach Österreich eingeführt, um hier ausgesetzt zu werden. Die meisten stammen aus Ungarn.

Die rechtlichen Aspekte der Aussetzung einer Tierart sind komplex und kompliziert: Dabei wird zwischen Einbürgerung, Wiedereinbürgerung, Bestandsstützung und Umsetzung unterschieden. Beim Fasan handelt es sich juristisch um eine „Aufstockung" des Bestands. Während in den 80er-Jahren jedoch jährlich über 400 000 Fasanen aus der Zucht freigelassen wurden, werden die Sinnhaftigkeit und die Legitimation dieses Tuns heute viel stärker hinterfragt.

Brutschränke für Fasanen

Tierschützer kritisieren, dass die im Naturschutzgesetz formulierten sehr strengen Bestimmungen umgangen würden. Wie in der kommerziellen Geflügelproduktion würden die Eier von Fasanen in Brutschränken erbrütet und die Küken ohne Kontakt zur Mutter großgezogen. Viele der Vögel wiesen kein physiologisches Brutverhalten mehr auf, sondern produzierten vor allem Eier. Die Aufzucht auf den Fasanenhöfen erfolgt jedenfalls häufig unter artfremden Bedingungen: Die Enge der hohen Belegdichte führt zu Federrupfen und Kannibalismus, löst Aggressionen und Stress aus. Um Verluste zu reduzieren, so Tierschützer, werde der Oberschnabel teilweise amputiert, ein Verstoß gegen das Tierschutzgesetz.

Der Vergleich von Tieren aus Volierenzucht und Wildfängen, die im Anschluss zur Aufstockung in zwei Reviere entlassen wurden, zeigt, dass die Wildfänge die Umsiedlung deutlich besser tolerierten und zehnmal mehr von ihnen die anschließende Brutsaison überlebten. *„Die gängige Praxis des Aussetzens von Federwildnachzuchten entspricht nicht den Anforderungen einer waidgerechten Jagd"*, ist deshalb das Urteil des Veterinärmediziners und Universitätslektors i. R., Dr. Hans Frey, das er im Auftrag des Vereins gegen Tierfabriken erstellte.

Was würde passieren, wenn keine Fasanen mehr ausgesetzt würden? In der Steiermark wurde 2016 mit einer Jagdgesetznovelle das Aussetzen von Enten verboten und das von Fasanen auf die Zeit bis zum 31. Juli eingeschränkt. Das steirische Jagdgesetz, dessen 18. Novelle im selben Jahr veröffentlicht wurde, schränkt das Auswildern auf ein Biotop ein, *„das den Ansprüchen der Jungfasanen und Jungrebhühner an den Lebensraum bestmöglich gerecht wird"*. Die Menge der Tiere solle sich auf ein angepasstes Maß beschränken. In Niederösterreich solle eine ausgewilderte Tierart zwei Jahre lang nicht bejagt werden dürfen. Im Burgenland ist geplant, keine weiteren Jagdgehege mehr zuzulassen, in gültige Berechtigungen aber nicht einzugreifen. In Wien ist ein Verbot dieser Jagdform in Diskussion. Der „Kistlfasan" soll bald der Vergangenheit angehören.

In Großbritannien, Dänemark, Frankreich und Ungarn werden Fasanen allerdings immer noch in industriellem Ausmaß gezüchtet, ausgesetzt und auf Jagden verkauft. Strecken von 500 bis 1000 Vögeln an einem Tag sind nicht ungewöhnlich. Die Zahl der ausgesetzten Fasanen in England wird von der Royal Society for the Protection of Birds (RSPB) mit 42 Millionen angegeben, die der brütenden Weibchen mit 2,3 Millionen. In diesen „Fasanenländern" verfolgen Jäger, wo immer es geht, die Beutegreifer, um das Millionengeschäft mit international anreisenden Jägern nicht zu gefährden. Hier kostet jeder Abschuss eines gezüchteten Vogels einem wilden Tier das Leben.

Fasanhähne (Phasianus colchicus) kämpfen um ihre Reviere. Nicht selten kommt es an Reviergrenzen zu Streitigkeiten. Kommt es zum Angriff, fliegen die Hähne Brust an Brust in die Höhe und versuchen einander mittels Schnabel und Füßen zu verletzen.

▲ *Der Lebensraum des Europäischen Mufflons (Ovis gmelini musimon) sind meist gebirgige Landschaften. Mufflons sind standorttreue Tiere. Sie halten sich meist im Wald auf, nur zu bestimmten Tageszeiten nutzen sie die Agrarflächen.*

Der Europäische Mufflon bildet meist kleine Rudel mit einem älteren Schaf als Leittier. Widder bilden außerhalb der Brunftzeit oft eigene Verbände. Der Mufflon hat ein glattes Haarkleid. Die Schafe sind bräunlich, die Widder sind im Sommer fuchsrotbraun. Im Winter sind beide Geschlechter dunkler. ▼

DAS K.-U.-K.-MUFFLON

„Das Muffelwild ist ein wanderndes Rätsel", schrieb die Zeitschrift *Pirsch* einmal: *„… im Verhalten wie ein echtes Wildtier, in der Verbreitung ein kulturhistorischer Zeuge und in seiner Abstammung wahrscheinlich ein Haustier …"* Die Rede ist vom Europäischen Mufflon, auch kurz „Muffel" genannt, das vor etwa 7000 Jahren als Begleiter des jungsteinzeitlichen Menschen nach Korsika und Sardinien gelangte. Irgendwann, nimmt man daher an, war das sogenannte „Wildschaf" einmal ein braves Haustier.

Zeugnisse seiner Geschichte gibt es als Erstes aus der Antike: Die Römer hielten das Muffel als Haustier und für den Kampf mit anderen Tieren in Amphitheatern. In der Renaissance gab es in Österreich und Mähren Tiere in Gefangenschaft, die zum Teil freigelassen wurden. Prinz Eugen ließ 1729 Mufflons in die Menagerie des Schlosses Belvedere bringen. Von dort gelangte es in den kaiserlichen Tiergarten Schönbrunn und 1752 in das kaiserliche Jagdgehege, den Lainzer Tiergarten. In Gehegen, Wildparks, Jagdgattern und Menagerien wurde das Muffelwild zur Belustigung gehalten und gejagt. 1840 führte man in den Lainzer Tiergarten weitere Exemplare aus Korsika und Sardinien ein. Weitere Tiere wurden in Ungarn, Böhmen und Schlesien ausgesetzt.

Die erste Einbürgerungswelle in die freie Wildbahn ging also um die Jahrhundertwende von der K.-u.-k.-Monarchie aus, eine zweite in der Zwischenkriegszeit aus dem Gebiet des heutigen Polen und eine dritte in den 1950er-Jahren aus der Balkanregion. Heute ist Muffelwild in jedem Land Mitteleuropas zu finden. Die meisten gab es im Jahr 2010 in der Tschechischen Republik (etwa 17 500), in Deutschland (circa 15 600) und Ungarn (rund 10 600). An vierter Stelle lag Österreich mit rund 7500 Stück.

Ursprünglich an offene Gebirgslandschaften angepasst, sind die Sinnesleistungen des kleinen Tiers legendär. Es hat ein Augenfeld von 300 Grad und kann einen Menschen auf eine Entfernung von einem Kilometer erkennen. Auch Nase und Ohren leisten Hervorragendes. In Mitteleuropa, wo das Muffel statt auf steinigen, trockenen Böden in lichten Laub- und Mischwaldgebieten lebt, kann es sich nur halten, wenn es keine natürlichen Feinde hat. Die Muffel bevorzugen Höhenlagen von 900 bis 1000 Meter, im Sommer können sie auf Höhen bis zu 2000 Meter wechseln.

Weil die Muffel genetisch dem Hausschaf sehr ähnlich sind, lassen sie sich leicht miteinander kreuzen und wurden immer wieder verwendet, um die Eigenschaften von Hausschafrassen zu optimieren. Erzherzog Leopold ließ umgekehrt Muffel mit den ungarischen Zackelschafen kreuzen, um die Trophäen der Wildtiere zu verbessern. Er setzte die Nachkommen zwischen 1860 und 1893 in seinem Tiergarten bei Hernstein (NÖ) frei. Das Experiment ging jedoch schief: Es dauerte zwölf Jahre, bis die unerwünschten Farbvarianten durch Abschuss wieder eliminiert werden konnten.

Heute sieht man im Mufflon eine nicht heimische Art, die zum Beispiel im Nationalpark Thayatal mittelfristig „entnommen" werden soll. In Deutschland forderte der Naturschutzbund, alle Mufflons aus Natur- und Tierschutzgründen abzuschießen, weil diese Tiere nicht an weiche Böden gewohnt seien und deshalb ihre Hufe, die Schalen, nicht artgerecht abwetzen könnten – was ihnen Schmerzen bereite. Die Stadt Wien beschloss, den überhöhten Tierbestand im Lainzer Tiergarten deutlich einzuschränken und dabei gleichzeitig den Mufflonbesatz auf null zu reduzieren. Das Muffel darf gejagt werden, zumal es Fege- und Rammschäden verursacht, Bäume schält und verbeißt. Je nach Bundesland ist Jagdzeit von Mitte Mai oder Juni bis zum Ende des Jahres. 2014/15 sind laut Jagdstatistik in Österreich 2637 dieser Wildschafe geschossen worden.

Im März oder April werden ein bis zwei Lämmer geboren, die Säugezeit beträgt etwa sechs Monate.

Der Sikahirsch zählt wie der Damhirsch zu den reinen Pflanzenfressern und ernährt sich von Gräsern, Blättern und Kräutern. Beim Sikahirsch spielen vor allem der Geruchs- und der Gehörsinn eine große Rolle. Es werden zehn verschiedene Lautäußerungen unterschieden, deutlich mehr als bei anderen Hirscharten. Sikahirsche sind hauptsächlich nachtaktiv. In den Morgenstunden sind sie häufig noch auf den Äsungsflächen zu beobachten.

SIKA – DER KOLONIALIMPORT

Die Globalisierung begann mit der Eroberung fremder Länder. Im 19. Jahrhundert, als Asien unter europäischen Einfluss kam, entdeckte und erforschte man die fernöstliche Natur und fand unter anderem das Sika, eine kleine rotbraune Hirschart mit hellen Flecken und einem leuchtend weißen Spiegel.

In China war und ist das Sikawild Rohstofflieferant für Arzneimittel der traditionellen Medizin, besonders seine Bastgeweihe. Es wurde deshalb schon vor Jahrhunderten bejagt und, je mehr die natürlichen Bestände dezimiert wurden, auch gezüchtet, zum Beispiel im Ussuri-Gebiet, das bis 1860 zu China gehörte. In Japan hingegen gilt der Sikahirsch als heiliges Tier des Buddhismus und steht bis heute unter einem gewissen Schutz.

Schon die asiatischen Vorfahren des europäischen Sikawilds sind also eine Mischung unterschiedlichster Unterarten, die gezüchtet, gekreuzt, ausgesetzt und in die Natur entkommen sind, in der Wildnis lebten, aber auch in Parks und auf Zuchtfarmen gehalten wurden. Dieser kleinräumig lebende, anspruchslose kleine Hirsch wurde im 19. Jahrhundert nach Europa gebracht, um das in weiten Teilen verschwundene Rotwild zu ersetzen. Es sollte die Parforcejagd interessanter machen oder zur Zierde eines Parks werden. Das war das Ziel der damaligen „Akklimatisationsgesellschaften".

1860 kam das Sikawild nach Europa, zunächst nach Irland und England. 1907 trafen die ersten Tiere auch in Österreich ein, sieben Tiere, ein Geschenk des japanischen Tenno an Kaiser Franz Joseph II. Eines der Tiere überstand den Transport nach Österreich nicht. Die verbleibenden sechs ließ Franz Joseph auf Schloss Persenbeug auswildern. Kaiser Wilhelm II. bürgerte drei Jahre später Sikahirsche am ostpreußischen Haff (heute Polen) ein.

Fast alle Sikakolonien in Europa haben ihren Ursprung im 19. Jahrhundert und gehen auf solche kleinen Gruppen von weniger als zehn Tieren zurück. Zur Blutauffrischung wurden deshalb immer wieder Tiere eingekreuzt, die vom Handel, von Zoos oder Gehegen bezogen wurden. Auch sollten die Trophäen verbessert werden: Besondere Erfolge erzielten dabei englische Hirschzüchter.

Der Sikahirsch (Cervus nippon) ist ein aus Ostasien stammender Hirsch, der durch Einbürgerungen heute auch in Europa häufig vertreten ist. Das Sommerkleid des Sikahirsches ist in der Regel rotbraun und weist zahlreiche weiße Flecken auf. Im Winter verblassen diese Flecken und sind kaum wahrzunehmen.

In Österreich gibt es noch zwei Sikakolonien, die eine am Ostrong, die auf die japanische Schenkung zurückgeht, die andere in den Donau-Auen bei Tulln. Insgesamt sind es rund 1500 Tiere. Etwa die Hälfte dieses Bestands wurde 2014/15 abgeschossen. Kreuzungen mit Rotwild sind zwar bisher nicht auffällig geworden. Auch Schäden durch Schälung werden in Österreich nicht beanstandet. Nach dem Leitbild für das Management von nicht heimischem Schalenwild darf der Sikahirsch trotzdem in Nationalparks abgeschossen werden, wie auch Mufflon und Damhirsch. In Deutschland hat das Land Nordrhein-Westfalen eine Novelle des Jagdgesetzes beschlossen, nach der Sikawild als Neozoa vollständig ausgerottet werden soll.

Charakteristisch für den Damhirsch (Dama dama) ist das Schaufelgeweih der männlichen Tiere und das gefleckte Sommerfell. Damhirsche sind tagaktiv und leben bevorzugt in offenen Landschaften mit kleinen Waldpartien.

Foto © Eva & Helmut Pum

DAS GEHEGTE DAMWILD

Eine andere Wildart, das Damwild, lebte in Europa schon in der letzten Zwischeneiszeit, scheint dann aber ausgestorben zu sein. Zurück kam es vermutlich über Kleinasien. Das gefleckte Fell der Hirsche galt antiken Völkern als Abbild des Sternenhimmels. Der Hirsch wurde deshalb den Göttern geopfert: bei den Phöniziern Baal, bei den Griechen Artemis. Um Damhirsche dafür ständig verfügbar zu halten, begann sehr früh eine Haltung in speziellen Gehegen.

Die antike Kolonisation im Mittelmeerraum brachte den Damhirsch in die Küstenregionen des heutigen Frankreich und Spanien sowie Nordafrika, wo das Tier vermutlich bereits ausgestorben war. Die Römer führten den Damhirsch dann – ähnlich dem Fasan – in ihrem gesamten Imperium ein, wie zum Beispiel Ausgrabungen aus Ungarn zeigen.

Seit Jahrhunderten wird Damwild also in Gehegen gehalten. Es ist genügsam, kommt auch auf kleinem Raum gut mit Artgenossen aus und wird schnell mit dem Menschen vertraut. Trotzdem hat es nicht die Fähigkeit verloren, auch in der Wildnis autonom zu leben und sich zu vermehren. Im Mittelalter wurde das Damwild zunächst als Zierde, dann aber auch zur Jagd in großen Gehegen gehalten. Diese blieb dem Hochadel vorbehalten. Ähnlich wie das Rotwild wurde Damwild bis zum Verbot der Parforcejagd zu Pferd und mit Hunden gehetzt.

In Österreich lebt das Damwild heute in allen Bundesländern, viel davon in Gattern und Wildparks. Frei lebende Populationen gibt es im Burgenland, in Niederösterreich, Kärnten und Salzburg. Die Tiere leben am liebsten in lichten Laubwäldern. Sie meiden alpine Regionen und höhere Schneelagen. Sie fressen mehr Gras als das heimische Rotwild, sodass sie Einfluss auf die heimische Flora haben. Eine Konkurrenz mit heimischen Arten ist nicht nachgewiesen.

Trotzdem sollen die frei lebenden Populationen durch Jagd dezimiert und letztlich abgeschafft werden, da das Damwild kaum mehr natürliche Feinde hat. Aus dem Nationalpark Donau-Auen zum Beispiel soll es laut jagdlichem Managementplan als nicht autochthone Schalenwildart ganz verschwinden: *„Der Wildbestand ist nicht zu erhalten."*

Sein oder Nichtsein?

Macht es Sinn, Neozoen aus einem Ökosystem zu entfernen, in das sie zwar nicht gehören, das aber ohnehin schon durch verschiedenste Eingriffe des Menschen im Ungleichgewicht ist? Immer wieder wollen Artenschützer oder Tierfreunde den Abschuss solcher Tiere verhindern. Zoologen aber betonen, dass Europa und im Besonderen Mitteleuropa ohnehin schon im Fadenkreuz vieler Wanderungsbewegungen liegt und es deshalb besonders wichtig sei, die Aus- und Nachwirkungen zu erforschen und möglichst zu kontrollieren. Österreich sei lagebedingt bereits einer hohen Dynamik in Vorkommen, Ausbreitung und Häufigkeit von Tier- und Pflanzenarten ausgesetzt, so der Münchner Zoologe Josef H. Reichholf, da falle es umso schwerer, die natürliche Veränderung von der künstlichen, vom Menschen verursachten abzugrenzen.

Was die Lebensansprüche der Neulinge angeht, so dauert es oft viele Generationen, bis sich die Folgen auf das Umfeld abzeichnen. Diese Dynamik zu beobachten und weiter zu erforschen, bringe oft auch wichtige Erkenntnisse über schleichende Veränderungen der Ökosysteme, so Josef H. Reichholf. Grundsätzlich bliebe die Frage ungeklärt, wer Heimatrecht habe, sie müsse von Fall zu Fall neu beantwortet werden. Eine Aussetzung ist nur dann gerechtfertigt, wenn die Art trotz intensiven Schutzes ihrer Restbestände nicht in der Lage ist, ihren früheren Lebensraum wieder selbst zu besiedeln.

Generell ist das Ziel einer artenschutzgerechten Ansiedlung die Bildung eines Bestands in der freien Natur, der alle wichtigen ökologischen, ethologischen und taxonomischen Eigenschaften der heimischen Wildpopulation aufweist und in der Lage ist, sich ohne weitere Aussetzungen, Fütterung oder Prädatorenreduktion zu erhalten.

Der Kopf des Wolfes ist relativ groß und die Stirn breit, die Augen setzen schräg an. Wölfe finden Beutetiere meist direkt durch deren Geruch, seltener durch die Verfolgung frischer Spuren. Die Verwandtschaft zum Wolf zeigt sich recht deutlich bei einigen Hunderassen.

DER BÖSE WOLF?

Eine Lösung vieler Fragen – zum Beispiel der Wildschweinschwemme – könnte in diesem Sinne die Wiedereinbürgerung des Wolfs sein, der in Österreich als „ausgestorben" gilt, aber doch immer wieder mal auftaucht. Zwischen 2009 und 2013 wurden bis zu sieben Tiere über Kot- und Fettspuren genetisch nachgewiesen, vermutlich alles Durchzügler, die aus den Karpaten, aus der Schweiz und Italien sowie aus dem slowenisch-kroatischen Raum stammen und nach neuen Lebensräumen suchen.

Wie kaum ein anderes Wildtier wurde der Wolf jedoch in den vergangenen 200 Jahren verfolgt und gejagt. Die Verdrängung vieler Wildtiere Ende des 19. Jahrhunderts in West- und Mitteleuropa hatte sein Beutespektrum verändert und ihn zunehmend auch Haustiere reißen lassen. Damals befanden sich die Schalenwildbestände auf einem historischen Tiefpunkt, die Landwirtschaft und Viehhaltung war bis in entlegenste Winkel vorgedrungen. Die Wölfe wurden mit Fallen, Giftködern und Gewehren gnadenlos gejagt und so gut wie ausgerottet. Nur im Osten und Süden Europas (zum Beispiel in Polen, Griechenland, Italien, Rumänien und der Ukraine) konnte seine Art überleben. Insgesamt leben derzeit zwischen 10 000 und 20 000 Wölfe in Europa. In Deutschland existieren wieder 31 Rudel, das sind rund 90 Tiere. Sie leben im Norden und Osten der Bundesrepublik.

Langsam ändert sich das Bild vom „bösen" Wolf, das Märchen und Mythologien in der Gesellschaft gezeichnet haben. Immer mehr wird bewusst, wie sehr der Wolf in der Nahrungskette des Waldes fehlt. Feldstudien zeigen außerdem, dass er nicht den Menschen verfolgt, sondern mehr als 60 Prozent seiner Beute aus jungen, schwachen oder alten Tieren besteht. Außerdem frisst er Hasen, Kaninchen und Füchse sowie Insekten, Vögel, Reptilien und Aas. Sogar Früchte stehen auf seinem Speiseplan.

In nahrungsarmen Jahreszeiten frisst der Wolf (Canis lupus) sowohl Aas als auch Abfälle. Das Nahrungsspektrum umfasst pflanzenfressende Säugetiere verschiedener Größe. Die Beutetiere werden möglichst vollständig gefressen. Die Sozialordnung des Wolfes im Rudel spielt beim Fressen eine wichtige Rolle.

Tötungen mehrerer Tiere durch den Wolf auf einmal sind extrem selten und nur dann zu beobachten, wenn die Beutetiere nicht flüchten, wie zum Beispiel Schafe, die bei Gefahr eine dichte Gruppe bilden, ohne wegzulaufen. Gewohnt an die Nahrungsknappheit in der Natur kann es dann vorkommen, dass ein Wolf mehrere Tiere tötet. Es wurde jedoch auch beobachtet, dass die Tiere am nächsten Tag zum Kadaver zurückkehren, wenn das möglich ist, um weiterzufressen. Der mittlere Nahrungsbedarf eines Wolfes beträgt etwa drei bis vier Kilogramm Fleisch am Tag, das entspricht etwa 25 Hirschen pro Jahr.

Der Wolf ist als stark bedrohte Tierart in Europa streng geschützt. Nach der Fauna-Flora-Habitat-Richtlinie der EU sind Ausnahmen nur möglich, wenn die Population in dem betroffenen Gebiet erhalten wird und zum Beispiel die öffentliche Sicherheit auf dem Spiel steht. Doch die Erfahrung zeigt, dass Wölfe in der Regel keine erhöhte Gefährdung für den Menschen darstellen, selbst wenn sie nachts durch die Ortschaften streifen, auf der Suche nach Nahrung. Also setzen Behörden und Wildtierexperten auf einen veränderten Umgang der Menschen mit dem Tier, zum Beispiel durch verbesserten Herdenschutz.

Seit 2012 gibt es in Österreich dazu einen Wolfsmanagementplan. Er soll dazu beitragen, langfristig einen staatenübergreifenden Wolfsbestand in Europa zu sichern. Wolfsbeauftragte und Präventionsberater koordinieren die Belange betroffener Gruppen wie Landwirte, Anwohner oder Jäger. Sie registrieren, schulen und informieren. Gutachter regulieren Schäden. Außerdem gibt es ein Eingreifteam für den Fall, dass einzelne Wölfe sich abweichend von ihrem artgerechten Verhalten auffällig verhalten und zur Gefahr werden könnten.

Meistens ist es jedoch umgekehrt: Der Mensch ist eine Gefahr für den Wolf. Seit 2000 starben in Deutschland 20 Wölfe ganz banal im Straßenverkehr.

Wölfe leben im Normalfall in festen Revieren, die sowohl gegen andere Rudel als auch gegen einzelne Artgenossen abgegrenzt werden. In Mitteleuropa fällt die Paarungszeit in den Spätwinter und in das zeitige Frühjahr. Weibchen sind jeweils etwa sieben Tage lang empfängnisbereit.

Junge Braunbären haben einen unbändigen Spieltrieb. Die Mutter hält sich allerdings immer in der Nähe auf. Um die Jungen kümmert sich ausschließlich die Mutter.

TEDDY- ODER PROBLEM-BÄR?

Zwischen Verniedlichung und Angst schwankt das öffentliche Bewusstsein, wenn es um den Braunbären geht, der ähnlich wie der Wolf weite Kreise durch Teile Europas zieht. In der Alpenregion gibt es nach Angaben des World Wide Fund for Nature (WWF) zwischen 45 und 50 dieser Tiere. In Österreich wurden sie vorübergehend in den Karawanken sowie den Karnischen und Gailtaler Alpen beobachtet.

Bären sind schwierige Gesellen, scheue Einzelgänger, die sich nur sehr selektiv vermehren, sodass ein Wiederansiedlungsprojekt scheiterte und der Braunbär in Österreich als „zum zweiten Mal ausgestorben" gilt. Zum ersten Mal ausgerottet waren die Bären Mitte des 19. Jahrhunderts. Deshalb war die Aufregung groß, als rund 100 Jahre später, 1972, ein junges männliches Tier die Ötscher-Region im südwestlichen Niederösterreich zu seiner Heimat machte. 1989 wurde dort ein aus Kroatien stammendes Weibchen ausgesetzt, und 1991 kamen drei Jungtiere zur Welt. Zwei weitere sollten in den folgenden Jahren das Wiederansiedlungsprojekt fortsetzen – zunächst anscheinend erfolgreich.

2004 wurde außerdem das sogenannte „LIFE Nature CO-OP PROJECT" ins Leben gerufen, das, von der EU unterstützt, versucht, im Alpenraum den Braunbären wiederanzusiedeln. Beteiligt sind die italienischen Regionen Trentino und Friaul, Kärnten, Nordösterreich, Oberösterreich und die Steiermark sowie Slowenien. Ziel ist es, die Braunbären durch Schutzzonen zu einer Population zu vernetzen, die es den Tieren ermöglicht, sich untereinander zu vermehren und ihre Art selbstständig zu erhalten.

Doch sechs Jahre später waren alle in Österreich „eingebürgerten" Bären verschwunden.

Die Frage ist generell, ob die Schutzgebiete in den Alpen groß genug sind für den Bären, der in einem Radius von mehreren Hundert Kilometern durch sein Revier streift. Der österreichisch-kanadische Experte Fritz Mayr-Melnhof, der in Kanada Bären in der Wildnis betreut, warnte deshalb im ORF vor weiteren Ansiedlungsversuchen, nachdem 2014 im Lungau ein Bauer von einem Bären angegriffen worden war, der – sich rückwärts entfernend – gestürzt war und dadurch den Jagdinstinkt des Tieres weckte. Die Kulturlandschaft sei zu dicht besiedelt, war Mayr-Melnhofs Argument, die Bären könnten sich nicht mehr natürlich verhalten.

In Bayern war ein „Bruno" getaufter Bär 2006 erschossen worden, nachdem er sechs Wochen lang Bevölkerung und Medien in Atem gehalten hatte. Nicht lange zuvor hatte der bayerische Umweltminister Werner Schnappauf ihn noch begrüßt: *„Das Ammergebirge ist ein geradezu idealer Lebensraum für ihn."* Doch dann verstörte „Bruno" Freund und Feind, weil er wenig Scheu vor Menschen zeigte und sogar in Ställe neben Wohnhäusern einbrach.

20 000 Rinder, davon etwa ein Drittel Kälber, 2700 Schafe und Ziegen sowie knapp 500 Pferde leben im Sommer auf den bayerischen Almen, erklärt die Bayerische Landesanstalt für Wald und Forstwirtschaft. Angesichts dessen sei es kühn – so kritisiert sie, den Verbund der österreichischen und bayerischen Nordalpen als einen für Bären geeigneten Lebensraum anzusehen.

Jährlich würden von Bär, Luchs und Wolf gemeinsam nicht mehr als 5000 Euro Schaden verursacht, setzt dem der Kärntner Bärenanwalt Bernhard Gutleb entgegen. Seit 2005 arbeiten deshalb Behörden, Politiker, Grundbesitzer, Jägerschaft, Naturschutzorganisationen, Landwirtschaft und Wissenschaft an einem Bärenmanagementplan zusammen. Manchmal reichen schon einfache Maßnahmen wie Elektrozäune rund um Bienenstöcke oder bärensicher verstaute Futtermittel an Rehfütterungsstellen. In Kanada bekommen Wanderer durch die Wildnis kleine Glöckchen an ihren Anorak geheftet. Das leise Gebimmel soll den Bären anzeigen, dass sie sich nun am besten trollen sollten.

Der Luchs ist ein Einzelgänger, er tarnt sich auch im Winter hervorragend. Die Fellfarbe wechselt vom rötlichen Sommerton in ein graubraunes Winterfell. Der europäische Luchs (Lynx lynx) ist ein typischer Waldbewohner.

DER LEISE LUCHS

Weit weniger Aufsehen als der Bär erregt ein seltener Beutegreifer, der nach Österreich zurückkehrt – der Luchs. Die scheuen Tiere, zoologisch zu den „Kleinkatzen" zählend, aber doch bis zu 38 Kilo schwer, sind nacht- oder dämmerungsaktive Einzelgänger und nur mit großem Glück in der Natur zu beobachten. Ihr rötlich und gelbbraun geflecktes Fell, das im Winter ins Graubraune wechselt, schützt sie perfekt im Laub und Unterholz des Waldes oder vor felsigen Hängen, wo sie nach Nahrung suchen. Je nach Lebensraum fressen sie Kaninchen, Füchse, Marder und Eichhörnchen, am liebsten aber mittelgroße Huftiere wie Rehe, mit denen sie ihr Revier teilen. Rehe machen vier Fünftel ihres Nahrungsspektrums aus.

Über Jahrhunderte wurde der Luchs unnachgiebig vom Menschen verfolgt. Dokumente zeigen, dass in Nordtirol im 16. Jahrhundert in 65 Jahren 905 Luchse abgeliefert wurden, um eine Erlegungsprämie zu kassieren. Bis um 1830 herum gab es dennoch größere Luchsbestände, doch im 19. Jahrhundert wurde diese Katzenart innerhalb weniger Jahrzehnte ausgerottet. Zudem änderte sich der Lebensraum durch Waldrodungen und intensivere Nutzung der Bergregionen. Vor allem aber die anhaltende Jagd führte dazu, dass der letzte Tiroler Luchs 1872 und der letzte Vorarlbergs 1918 im Bregenzerwald erlegt wurde.

Zwischen 1918 und etwa 1960 war der Eurasische Luchs damit in West- und Mitteleuropa weitgehend ausgerottet. Nur in Südosteuropa sowie Teilen Polens und der Slowakei konnte die Art sich noch halten. Heute ist der Luchs durch internationale Verträge und nationale Gesetze in allen Alpenländern geschützt. Fast die Hälfte des österreichischen Alpenraums ist bewaldet, die Huftierbestände haben sich erholt, und der Luchs kehrt allmählich in seine ursprünglichen Verbreitungsgebiete zurück.

Die Zahl der Luchse in Österreich kann nur geschätzt werden, im Frühjahr 2015 waren es zwischen 10 und 15 Tieren. Vermutlich sind das die Nachkommen von 17 Luchsen, die in den 80er-Jahren in den slowakischen Karpaten gefangen und anschließend in Südböhmen gezielt wieder freigelassen wurden. Eine mehr oder weniger stabile und fortpflanzungsfähige Population gibt es in Österreich derzeit nur in der Nationalpark-Kalkalpen-Region und vom Böhmerwald bis ins südliche Waldviertel. Durchziehende Einzeltiere werden auch in der Steiermark, in Kärnten, Salzburg, Tirol und Vorarlberg gesichtet.

Luchse legen bei der Nahrungssuche im Schnitt zehn Kilometer zurück und sie besetzen Reviere, die je nach Art des Lebensraums mehrere Hundert Quadratkilometer groß sein können. Damit die Einzelgänger bei dieser Lebensweise einander überhaupt begegnen und sich vermehren können, müssen Wildtierkorridore geschaffen werden. Auch ist die Inzucht ein großes Problem.

Der Luchs – ein Meister der Tarnung.

Foto © Eva & Helmut Pum

DIE HEIMKEHRER UND DIE EINGEBÜRGERTEN

2001 wurde im Rahmen der Berner Artenschutzkonvention ein Managementplan zum alpinen Schutz des Luchses beschlossen, bei dem Westösterreich große Bedeutung zukommt, weil die isolierten Luchsvorkommen in der Schweiz mit denen der Ostalpen und schließlich auch Sloweniens verbunden werden sollen. Dabei wurden Luchse gefangen und in bisher unbesiedelte Gebiete der Nordostschweiz „umgesiedelt", von wo aus sie über Graubünden nach Vorarlberg und Tirol gelangen könnten. Ein großes Hindernis bei diesem Plan ist der dicht besiedelte Rheingraben. Ein internationales Monitoringprogramm soll die Wanderungsbewegungen der Tiere verfolgen, Forschungslücken schließen und die Bedenken von Bevölkerung, Bauern und Jägern versachlichen.

Luchse sind Einzelgänger und dämmerungsaktiv. Das Beutespektrum umfasst praktisch alle kleinen und mittelgroßen Säuger und auch Vögel. Das Reh ist die bevorzugte Beute des Luchses. Sein Verbreitungsgebiet deckt sich weitgehend mit dem des Luchses. Zu ihren Rissen kehren Luchse oft mehrfach zurück.

Foto © Eva & Helmut Pum

Luchse fressen Rehe, Gämsen und Hirschkälber, aber um den Hunger zu stillen, reicht ein einziges Reh pro Woche. Das sind nur 0,5 Prozent aller getöteten Rehe, argumentiert der Niederösterreichische Landesjagdverband, der seinen Mitgliedern die Angst nehmen möchte, der Luchs könnte sich zu einem ernsthaften Konkurrenten entwickeln. Auch für Auer- und Birkhahn seien ganz andere Tiere gefährlich, zum Beispiel der Fuchs, und Wildschweine seien viel eher eine Gefahr für die Raubkatze als umgekehrt.

1989 hatte die Kärntner Jägerschaft in einem Luchsprojekt versucht, ein genaueres Bild über die Verbreitung der Tiere im Land zu bekommen, nachdem plötzlich eine größere Zahl von Schafen gerissen worden war. Den Meldungen nach schien der Luchs in weiten Teilen der Region präsent zu sein, doch genauere Protokolle der Fährten und Risse ergaben, dass ein erheblicher Anteil von Hunden und Füchsen stammte. Die Angst vor dem „Wilden" hatte Phantomluchse in den Köpfen der Menschen auftauchen lassen.

Weidetiere, zeigen Untersuchungen aus der Schweiz, werden nur sehr selten gerissen, und wenn der Luchs einem Menschen begegnet, greift er ihn nicht an, sondern zieht sich langsam zurück. Trotz alledem wird jede dritte dieser sehr seltenen Katzen illegal getötet. 2013 wurde zum Beispiel eine tote Luchsmutter mit ihrem Jungen in einem Plastiksack in der Ysper gefunden. Das Abschießen dieser auch international streng geschützten Art wird in Österreich als Umweltkriminalität verfolgt. Für den Abschuss eines Luchses im Nationalpark Kalkalpen wurde im Sommer 2016 ein Tierpräparator zu einer hohen Geldstrafe und Schadensersatz verurteilt. Der Schaden an der Natur lässt sich in Wirklichkeit aber gar nicht bemessen.

Die Augen der Wildkatze liegen weit auseinander. An der Sohle befindet sich ein kleiner schwarzer Fleck. Das Fell an der Innenseite der Schenkel ist rötlich. Die Fellzeichnung ist oft nicht sehr gut erkennbar. Der Geruchssinn der Wildkatze ist dem des Hundes überlegen. Sie hat die Fähigkeit, natürliche Gefahren frühzeitig zu erkennen.

DIE WILDE KATZE

Einer Verwandten des Luchses, der Europäischen Wildkatze, ging es ganz ähnlich wie ihm: Bis Mitte des 19. Jahrhunderts waren die den Hauskatzen optisch sehr ähnlichen, aber massiveren und schwereren Tiere im gesamten Alpenvorland weitverbreitet. Dann verschwanden sie plötzlich. Viele waren abgeschossen worden, weil man sie für den Tod von Hasen und Rehkitzen verantwortlich machte. Dabei weiß man heute, dass Wildkatzen zu 80 Prozent von Wühlmäusen, manchmal auch von Ratten, Vögeln, Kaninchen oder Fröschen leben. Andere Wildkatzen zogen sich zurück, weil der Mensch immer größere Teile der Natur für sich in Anspruch nahm.

In Kärnten und der Südsteiermark wurden Mitte des 20. Jahrhunderts noch Wildkatzen beobachtet, die vermutlich in Beziehung mit Artgenossen in Slowenien standen. Einzelgänger werden seit den 70er-Jahren im Wald- und Mühlviertel beobachtet. Einige Tiere wurden mit wildernden Hauskatzen verwechselt und von Jägern abgeschossen oder überfahren. Wildkatzen sind in Österreich ein „seltener Irrgast", resümiert die Zoologin Friederike Spitzenberger vom Naturhistorischen Museum in Wien. Eine Population, die sich eigenständig fortpflanzen kann, scheint es hierzulande nicht zu geben.

Ausgehend von ersten Beobachtungen und Forschungen im Nationalpark Thayatal entstand ein gesamtösterreichisches Projekt zum Schutz der Wildkatze. Wichtiges Element ist ein Monitoring der scheuen Katzen. Fotofallen reichen allein nicht aus, da die Tiere auf Momentaufnahmen nur schwer von Hauskatzen zu unterscheiden sind. Also werden baldrianbenetzte Lockstöcke als Haarfänger benutzt, um später einen genetischen Fingerabdruck zu erstellen. Der Nationalpark startete außerdem 2010 eine österreichweite Kommunikationsoffensive, gemeinsam mit dem BUND Deutschland und dem Helmholtz-Zentrum für Umweltforschung. Der Öffentlichkeit soll am Beispiel der Wildkatze deutlich gemacht werden, warum eine Vernetzung von Waldlebensräumen so wichtig ist. Vorbild ist die deutsche Initiative „Rettungsnetz für die Wildkatze", bei der bundesweit bereits sechs Millionen Hektar Waldgebiet durch 20 000 Kilometer „Grüne Korridore" vernetzt wurden.

Da über die tatsächliche Verbreitung der Wildkatze in Österreich noch wenig bekannt ist, geht es hier zunächst einmal um umfassende Information. Im Nationalparkhaus leben deshalb „Frieda" und „Carlo", Leihgaben vom Tiergarten Wels und vom Alpenzoo Innsbruck. Das Wildkatzenpärchen steht im Mittelpunkt der verschiedensten Bildungsveranstaltungen und hat in Windeseile die Herzen der Besucher für die Sache gewonnen. Auf einer Internetplattform (http://www.wildkatze-in-oesterreich.at) können die aktuellen Entwicklungen verfolgt werden. Eine Österreich-Karte zeigt, dass etwa 40 Prozent der Republik als Lebensraum für die Tiere geeignet wären, wenn man das Ausmaß der menschlichen

Junge Wildkatzen spielen gerne, können sich aber auch sehr gut verstecken, um zu beobachten. Wildkatzen sind vor allem nachtaktiv und leben versteckt in naturnahen Laub- und Mischwäldern. Deshalb bekommt sie kaum jemand zu Gesicht. Wie alle Katzenartigen benötigt auch die Wildkatze täglich frisch erbeutetes Fleisch. Vor allem Mäuse stehen auf ihrem Speiseplan, es werden aber auch große Insekten, Vögel und Eidechsen gefressen.

DIE HEIMKEHRER UND DIE EINGEBÜRGERTEN

Veränderungen der Landschaft sowie Landnutzung, Schneelage und Habitatsgrößen berücksichtigt. Optimale Wildkatzenlebensräume finden sich in Teilen der Steiermark, im südlichen Kärnten, dem Burgenland, in Oberösterreich sowie im Mühl- und Waldviertel.

Laub- und Laubmischwälder mit ihren vielfältigen Lebensstrukturen sind ein ideales Habitat für die Wildkatze. In reinen Nadelwäldern findet sie nicht genügend Beutetiere. Da sie keinen Winterschlaf hält, ist sie außerdem auf Gegenden angewiesen, in denen der Schnee sich nicht wochenlang türmt. Totholz ist besonders wichtig, Windwurfflächen sind beliebte Jagdgebiete. Unbewirtschaftete Böschungen, Hecken und Baumreihen bilden wertvolle Korridore, wenn die Wildkatze auf der Suche nach Nahrung die Deckung des Waldes verlässt.

Auch naturnahe Gewässer und reich strukturierte Waldränder sind ihr willkommen.

Im Biosphärenpark Wienerwald wird mit Unterstützung der Bundesforste AG und des Naturschutzbundes versucht, verantwortungsvolles Wirtschaften und nachhaltige Landnutzung mit dem Schutz von Lebensräumen und Arten zu kombinieren. Dabei könnte auch eine neue Heimat für Wildkatzen entstehen. In der zweiten Hälfte des 19. Jahrhunderts hatte noch eine kleine Wildkatzenpopulation in den Randlagen des Wienerwaldes existiert. Von den 105 000 Hektar stehen etwa fünf Prozent als Kernzonen unter strengem Schutz. Dort findet keine forstliche Bewirtschaftung statt, um neue Urwälder entstehen zu lassen.

Die ganzjährig streng geschützten Katzen paaren sich zwischen Januar und März. Rund zwei Monate später kommen zwei bis fünf Kätzchen pro Wurf auf die Welt. Das Weibchen versteckt sie in Asthaufen, abgestorbenen Bäumen, leer stehenden Dachs- und Fuchsbauten oder auch Felsnischen. Ein Populationsmodell zeigte jedoch, dass die für Österreich vermutete Population von etwa zehn Tieren nur mittelfristig überleben kann. Erst ab rund 100 Tieren wäre eine Wildkatzenpopulation in Österreich überlebensfähig.

Zuwanderungen sind theoretisch aus der Slowakei, Italien und Slowenien sowie dem Bayerischen Wald möglich. Doch insgesamt liegt Österreich abseits von bestehenden Populationen der Nachbarländer.

Dr. Michael Martys, Direktor des Alpenzoos Innsbruck, ist dennoch „vorsichtig optimistisch". Die Erfahrungen der erfolgreichen Zusammenarbeit mit dem Nachbarland Deutschland in den vergangenen Jahren hätten gezeigt, dass zum Beispiel die Nachzucht im Zoo eine Basis für die Stützung der Wildkatze sein könnte. Im Pfälzerwald gibt es inzwischen etwa 200 bis 600 Tiere, in der Eifel bis zu 1000, im Hunsrück ähnlich viele und im Taunus östlich des Rheins etwa 100 bis 200 Wildkatzen. *„Die Nachzucht halte ich für vielversprechender, als Wildtiere zu fangen und andernorts wieder auszusetzen"*, sagt Martys, *„denn die Wildtiere haben sich an ihre Umgebung gewöhnt und angepasst und werden aus dieser wieder herausgerissen."*

Da immer wieder vereinzelt Wildkatzen an unerwarteten Standorten auftauchten, wie etwa bei Nauders in Tirol, hält er die Aufklärung der Jägerschaft für besonders wichtig: *„Eine große Bedrohung für Wildkatzen ist, dass sie mit Hauskatzen verwechselt und abgeschossen werden. Aber Aufklärung kann da helfen und die Jäger zum Schutz der Tiere motivieren."*

Der Alpenzoo Innsbruck-Tirol ist gemeinsam mit der Zentralstelle der österreichischen Landesjagdverbände beteiligt an der „Plattform Wildkatze" – im Team mit dem Naturschutzbund Österreich, dem Nationalpark Thayatal, dem Tiergarten Wels, der Österreichischen Bundesforste AG und dem Naturhistorischen Museum Wien. Es geht dabei um Monitoring und weitere Aufklärung über die seltenen Tiere. Dass sich Haus- und Wildkatze in der Natur nicht leicht auseinanderhalten lassen, zeigen 276 Wildkatzenmeldungen zwischen 1955 und 2014, von denen nur 26 sichere und 16 wahrscheinliche Berechtigung hatten. Die meisten davon gab es in Niederösterreich. Dort gibt es Indizien dafür, dass in der Wachau eine kleine Population lebt. Bisher ist es ihr noch gelungen, sich vor den Menschen versteckt zu halten.

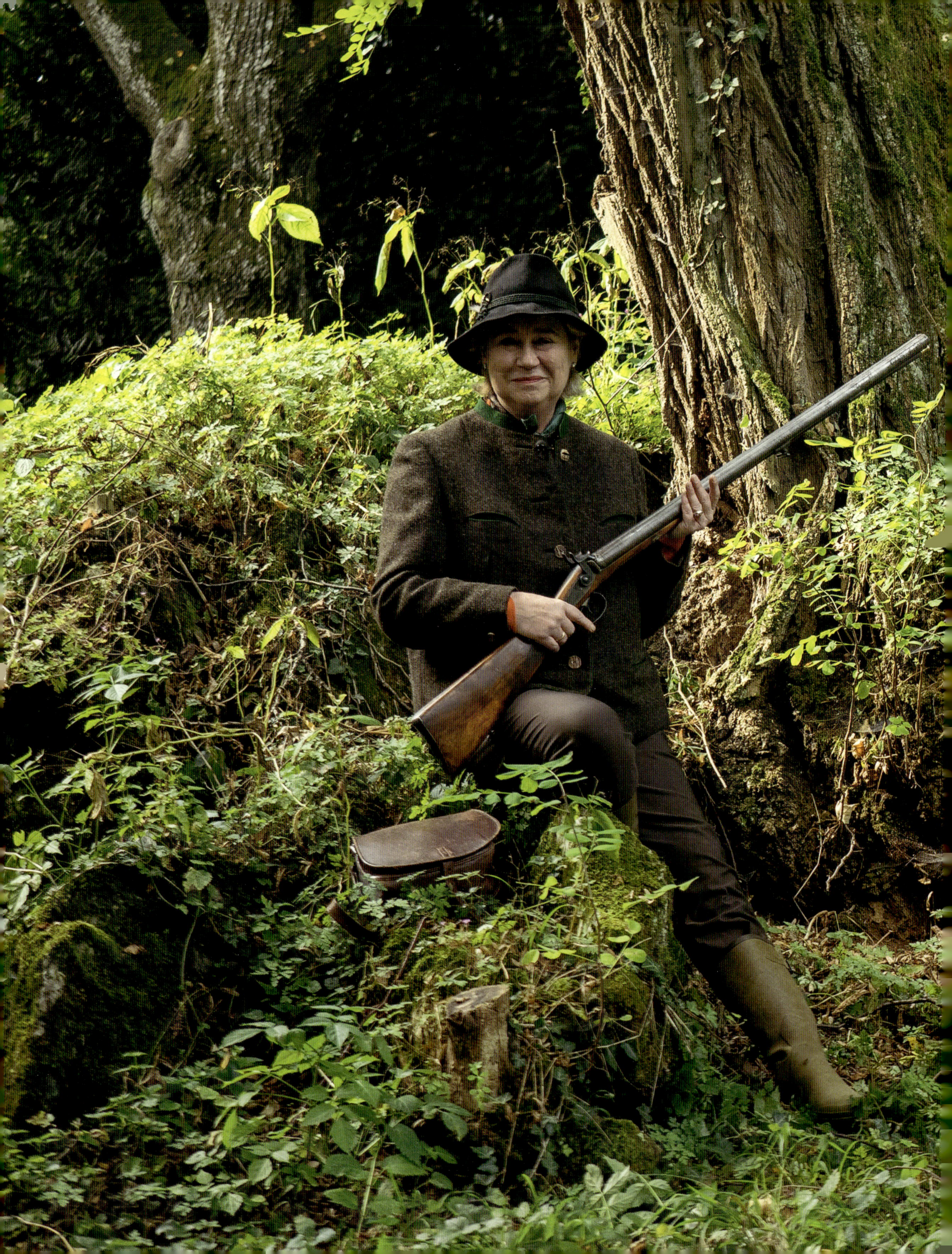

JÄGER UND JÄGERIN –
das Hier und Heute

HEUTE

Rund 126 000 Österreicher und Österreicherinnen sind regelmäßig mit dem Gewehr in Wald und Flur unterwegs. Gemessen an der Bevölkerungszahl engagieren sich in der Alpenrepublik also dreimal mehr Menschen für die Jagd als in Deutschland – in einem Land beeindruckender Naturschönheit. 46 Prozent des Landes sind von Wald bedeckt, etwas weniger wird landwirtschaftlich genutzt. Beinahe ganz Österreich ist also potenzielles Revier.

Das Jagdrecht ist an das Grundeigentum gebunden – eine Errungenschaft, die auf die Französische Revolution 1789 zurückgeht und die in der Monarchie erst 60 Jahre später, 1849, per Dekret von Franz Joseph eingeführt wurde. Welch hohen Stellenwert das Thema hatte, zeigt die Tatsache, dass es das erste Gesetz des gerade gekürten Monarchen war. Das feudale Jagdrecht der vergangenen Jahrhunderte – das dem Adel das Recht auf die Jagd zugestand, wo immer es ihm beliebte – ließ sich unter dem Druck der entstehenden bürgerlichen Gesellschaft, die zum Träger der ökonomischen Entwicklung wurde, nicht mehr aufrechterhalten.

Um trotzdem nicht Krethi und Plethi an eine Waffe und ins Revier zu lassen, schrieb das K.-u.-k-Dekret vor, dass nur der jagen dürfe, der Besitzer eines zusammenhängenden Grundkomplexes von wenigstens 200 Joch (1,5 Quadratkilometer) sei. In Bayern wurde 1850 ebenfalls eine Mindestgröße eingeführt von mindestens 240 Tagwerk (0,82 Quadratkilometer), im Hochgebirge von 400 Tagwerk (1,36 Quadratkilometer). Die Bindung an die Fläche hat sich auch in der Zweiten Republik in den unterschiedlichen Jagdgesetzen der Bundesländer gehalten, in der Regel mit 115 Hektar (1,15 Quadratkilometer). Eigentümer, die weniger Grund haben, müssen gemeinsam mit anderen in Gemeindejagden eintreten, die Reviere an Jagdgenossenschaften versteigern oder direkt vergeben.

Jagen oder nicht jagen?

Die Schicksalsfrage – jagen oder nicht jagen? – stellt sich also nicht: Ausgenommen von der Pflicht zur Jagdbewirtschaftung sind nur besiedelte Flächen, Friedhöfe, Verkehrsadern und Regionen rund um Erholungsheime. Seit dem Reichsjagdgesetz von 1935, das die österreichische wie auch deutsche Jagdgesetzgebung bis heute entscheidend geprägt hat, müssen Grundbesitzer einen angemessenen Wildbestand garantieren und das Wild entsprechend hegen. Dafür erhalten sie die „ausschließliche Befugnis, den jagdbaren Tieren nachzustellen, sie zu fangen und zu erlegen, sich das erlegte Wild, Fallwild, verendetes Wild, Abwurfstangen und die Eier des jagdbaren Federwildes anzueignen", wie es zum Beispiel im Tiroler Jagdgesetz in der Fassung von 2012 steht. In diese Regelung einbezogen sind Abschlusspläne, eine obligatorische Jägerprüfung und Beschränkungen für die Zahl der Jäger, in Abhängigkeit von der Größe des Reviers.

In jüngster Zeit wird jedoch an dieser Pflicht zur Jagd gerüttelt. Der Europäische Gerichtshof für Menschenrechte (EGMR) stellte 2012 in einem von einem deutschen Grundeigentümer angestrengten Verfahren fest, dass Landbesitzer nicht verpflichtet werden dürfen, die Jagd auf ihrem Land zu dulden, vor allem dann nicht, wenn sie diese aus ethischen Gründen ablehnen. Das sei eine Verletzung des Schutzes des Eigentums. Seither sind in Deutschland Hunderte Grundstücke als jagdfreie Zonen ausgewiesen worden. Eine ähnliche Entwicklung könnte sich in Österreich ankündigen: Einige wenige Anträge zur Jagdfreistellung liegen bereits vor, und der Verfassungsgerichtshof prüft die Rechtslage. Vielleicht müssen die Jagdgesetze, die in Österreich im Gegensatz zu Deutschland Landessache sind, geändert werden.

Isabella Kaltenegger am Hochsitz.

Historischer Höchststand

„Immer mehr Deutsche entscheiden sich, Vegetarier zu werden – und doch gibt es hierzulande inzwischen so viele Jäger wie noch nie zuvor", titelte die *Frankfurter Allgemeine Zeitung* 2014. In einer Studie für den Deutschen Jagdverband (DJV) hat ein Psychologe ermittelt, dass sich das Bild des Jägers in den letzten Jahren geändert hat – von der traditionellen Männerbündelei zwischen schwerem Loden und Jägerbitter hin zur eher meditativen Suche nach Einsamkeit und Ruhe.

Der Wunsch nach dem intensiven Naturerlebnis ist vielleicht ein Korrektiv zur Beschleunigung in unserer Gesellschaft – jedenfalls haben in Deutschland heute über 360 000 Menschen einen Jagdschein, so viele wie noch nie zuvor. Davon sind rund 20 Prozent Frauen.

„Je mehr sich Menschen auf der einen Seite von der Natur entfremden, desto mehr wollen sie auf der anderen auch wieder Teil von ihr sein", sagt der DJV-Gutachter und Psychologe Dietmar Heubrock. Auch in Österreich nimmt die Zahl der Jagdkarteninhaber laufend zu und hat einen historischen Höchststand erreicht. Das berufliche Profil ist breit gefächert: Unter den rund 126 000 Inhabern einer Jagdkarte sind die Angestellten und Arbeiter (36 Prozent) zahlenmäßig sogar stärker vertreten als die Land- und Forstwirte (30 Prozent). Ein Viertel sind Selbstständige, neun Prozent Förster. Weiblich sind sechs bis acht Prozent der Inhaber einer Jagdkarte.

JÄGER UND JÄGERIN

DIE JAGD WIRD WEIBLICH

„Die Frauen pirschen sich an", titelte der *Kurier* im Sommer 2016. Denn 18 Prozent der Jungjäger in Niederösterreich sind bereits weiblich. Bei den Kursen, so Peter Lebersorger, der Geschäftsführer des niederösterreichischen Landesjagdverbandes, ist bald jeder dritte Teilnehmer weiblich. *„Anfangs bin ich mit den älteren Herren mitgezottelt"*, schildert eine der Jägerinnen aus dem Raum Wiener Neustadt. Doch dann hat sie mit anderen den „Waidfrauentreff" gegründet. Anfragen zum Beitritt zur Dianen-Runde gebe es mehr als genug. *„Die Jagd hat viel mit Natur, Umwelt und Tierliebe zu tun."*

Nach einer Studie der Universität Bremen gibt es deutliche Unterschiede zwischen den Geschlechtern, wenn man sie nach den Motiven zur Jagd befragt. Trophäenjagd, Waffenästhetik und soziales Prestige sind den Männern wichtiger, die Frauen interessieren mehr Hege und Pflege, sie treibt die Sehnsucht nach Entschleunigung. Als typisch weibliche Motive werden genannt: „Gern in der Natur" zu sein, die Natur „schützen" zu wollen oder auch, „Freude an der Jagd" zu haben. Ihre Passion für die Jagd scheint sich außerdem ganz entscheidend über die Liebe zur „Jagdhundeausbildung" zu entwickeln.

„Österreichische Männer geben zu: Frauen sind vielleicht die besseren Jäger" – diese Schlagzeile fand sich ausgerechnet im Medium eines Landes, in dem das weibliche Geschlecht wenig zu melden hat: in den englischsprachigen saudi-arabischen *Arab News*.

„Mehr und mehr Österreicherinnen," hieß es dort weiter, *„verbringen ihre Freizeit im Unterholz der Wälder, das Gewehr in der Hand und einen Hund an ihrer Seite … 11 000 registrierte Jägerinnen verbessern das Image eines Hobbys, das traditionell von Männern dominiert wird."*

Eine Vertreterin dieser neuen femininen Jägergeneration ist Ing. Isabella Kaltenegger, Rinderzüchterin aus der Steiermark, außerdem Forst- und Revierbesitzerin. In ihrer Familie spiegelt sich der Generationswechsel

Jägerin Isabella Kaltenegger auf dem Weg zum Hochsitz.

Isabella Kaltenegger beim Laden des Gewehrs.

wider: Der Großvater hatte der Mutter noch nicht erlaubt, ihn zur Jagd zu begleiten, aber der Vater war schon moderner: Fünf Jahre alt war Isabella, als sie zum ersten Mal mitgehen durfte. Viel Zeit hat die vielbeschäftigte Mutter zweier Töchter nicht, aber mindestens vier Abende im Monat geht sie in den Wald, zur Brunftzeit der Hirsche auch öfter. *„Das muss man schon erlebt haben!"*

Frauen sind weniger an Rekorden interessiert und weniger kompetitiv, findet Ing. Kaltenegger: *„Ich geh oft einfach nur zum Schauen hinaus, und wenn ich dann Wild sehe, dann denk ich mir oft: ‚Heut ist mir nicht zum Schießen', und lass es ziehen. Männer haben da schon mehr Ehrgeiz, das fehlt mir."* Ihre achtsame Naturverbundenheit wurde belohnt: An einem Abend, als sie geduldig und still auf ihrem Hochsitz saß, passierte unten ein Luchs vorbei, ein äußerst seltener Gast in Österreich (siehe Seite 187) und so gut wie nie zu beobachten. Sie schoss – aber nur ein Handyfoto.

„Ich gehe schon auch gerne bei Jagdgesellschaften mit, wenn ich wo eingeladen bin", sagt Ing. Kaltenegger. *„Ich liebe das, wenn man nach dem Jagen zusammenkommt zu einer zünftigen Jause. Aber häufig bin ich ganz allein unterwegs oder mit meinen beiden Töchtern. Ich sehe die Jagd eher als Ausgleich zum umtriebigen Alltag."* Natürlich muss Kaltenegger ihren eigenen Abschussplan aufstellen, und oft spürt sie den Druck, diesen trotz Zeitnot zu erfüllen. Aber nun schlägt das Jagdfieber zu: *„Was mich fasziniert an der Jagd, ist dieser Gegensatz von Spannung und Entspannung. Man vergisst die Zeit – und plötzlich ist man dann in der Ruhe hellwach."*

Manchmal denkt Ing. Kaltenegger an ihren Großvater, wenn sie die vielen Frauen sieht, die heute die Jagdprüfung ablegen: *„Die Hälfte der Teilnehmer bei uns sind schon Frauen."* Dass die kein Blut sehen können, hält sie für Blödsinn: *„Aber es stimmt schon: Frauen verändern die Jagd."*

JÄGER UND JÄGERIN

GÖTTINNEN DES WALDES

Wer sagt schon, dass Frauen friedliebender seien als die Männer? In vielen Kulturen sind weibliche Gottheiten für die Jagd zuständig: Neith im antiken Ägypten, Ischtar, die bei den Assyrern mit Schwert, Pfeil und Bogen dargestellt wurde, und natürlich die griechische Artemis, Tochter des Zeus und eine der wichtigsten Figuren im griechischen Götterhimmel. Auf vielen Darstellungen wird sie von Hunden, den Wächtern zur Unterwelt, begleitet. Die Römer machten aus dieser Figur Diana, die Göttin der Jagd.

Eine Domäne der Frauen war schon im Mittelalter die Beizjagd. Zur Zeit von Karl dem Großen (747–814) jagten Nonnen auf diese Weise. Die hochherrschaftlichen Siegel weiblicher Fürstinnen wie das von Elisabeth von Flandern (1170–1190) bildeten die Damen mit einem Falken auf ihrer Faust ab. In der Hochgotik um 1300 zeigt ein illustrierter Psalter Frauen bei der Reiher- und Entenbeize. Die großen und kraftvollen Tiere wurden von den Männern gejagt. Es gibt aber auch Federzeichnungen von Bogenschützinnen, die einen Zehnender erlegen. Berichte belegen, dass adelige Damen sich nicht scheuten, auch auf Hirsch und Damwild, Wildschwein, Wolf und Bär zu jagen.

Die Jagd war nicht nur höfisches Privileg (siehe Seite 38), sondern auch Vergnügen – und eine unverfängliche Möglichkeit, der Enge der Burgen zu entgehen und dem anderen Geschlecht zu begegnen. Von vielen adeligen Damen ist bekannt, dass sie jagten. Elisabeth von England (1533–1603) hatte sogar eine weibliche Oberfalkenmeisterin (Chief Falconer). Sie selbst ging mehrfach in der Woche auf die Jagd. Ihre Konkurrentin Maria Stuart von Schottland (1542–1587) stand ihr in nichts nach.

Feudale Jägerinnen

Jagdunfälle waren im Lauf der Geschichte häufig und sie veränderten – in einer Zeit, als Heiraten die Poli-

So manch adelige Dame scheute sich nicht, auch selbst „auf Hirsch" zu jagen. Karl Wilhelm Gustav Tornau (1820-1864): Hirschrudel.

Das Kaiserpaar Franz Joseph I. und Elisabeth auf einer Parforcejagd. Reproduktion nach einem Gemälde um 1860.

tik in Europa bestimmte – das Machtgefüge. Margarete von Österreich (1480–1530), die Tochter des Jagdkaisers Maximilian I., war in besonderer Weise betroffen: Erst kam ihre Mutter bei einem Jagdunfall ums Leben (siehe Seite 111), als sie selbst gerade erst zwei Jahre alt war. Dann starb ihr zweiter Mann Philibert von Savoyen 1504 nach einem Jagdausflug, vermutlich an den Folgen einer Lungenentzündung, die er sich dabei zugezogen hatte. Daraufhin wollte die Habsburgerin keine Ehe mehr eingehen, sondern wurde selbst zu einer aktiven Europapolitikerin ihrer Zeit und zur Statthalterin der Niederlande.

Ein tragisches Schicksal hingegen ereilte Hedwig Jagiellonica (1513–1573), die Gemahlin des brandenburgischen Kurfürsten Joachim II. (1505–1571). Bei einem Jagdausflug stürzte sie im baufälligen Schloss Grimnitz durch einen maroden Fußboden, brach sich die Hüfte und spieß sich an den ein Stockwerk darunter aufbewahrten Jagdtrophäen auf. 22 Jahre lang war sie bis zu ihrem Tode schwer behindert, worauf sich ihr Gatte, der Erbauer des berühmten Kurfürstendamms in Berlin, eine Geliebte nahm und mit ihr in seinem Jagdschloss im Grunewald lebte.

Mitleid mit Mensch oder Kreatur war keine Charaktereigenschaft, die im machtbewussten Adel gepflegt wurde. Elisabeth Augusta von der Pfalz (1721–1795) veranstaltete noch als alte Dame *„ein Massaker unter Hasen"*, wie Zeitgenossen berichteten. Und Elisabeth von Österreich (1837–1898), die als bayerische Prinzessin am Starnberger See mit der Jagd aufgewachsen war, bevorzugte als leidenschaftliche Reiterin die häufig rücksichtslosen Parforcejagden.

JÄGER UND JÄGERIN

ADLIGE JAGD HEUTE

Anita, Fürstin von Hohenberg und Urenkelin des in Sarajevo ermordeten Thronfolgers Franz Ferdinand (siehe Seite 126), glaubt, dass sich die ehemalige Selbstherrlichkeit mancher Adligen bei der Jagd völlig gewandelt hat: *„Die Verantwortung zu einer ethischen Jagd ist in unserem Stand besonders bewusst."* Vielleicht liegt das, fügt sie selbstkritisch hinzu, auch daran, dass sich der Adel in der bürgerlichen Gesellschaft Österreichs nach 1918 keinerlei Fehltritte mehr erlauben konnte.

In ihrer eigenen Familie – ihre verstorbene Mutter war Elisabeth von Luxemburg Prinzessin von Nassau – seien die edlen Seiten des jagdlichen Handwerks stets hochgehalten worden: *„Wir sind von klein auf in den Wald mitgenommen worden, um zu lernen. Ich war vielleicht sechs, als ich das erste Mal mitging. Manchmal sind wir als Kinder auch Treiber bei der Sauhatz gewesen."* Besondere Umsicht sei, so Fürstin Anita, auf die Schießausbildung gelegt worden – ein Punkt, der bei bäuerlichen Jagden oder den Jagderlaubnissen für Freizeitjäger häufig vernachlässigt werde. *„Die große Verantwortung ist immer betont worden. Wann schieße ich? Warum? Gibt es einen Kugelfang? Und das wurde immer wieder geübt."* Und natürlich sei das ein großer Unterschied, ob einer als Jagdtourist einer Freizeitbeschäftigung nachgehe oder sein eigenes Revier in Ordnung halte, wo er oder sie quasi jeden Baum kenne.

Die Jagd also sei für den Adel heute nicht mehr allein eine gesellschaftliche Aktivität, sondern auch ein Bekenntnis zur Verantwortung – trotz oder vor allem, wenn einzelne Mitglieder dieses Standes diesen durch vereinzelte Exzesse in Misskredit brächten. Die Urenkelin des Mannes, der selbst als Thronfolger für seine Schießwut legendär war, hält Verantwortlichkeit und Respekt dem Leben der Tiere und der Natur gegenüber für selbstverständlich. Da man personell nicht mehr so großzügig ausgestattet sei wie früher, müsse man viele Dinge heute selbst machen und komme dadurch auch näher an die Dinge heran: *„Ich breche nicht gerne das Wild auf",* gibt Fürstin Anita zu. *„Aber ich kann es und ich tue es."*

WAFFEN GEGEN ADEL UND WILD

Ab 1818 konnten Bürger und Bauern zum ersten Mal eine Jagd erwerben oder pachten – wenn sie das Geld dafür hatten. 1848 erfasste dann die Revolution auch Wald und Wild – an vielen Orten der Monarchie wurden Gehege zerstört und Jagdhütten annektiert. Herrschaftliche Jagdgesellschaften wurden von aufgebrachten Bauern angegriffen und Teilnehmer auch verprügelt. Zu viel Demütigungen hatten sich angestaut und suchten ein Ventil.

„Wer bereitete eigentlich die Revolution vor? – Die Hirsche und Rehe taten es, welche nachts in den Kornfeldern weideten; sie waren es, die dem armen Bauersmann die ersten liberalen Ideen einpflanzten." Dieses Zitat des deutschen Historikers Thomas Nipperdey bezieht sich zwar auf die Bauernkriege des 17. Jahrhunderts, aber es hat generelle Gültigkeit. Es war das feudale Jagdrecht, das die sozialen Spannungen verschärft und immer wieder zu Hungerkrisen geführt hatte – so auch im Winter 1847/48. Es war das Jagdrecht, das die Frage nach Gerechtigkeit stellte und nach der Selbstbestimmung des Volkes.

Mit dem Habsburger Erzherzog Johann wurde 1848 ein begeisterter Jäger zum Reichsverweser der Nationalversammlung ernannt, der provisorischen gesamtdeutschen Regierung. Unter dem Druck der Revolution wurde die Jagd auf fremdem Grund verboten, auf eigenem Boden aber explizit erlaubt. Dadurch wurden die Wirren der Revolution durch eine wilde Hetze fortgesetzt: auf all die Tiere, die bis dahin die Felder und Wiesen ungehindert zertrampeln durften, da sie herrschaftlicher Besitz waren.

Einige Pfarrer versuchten, in ihren Predigten auf den „Jagdfrevel" mäßigend einzuwirken und die schlimmsten Übergriffe zu verhindern. Während zuvor nur der Adel die Tiere quälen durfte, zum Beispiel beim Fuchsprellen (siehe Seite 115), machten sich nun *„die untersten Schichten",* so zeitgenössische Kommentare, ihren Spaß. Sie fingen Rehkitze und quälten sie so lange, bis die Mutter von den Schreien angelockt wurde. Das Reh wurde damals in diesem wütenden Amoklauf beinahe ausgerottet. Mitunter schlossen sich Adel und Bauern gegen die einfachen Häusler und Landarbeiter zusammen, um wenigstens jene aus dem Wald herauszuhalten.

Restauration trotz Reform

Bindung an Grundeigentum wie an eine gewisse Größe des Reviers waren die Kernelemente eines neuen Jagdgesetzes, das Kaiser Franz Joseph 1849 als erstes Instrument der Restauration erließ und das die Jagd in Österreich bis heute beeinflusst. Es stellte sicher, dass die Jagd weiterhin vor allem ein gesellschaftliches Ereignis für den Adel blieb. Der Kaiser selbst jagte auf den Familiengütern, Staatsdomänen und im Bergwald. Er pachtete zudem viele Gemeinde- und Genossenschaftsjagden. Die Förster wurden wieder eingesetzt. Vor diesem Hintergrund wurden nun Hege und Pflege in neu gegründeten Jagdzeitschriften propagiert.

Parallel zu dieser Restauration der Jagd erwarb aber auch das Bürgertum mehr und mehr Rechte. Die finanzkräftigen Aufsteiger signalisierten ihre neue gesellschaftliche Bedeutung, indem sie den Adel nachahmten und die Jagd für sich entdeckten. Schon im Biedermeier hatte eine „neue Empfindsamkeit" ein bis dahin ungekanntes Interesse an der Natur geweckt. Man entdeckte und erforschte seine Umwelt, mit Käfer- oder Schmetterlingssammlungen oder auch Herbarien.

Nun wurden Jagdtrophäen zum Sammelobjekt des Bürgertums, die Grandeln zum eleganten Schmuck, den man auch der Geliebten als Amulett schenkte. Gesammelt wurden auch Bilder, wie die Jagdszenen des französischen Malers Gustave Courbet (1819–1877), der als begeisterter Jäger mehr als 130 Arbeiten diesem Thema gewidmet hat. Das Jagdgemälde im Salon spiegelt das Selbstbewusstsein des wachsenden Bürgertums wider. Die Jagd wurde auch Thema der neu entstandenen „Ansichtskarten".

Niederösterreich erhielt 1901 ein eigenes Jagdgesetz. Gebiete, die nicht Eigenjagden waren, wurden in der Gemeinde zu einer Jagdgenossenschaft zusammengeschlossen. Ausgeschlossen vom Bezug einer Jagdkarte waren „Trunkenbolde" und „Geisteskranke", Minderjährige und verurteilte Verbrecher, unterstützte Arme sowie Taglöhner. Die aber, die jagen durften, legten noch mehr Wert auf Etikette, weidgerechtes Verhalten und Brauchtum als früher. Man nutzte das als Abgrenzung gegenüber den sogenannten „Bauernjagden". Vergeblich versuchten die Christlich-Sozialen 1907 eine Abschaffung der Eigenjagden zu erreichen, um mehr Einfluss auf die Jagd zu bekommen.

WILD AN DIE FRONT

Mit dem Ausbruch des Ersten Weltkriegs stand plötzlich die Fleischversorgung durch Wildbret wieder im Mittelpunkt. Alle Jagdberechtigten wurden aufgefordert, für diesen Zweck auf die Pirsch zu gehen. Jagdherren spendeten an Lazarette und Kriegs-Wohlfahrts-Organisationen. Wildspenden per Post oder Bahn konnten kostenlos transportiert werden. Der Kaiser selbst stellte Wildbret aus den Hofjagdrevieren zur Verfügung. Doch diese Aktionen brachten nicht den gewünschten Erfolg – nicht nur, weil die Männer fehlten, die das Wild schossen, es gab auch keine Infrastruktur für Abtransport und Verteilung. Große Mengen an Wildbret verfaulten, bevor sie ihr Ziel erreichten. Gleichzeitig verschlechterten Wildschäden die ohnehin prekäre Nahrungssituation.

Um die Millionenstadt Wien zu versorgen, wurden Verzehrsteuern und Gemeindezuschläge für Hasen und Hirsche aufgehoben und Höchstpreise für Wild festgesetzt. Die Städter blickten dennoch argwöhnisch auf das Land, wo das Wildbret anscheinend im Überfluss vorhanden war, während das Fleisch trotz der Verordnungen astronomische Preise erreichte. Verstärkt wurde nun Jagd auf alle Tiere gemacht, die man für schädlich für die Landwirtschaft hielt: Kaninchen, Blässhühner, Dachse, aber auch Krähen, Eichhörnchen und Eichelhäher. Auch Tiere aus den Zoos, Affen, Pfaue und Kängurus, fielen dem Hunger zum Opfer: Im Tierpark Schönbrunn reduzierte sich der Bestand bis 1919 auf 15 Prozent. Für die Befestigungen und Schützengräben rund um Wien wurde ein Teil des Waldes gefällt. Die Jagd schien am Ende.

POLITISIERUNG DER JAGD

Das Ende der Monarchie war ein Umbruch, der auch die Jagd von Grund auf veränderte:

Nicht nur hatte sich das Jagdgebiet auf zehn Prozent des ehemaligen Imperiums reduziert – verschiedene politische Gruppierungen verlangten nun die Auflösung der Eigenjagden und freies Jagdrecht für alle. Die Hofjagdgebiete des Kaisers wurden dem Kriegsbeschädigtenfonds übergeben. Am 25. Januar 1919 regelte ein Gesetz das Jagdrecht auf Staatsgütern und den von ihm verwalteten Fondsgütern neu.

Gleichzeitig politisierte sich die Jagd: Christliche und soziale Bauern hatten bereits 1907 die Auflösung der Eigenjagden gefordert, die Sozialdemokraten forderten außerdem die Verstaatlichung von Großgrundbesitz. Der Österreichische Naturschutzbund konnte nur mit Mühe erreichen, dass die Aufhebung der Eigenjagden und die geforderte Dezimierung des Wildbestands unterblieben. Nun konnte jeder gut beleumundete Bürger eine Jagdkarte erwerben, auch ohne den Nachweis elementarer Kenntnisse. Die Jägerschaft zerfiel dadurch in Gruppen mit unterschiedlichen Interessen und politischen Streitereien.

Das spiegelte sich auch in der Gesetzgebung der Bundesländer. Diese beschlossen völlig unterschiedliche Regelungen, manche verordneten ganzjährige Schuss-, andere ganzjährige Schonzeiten. In Niederösterreich beispielsweise sollten Jäger mit Billigung des Gesetzes den Hasenbesatz „völlig ausrotten". Der Fasan galt hier als Schadwild. Raub- oder Schwarzwild durfte man sogar ganzjährig, ohne eine Jagdkarte, erlegen oder in Fallen fangen. Erst 1930 wurde in Wien eine freiwillige Weidmannsprüfung eingeführt, ein Vorbild, dem nach und nach die anderen Bundesländer folgten.

Das Reichsjagdgesetz

Es verwundere nicht, schreibt der Jagdautor Helmut Neuhold, *„dass viele Jäger, die in ihrer Mehrheit sowieso nicht der Sozialdemokratie nahestanden, sich vom Aufkommen des Austrofaschismus zumindest in Hinsicht auf das Jagdwesen positive Veränderungen erwarteten"*. Doch die erhofften Abschusspläne, Hegeringe und Schonvereinigungen wurden erst nach dem „Anschluss" an das Deutsche Reich eingeführt.

Dort war Hermann Göring der prominenteste Jäger, der von seinem Jägerhof in der Rominter Heide in Ostpreußen aus Politik machte oder auch Schlachtpläne diskutierte. Nur selten war der „Reichsjägermeister" in einer aus Stein gemeißelten Jagdhütte, die in den Hohen Tauern auf 2000 Metern Höhe für ihn errichtet worden war. Heute gehört der alpine Stützpunkt im Pinzgau zum umfangreichen NS-Erbe der Österreichischen Bundesforste AG.

Von 1938 bis 1945 standen die Wälder der „Ostmark" unter der Herrschaft Görings, der Weisung gab, die Waldfläche zu verdoppeln. Die Staatswälder sollten von zwölf Prozent der gesamten produktiven Waldfläche Österreichs auf 25 Prozent kommen. Dazu hätten 342 000 Hektar privater Wald verstaatlicht werden müssen. Immerhin 132 000 Hektar wurden bis zum Kriegsende akquiriert. Fast ein Viertel davon, so eine Studie der Bundesforste aus dem Jahr 2010, stammte aus beschlagnahmten Flächen, meistens aus jüdischem Besitz.

Schlagzeilen machten die einst „arisierten" obersteirischen Forstgüter Pölsen und Autal, die 2001 von der Republik Österreich für umgerechnet 23 Millionen Euro verkauft wurden, nach Begleichung einer Restschuld an die Erben. Deren Vorfahren hatten im Nationalsozialismus von der Schweiz aus dem erzwungenen Verkauf an die Nazis zustimmen müssen.

Mehr als 600 jüdische Bürger gaben allein in Wien bei der erzwungenen Meldung ihrer Vermögen agrar- und forstwirtschaftlichen Besitz an. Er wurde damals mit rund 19 Millionen Reichsmark (etwa 80 Millionen Euro) geschätzt. Im damals ungarischen Burgenland, wo Juden in Land- und Forstwirtschaft noch wesentlich stärker vertreten waren, wurde ihr Anteil mit 17 Millionen Reichsmark ähnlich hoch eingeschätzt.

JÄGER UND JÄGERIN

Gleichschaltung und Eugenik

Nach dem „Anschluss" wurde die Jagd im gesamten Deutschen Reich im Sinne der Gleichschaltung vereinheitlicht, dabei aber auch modernisiert: Wer jagen wollte, benötigte einen „Jagdschein" und eine Haftpflichtversicherung, die auch die Hunde einbezog, und musste auch Mitglied im Reichsbund Deutsche Jägerschaft sein. Dem Reichsjägermeister unterstanden Gau- und Kreisjägermeister sowie Hegeringleiter. Trophäen- und Geweihschauen wurden – auch unter eugenischen Gesichtspunkten – behördlich angeordnet. Die „Prager Formel" legte 1937 Bewertungskriterien fest (seit 1971 durch den Katalog des International Council for Game and Wildlife Conservation, CIC, abgelöst).

Für die Ostmark, wie nun Österreich hieß, wurde für die Eigenjagdbezirke eine Mindestgröße von 300 Hektar und für die der gemeinschaftlichen Jagdbezirke (Genossenschaftsjagden) eine Größe von mindestens 500 Hektar Gesetz. Einzig den Erbhöfen wurde das Eigenjagdrecht davon unabhängig zuerkannt. Als Vorbereitung auf den Krieg wurden 1938 Höchstpreise für Wild und Wildgeflügel festgesetzt. Mit Kriegsbeginn wurde die Jagd dann Teil der Wehrwirtschaft.

Auf der Internationalen Jagdausstellung 1937 in Berlin, wo natürlich auch Österreich vertreten war, wurde zum ersten Mal die Beziehung zwischen Jagd und Naturschutz thematisiert, unter Aspekten der Selektion und nationalsozialistischen Ideologie. Besonderer Wert wurde im Dritten Reich auf die Bekämpfung von „Fressfeinden" der Fischereiwirtschaft gelegt: *„Unser heutiger Kampf dem Verderb gegen Raubwild im Rahmen der verschiedenen Kulturzweige ist zu ernst, daß wir unter Umständen selbst vor drakonischen Mitteln nicht zurückschrecken dürfen"*, schrieb ein Autor 1941. Zum „Raubwild" zählten wildernde Katzen, Edel- und Steinmarder, Iltis, Fuchs, Fischotter und Biber, aber auch Bussarde, Milane, Weihen, Wildgänse und -enten. Vehement verfolgt wurden auch Reiher, Kormorane, Möwen, Lappen- und Haubentaucher, der Eisvogel, Wasser-, Bless- und Teichhühner. Manche von ihnen durften das ganze Jahr über bejagt werden. Ansonsten konnte der Kreisjägermeister Schonzeiten aussetzen. Füchse durften sogar mit Tellereisen gefangen werden.

Eher kurios mutet heute an, dass Hitler, Vegetarier und ausgesprochener Gegner der Jagd, ein „Wilddiebkommando Oranienburg" ausstellen ließ, das der SS unterstellt als Sondereinheit im gefährlichen Kampf gegen Partisanen eingesetzt wurde. Das sollte nicht nur eine Strafe sein, sondern drückte seinerseits auch eine gewisse Anerkennung des Wilddiebstahls aus.

Kriegsende und Neubeginn

Nach Kriegsende wollte die provisorische österreichische Staatsregierung einen gesamtösterreichischen Jagdverband gründen. Der Alliierte Rat stimmt dem Gesetzesentwurf aber nicht zu. Wie schon vor 1938 fiel die Zuständigkeit nun wieder in die Hände der einzelnen Bundesländer. Im Wiener Raum hatten der Hunger der Bevölkerung, aber auch das Wildern der Besatzungssoldaten dazu geführt, dass das Wild fast ganz ausgerottet war. 1946 verhängte der Befehlshabende der Sowjettruppen in Österreich ein Jagdverbot über seine Soldaten, um die restlichen Bestände zu schützen. Der spätere Bürgermeister von Wien, Bruno Marek (SPÖ), schaffte es, die zerstörte Mauer des Lainzer Tiergartens wieder instand setzen zu lassen.

Waffenbesitz war anfangs strengstens verboten und unter Strafe gestellt. 1946 erlaubte der Alliierte Rat dann *„befugten Jagdausübenden und Berufsjägern"*, die Jagd mit der Schrotflinte wiederaufzunehmen. Erst 1954 gab der sowjetische Hochkommissar für den Besitz und das Führen von Jagdkugelwaffen – eingeschränkt auf Kipplaufgewehre – sein Einverständnis. Alle anderen Jagdbüchsen wurden erst wieder nach dem Staatsvertrag 1955 zugelassen.

Der Staatsjäger Figl

Bei den schwierigen Verhandlungen mit den Siegermächten spielte eine große Rolle, dass viele der Beteiligten große Jäger waren. Leopold Figls Leidenschaft für die Weidmannskunst ist legendär: Als erster Bundeskanzler der Zweiten Republik ließ er einmal wegen der Hirschbrunft eine wichtige Sitzung sausen. Der Kritik von Julius Raab entgegnete er: *„Wenn die Hirsche im Wald schreien, ist das für mich ein Genuss und wenn ich Glück hab, kann ich sogar einen schießen. Wenn aber unsere Freunde in der Sitzung schreien, dann ist das weder ein Genuss, noch darf ich schießen!"*

Gleich nach dem Kriegsende hatte Leopold Figl auf die Notwendigkeit hingewiesen, den Hunger im Land durch die Jagd stillen zu helfen, und es ist vermutlich seinen guten Kontakten zu verdanken, dass bereits 1946, als Papier noch rationiert war, die ersten Jagdzeitungen schon wieder erschienen. Figl war immer wieder mit den Hochkommissaren der Alliierten auf der Pirsch und diese Ausflüge dienten fast immer auch diplomatischen Zwecken. Der „runde Tisch" stand dann in einer Waldhütte mit einer Pfanne in der Mitte, aus der man gemeinsam löffelte – die Jagd als gemeinsame Leidenschaft half, sich auch in anderen Fragen näherzukommen, wie dem späteren Staatsvertrag.

Figl war auch einer der Väter des ersten neuen Jagdgesetzes, das am 30. Januar 1947 in Niederösterreich verabschiedet wurde, gemeinsam mit Ludwig Strobl und Bruno Marek. Die Eigenjagd-Reviergröße wurde wieder auf 115 Hektar angesetzt, das Berufsjägertum ermöglicht. Ab 1950 nahmen die Bestände an Schalenwild wieder deutlich zu, während das Niederwild noch lange unter der großflächigen Zerstörung seines Lebensraums litt. Füchse und Marder hatten sich stark vermehrt. Doch Fasanen und Feldhasen wurden aus Holland und Dänemark importiert, Gelege der Flugenten kamen aus Ungarn. Die Landwirtschaft wurde als Partner der Jagd aktiv eingebunden.

Der erhebliche Anteil an Parteimitgliedern in den Bundesforsten stellte nach dem Krieg bei der Entnazifizierung ein Problem dar. Bis zum Staatsvertrag 1955 waren viele der zunächst Entlassenen wieder eingestellt worden, da die Experten fehlten. Der spätere Direktor der Bundesforste, Günter Haiden, der als 18-Jähriger der NSDAP beigetreten war, wurde Mitte der 1970er-Jahre sogar Minister für Land- und Forstwirtschaft unter Bruno Kreisky.

Leopold Figl mit Steirer-Stutzen mit Zielfernrohr in den Händen in seiner Wohnung (1952).

JAGD IN DER EU

Mit dem Beitritt Österreichs zur Europäischen Union 1995 wurde die Ausübung der Jagd erneut politisch umstrukturiert. Viele übergeordnete Bereiche werden nun auf europäischer Ebene geregelt, beispielsweise das Waffenrecht. Der Naturschutz erhielt, reguliert durch EU-Recht, einen entscheidenden Stellenwert. Die Vogelschutzrichtlinie der EU (Richtlinie 79/409/EWG) zum Erhalt wild lebender Vogelarten und auch die Flora-Fauna-Habitat-Richtlinie 92/43/EWG zur Erhaltung der natürlichen Lebensräume sowie der wild lebenden Tiere und Pflanzen bilden einen wichtigen Rahmen für die Jagd und setzen ihr auch Grenzen.

In Deutschland werden – unter heftigen Debatten – seit 2010 nach und nach in diesem Sinne die Jagdgesetze reformiert und revidiert. Eine Föderalismusreform 2006 hat dort dafür gesorgt, dass den das Bundesjagdgesetz ergänzenden Landesjagdgesetzen vorrangige Gesetzeskompetenz in Sachen Jagd zugeschrieben wird. Seit 2002 hat zudem der Tierschutz Verfassungsrang – in Österreich seit 2013.

Immer wieder kommt es zu Konflikten zwischen Entscheidungen der Bundesländer und europäischen Vorgaben, insbesondere, wenn es um den Vogelschutz geht – etwa im Streit um den Abschuss von Greifvögeln in Niederösterreich 2002 oder zuletzt 2015 um den Abschuss der Schnepfe zur Brutzeit in Salzburg. Kritiker bemängeln, dass ein europäischer Rahmen große Schwächen habe, wenn ohne Rücksicht auf regionale Eigenheiten von Wildart und Biotop Schuss- und Schonzeiten geregelt würden. Die rechtlich auch möglichen Ausnahmeregelungen seien nötig, um flexibel auf die Entwicklung der Tierbestände reagieren zu können, zum Beispiel, wenn irgendwann die Biberbestände doch wieder reguliert werden müssten. Auf jeden Fall sei es zu begrüßen, dass die EU in internationaler Zusammenarbeit ein europaweites Schutzgebietnetz schaffen wolle.

Der Jäger als Wildtiermanager?

Die Federation of Associations for Hunting and Conservation of the EU (FACE) ist der Dachverband der Jagd in Europa. Sieben Millionen Jäger sind nun in Europa zusammengeschlossen und haben sich vor allem einem Zweck verschrieben: dem Wildtiermanagement. Was bedeutet das? Die Jäger sind stolz auf die lange Tradition ihres Handwerks, das sich – zum Teil über viele Jahrtausende – wenig verändert hat. Seit einigen Jahrzehnten aber geht die Zahl der Tierarten rasant zurück und immer mehr Lebensräume werden zerstört. Wissenschaftliche Daten zeichnen ein dramatisches Bild der Veränderung, die durch den Klimawandel beschleunigt wird. Die Jagd ist heute nicht mehr vorrangig Nahrungserwerb oder gesellschaftliches Vergnügen. Sie ist notwendig, um zum Zwecke des Artenschutzes Ausgleich zu schaffen, wo er sich auf natürliche Weise nicht mehr herstellt.

Wildtiere reagieren sehr unterschiedlich auf die Veränderungen ihrer Lebensräume. Einige davon haben sehr spezielle Bedürfnisse und Ansprüche an ihr Biotop, ein schmales ökologisches Spektrum. Sie haben an Zahl so sehr abgenommen, dass sie nicht mehr autochthon, also ohne menschliche Eingriffe überleben und sich vermehren können. Andere profitieren sogar von der veränderten Umwelt, den Kulturlandschaften, den menschlichen Eingriffen, dem anderen Klima. Das führt zu hohen Tierdichten: bei Mäusen, Füchsen und Rabenvögeln, bei Wildschweinen und Rehen. Arten, die eben noch selten waren, vermehren sich plötzlich explosionsartig wie Biber oder Kormorane. Und dann gibt es noch die globalisierten Tierarten, die mit den Menschen rund um den Planeten wandern und sich in Regionen ausbreiten, wo sie keine natürlichen Feinde mehr haben.

Welche unerwarteten Konsequenzen Versuche haben können, diese Entwicklungen zu steuern, zeigt das Beispiel des Fuchses: Die Bekämpfung der Tollwut durch Impfköder drängte zwar diese tödliche Infektionskrankheit zurück, aber nun breiten sich – mit der wachsenden Zahl der Füchse – die Räude aus und der Fuchsbandwurm.

WAS IST NATURVERTRÄGLICH?

Einige Biologen fordern deshalb, die Jagd einfach einzustellen und die Tierwelt in bestimmten Schutzzonen sich selbst zu überlassen. Viele zweifeln, dass das funktionieren kann – inmitten einer Kulturlandschaft wären die wirtschaftlichen Einbußen durch Schäden so unkalkulierbar wie die Konfrontation großer Beutegreifer wie Wolf und Bär mit dem Menschen. Ohne diese aber könnte sich ein Gleichgewicht der Arten nicht einstellen.

Deshalb wird EU-weit eine „naturverträgliche Jagd" diskutiert. Diese soll die Arten nicht in ihrem Bestand gefährden, Populationen aber auch nicht zum Zweck des Abschusses aufgezogen werden. Störungen in der Brut- und Aufzuchtzeit der Wildtiere sollten sich in Grenzen halten, artenschutzrechtliche Bestimmungen beachtet werden. Hinzu kommen ökologische Anforderungen, wie die Verwendung von bleifreier Munition. Insgesamt drängen Naturschutzverbände dabei darauf, die Liste der jagdbaren Arten zu kürzen und nur solche zu erlegen, die auch sinnvoll genutzt werden. Der Bund Umwelt- und Naturschutz Deutschland möchte Beiz-, Fallen- und Baujagden verboten sehen und nur noch Ansitz- und Bewegungsjagden zulassen. Die Fütterung von Wild soll grundsätzlich verboten werden. Gefordert werden auch Ruhekernzonen für das Wild. Unterschieden wird zwischen der Jagd als reiner Landnutzung, dem Wildtiermanagement bei wirtschaftlichen Schäden, aber auch beim Artenschutz. Neozoen wie der Waschbär seien aufgrund der mangelnden Verwertbarkeit keine jagdbaren Arten, sondern sollten dem Naturschutzrecht unterliegen. Das erlaubt, dass andere einheimische Arten vor ihnen geschützt werden dürfen.

So weit die Forderungen des Naturschutzes. Bleibt der Mensch: *„Wenn alles im Wald reguliert ist, dann habe ich bald keine Lust mehr"*, kommentiert das ein Wiener Jäger und ehemaliger Forstbeamter. *„Dann sollen sie mal sehen, wie sie mit den Wilddichten zurechtkommen. Dann muss der Staat Ranger einsetzen, um die Schäden zu regulieren. Und ob das der Natur hilft …??"*

ZWISCHEN RESPEKT UND FÜRSORGE

Hat der Mensch ein falsches Bild von der Natur? Ist es zum Beispiel humaner, die Vermehrung von Wildschweinen durch Hormone zu unterbinden oder durch Abschuss? Humaner sind vielleicht Hormone, aber artgerecht? Und was nützen Lebendfallen, die Tiere unversehrt fangen, wenn die Frischlinge anschließend, wie in der Praxis häufig, unfachmännisch abgestochen oder von den Hunden zerrissen werden? Und warum laufen in der Natur so viele Wildschweine mit drei Läufen und anderen Verletzungen herum? Weil zu viele schlechte Schützen in Wald und Flur unterwegs sind.

Ein Frischling wühlt im Erdreich.

Rothirsch mit Hirschkuh im Fichtenwald.

Den heimischen Artenreichtum erhalten zu wollen ist ein schwieriger Balanceakt zwischen Respekt vor der Natur und Fürsorge, der auch viel Wissen und Können erfordert. Ein Teil der Jäger und Jägerinnen trägt ganz entscheidend mit dazu bei, dass dieses Wissen nicht verloren geht, sondern lebendig bleibt – die Wildökologen, die Förster, die Jagdaufseher und andere. Die Motive, die Jäger bewegen, sind jedoch sehr unterschiedlich. Grundeigentümer und Waldbesitzer, die in ihrem eigenen Revier jagen, haben einen anderen Bezug zu ihrem Revier als ein „Ausgeher", der sich für teures Geld als Gast einen Abschuss servieren lässt. Aber handeln die Ersteren ökologischer? Für manche bringt das Heranziehen eines kapitalen Hirschen, den sie anschließend zum Abschuss in ein anderes Revier liefern, deutlich mehr Geld als die jagdliche Verpachtung ihres Naturbesitzes. Doch ist das noch Hege?

Viele dieser komplexen Fragestellungen gehen in der Konfrontation zwischen „den Jägern" und „den Tierschützern" unter, obwohl sie gesellschaftlich diskutiert werden müssen. Dabei kommen zwangsläufig noch ganz andere Themen aufs Tapet: Viele Menschen brechen in Entsetzen aus, wenn ein Tier in der Natur getötet wird, aber sie tragen täglich durch ihren Fleischkonsum zum millionenfachen Missbrauch von Tieren bei. Und sie verdrängen, dass sie selbst dem Wald schaden wie ein Reh – durch individualisierte Freizeitnutzung beim Mountainbiken, Snowboarden, Tourengehen oder Base-Jumpen.

JÄGER UND JÄGERIN

Das Beisammensein am nächtlichen Feuer nach der Drückjagd. Die Drückjagd ist eine Form der Gesellschaftsjagd, meist im Wald. Man scheucht das Wild mit Treibern auf, mit oder ohne Stöberhunde, um es vor die stehenden Jäger zu bringen.

JÄGER UND JÄGERIN

LEBENSRÄUME FÜR ALLE

Es muss also neu definiert werden, was Lebensräume eigentlich ausmacht, welche Interessen hineinspielen, welche Koalitionen gefunden und gebildet werden können. Vielleicht hilft das wachsende Interesse an Tierschutz und Naturerlebnis, das die Generation der Jungjäger auszeichnet, bei diesem Prozess. Vielleicht wird es irgendwann auch Jagd-„Coaches" geben, die jungen Jägern dieses Bewusstsein professionell vermitteln können – Zusammenhänge, die über die Kenntnisse von Tradition und Biologie hinausgehen. Das wäre eine lohnende Aufgabe für die Landesjagdverbände. Eine moderne Jagdethik muss Bezüge zur modernen Gesellschaft setzen.

Damit diese Ziele erreicht werden können, muss sich die moderne Jagd kooperativ in ein Netz von Akteuren einordnen, die alle Einfluss darauf haben, ob es gelingt, Lebensräume erhalten und als Folge verdrängte oder ausgestorbene Arten wieder ansiedeln zu können. Da zählen Forst- und Landwirte, Tourismusexperten und Politiker. Jäger oder Jägerin können vielleicht noch allein auf die Pirsch gehen, aber in welchem Rahmen das in Zukunft möglich sein wird, bestimmt die Auseinandersetzung mit der Gesellschaft, auch Jagdgegnern und Tierschützern. Zur Bewahrung der Umwelt, zu der die Jäger einen wesentlichen Beitrag leisten können, werden alle gebraucht.

„Wildtiere und Wildlebensräume werden von vielen Landnutzern beeinflusst", so die Präambel der 21. Österreichischen Jägertagung 2015. *„Nachhaltige Jagd als Teil eines umfassenden Wildtiermanagements ist nur dann möglich, wenn eine Abstimmung der Jäger mit den Lebensraumgestaltern erfolgt, vor allem mit den Grundeigentümern, den Land- und Forstwirten, dem Management von Freizeitaktivitäten und mit dem Naturschutz.*

Die vielfältigen Aufgaben in der Kulturlandschaft, wie Erhaltung von Biodiversität mit gesunden Wildbeständen und Vermeidung von Schäden, kann der Jäger allein nicht gewährleisten – er braucht Partner. Ein integral abgestimmtes Wildtiermanagement erfordert von den Jägerinnen und Jägern je nach Ort und Zeit sehr unterschiedliche Maßnahmen, je nachdem, welche Ziele erreicht werden sollen. Dies verlangt eine hohe Flexibilität der Jagdausübungsberechtigten, die so mancher lieb gewonnenen Tradition widersprechen kann."

Isabella Kaltenegger auf dem Weg zum Hochstand im Wald.

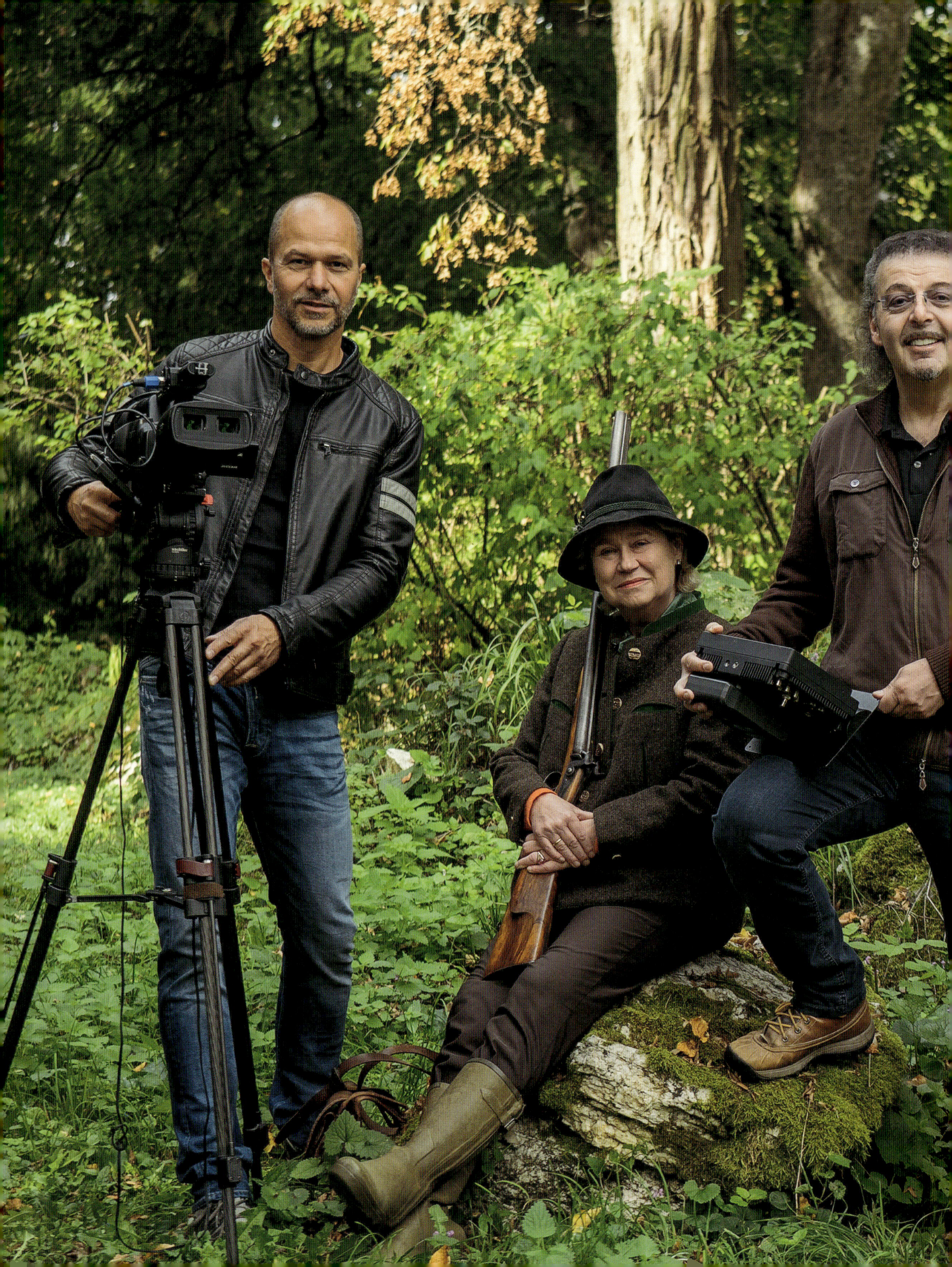

MAKING OF
HALALI – DER FILM

Foto © Power of Earth

Das „Bett" für den gejagten Birkhahn wird vorbereitet.

Kurt Mündl an der 3D-Kamera

Kurt Mündl gibt Regieanweisungen an Darsteller und Musiker weiter.

MAKING OF „HALALI" – DER FILM

Der tote Birkhahn wurde traditionell auf ein Reisigbett niedergelegt.

Franz Cee und Kurt Mündl während der Dreharbeiten „Birkhahn"

Der Regisseur Kurt Mündl während einer kurzen Drehpause

Die Hornbläser spielen „Hahn tot".

Auch die fotografische Dokumentation muss erledigt werden.

Der stolze Schütze mit seinem erlegten Birkhahn

MAKING OF „HALALI" – DER FILM

Die erfolgreiche Birkhahnjagd wird zünftig gefeiert.

Auch die Tradition „Schüsseltrieb" wird dokumentiert.

Details Musikanten und Schütze der Birkhahnjagd werden abgelichtet.

MAKING OF „HALALI" – DER FILM

Wanderfalke mit klassischer Haube und Falknerhandschuh: Er wartet auf seinen Auftritt.

Falkner dreht das Federspiel.

Burgfräulein wird mit 3D-Kamera verfolgt.

Der Habicht muss auf das sogenannte „Bodenreck" fliegen.

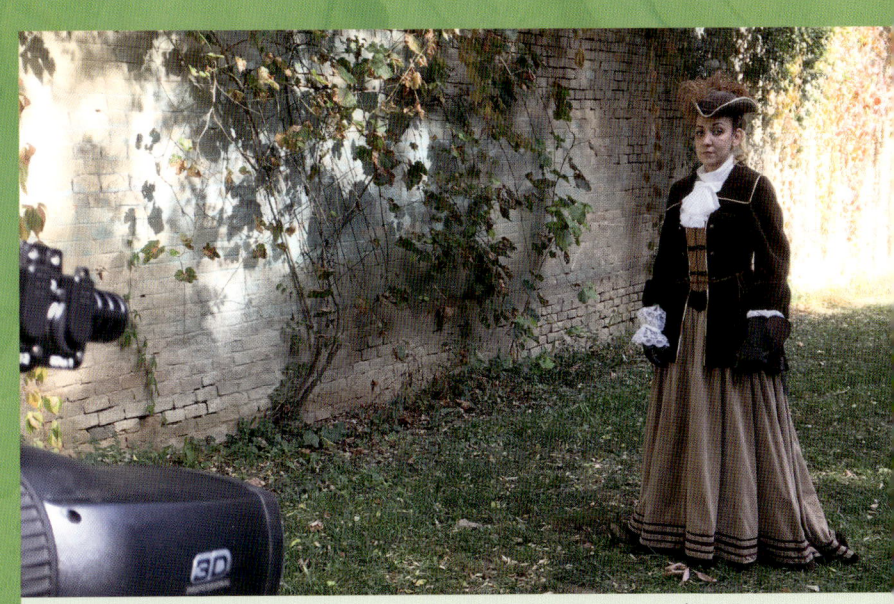

Leichte Nervosität vor der 3D-Kamera

Historie und Gegenwart in einem Bild

Viele Szenen werden mit zwei Kameraperspektiven gedreht.

MAKING OF „HALALI" – DER FILM

Während der Drehpausen gibt es oft Spaß: Regisseur Kurt Mündl beißt in das Federspiel, Kameramann Franz Cee als Pirat.

Während einer Drehpause: Der Falke braucht Frischluft.

Vorbereitungen eines Falkendrehs: Kurt Mündl zeigt, wo die Schärfe hingelegt werden muss.

Moderne Reise der Greifvögel: heute bequem im Auto

Falke mit Prunkhaube wartet auf seinen großen Auftritt.

MAKING OF „HALALI" – DER FILM

Fürstin Anita Hohenberg ist die Urenkelin von Erzherzog Franz Ferdinand, Thronfolger, der in Sarajevo erschossen wurde. Fürstin Anita ist selbst aktive Jägerin und führt die Tradition der Familie fort.

Fürstin Anita Hohenberg posiert für die verschiedenen Kameraeinstellungen. In ihren Händen eine Originalflinte ihres berühmten Urgroßvaters, Franz Ferdinand.

Die Fürstin in der Maske, mitten im Wald. Ein mehrfacher Pflichttermin bei allen Dreharbeiten.

Wilde Natur und Hightech, für das Kamerateam Alltag

Kurt Mündl bei Regiebesprechung mit Fürstin Anita Hohenberg. Manche Szenen müssen mehrfach geprobt werden.

Kurze Drehpausen nützt Anita Hohenberg für wichtige Telefonate.

Ein „kleines Team" mit Fürstin Anita

Im Garten kann jeder Anita Hohenberg treffen, zumindest als Pappfigur.

Fürstliche Trophäen von Anita Hohenberg

Drehbesprechung zum Thema „Waffenkunde"

Vor den Dreharbeiten wird die Location besichtigt und es gibt Bild- wie Tonproben.

Kunstvolle Jagdwaffendetails

Der erfahrene Jäger gibt sein Wissen an einen Neuling weiter.

MAKING OF „HALALI" – DER FILM

Bei der Gamsjagd

Fotos © Power of Earth

Winfried Eberl und Kurt Mündl präsentieren Ausschnitte zum Film Halali erstmals bei der Landesjägermeisterkonferenz am 25. Januar 2016.

Jägerdarsteller Harry Mayr ist auch im „wirklichen Leben" ein begeisterter Jäger.

Regisseur Kurt Mündl, NÖ Bauernbund-Direktorin Klaudia Tanner und Landesmuseum NÖ Direktor Carl Aigner

AV-Verlagsleiter Winfried Eberl, NÖ Landesjägermeister Josef Pröll, NÖ Bauernbund-Direktorin Klaudia Tanner und Regisseur Kurt Mündl

226 MAKING OF „HALALI" – DER FILM

Es gibt mehrere Systeme von 3D-Filmkameras, die für „Wildlife" eingesetzt werden.

MAKING OF „HALALI" – DER FILM

Bei der Jagd auf den Birkhahn

228 MAKING OF „HALALI" – DER FILM

MAKING OF „HALALI" – DER FILM

Fotos © Power of Earth

Entenjagd mit Wasserhunden

MAKING OF „HALALI" – DER FILM

MAKING OF „HALALI" – DER FILM

Fotos © Power of Earth

Falkner und Falknerin in historischem Gewand

MAKING OF „HALALI" – DER FILM

MAKING OF „HALALI" – DER FILM

Rufender Fasan

Fürstin Anita Hohenberg erzählt.

Wildschwein mit Frischlingen

Wildschweinrotte

Historischer Jäger mit erlegten Hasen

MAKING OF „HALALI" – DER FILM

Kämpfende Keiler

MAKING OF „HALALI" – DER FILM

Fotos © Power of Earth

Das „Gewaff" des Wildschweins

Bei der Wildschweinjagd

236 MAKING OF „HALALI" – DER FILM

Bei der Gamsjagd

MAKING OF „HALALI" – DER FILM

REGISTER

A
Abschusspläne 47, 163, 202
Adler 52, 98, 100, 124
Ansitzjagd 43, 44
Armbrust 12, 111, 112, 113
Äsung 55, 158, 162, 165
Auerhuhn 76, 77, 78, 80
Auerwild 24, 52, 76, 78

B
Bär 12, 52, 72, 146, 165, 185, 187, 198, 206
Barock 23, 31, 38, 114, 115, 120
Baujagd 42, 43
Beizjagd 39, 98, 106, 198
Berufsjäger 33
Biber 5, 16, 52, 83, 88, 89, 90, 91, 203, 205
Birkhahn 24, 188, 212, 213, 228
Birkhuhn 78, 79
Birkwild 24
Bison 19, 127
Bockflinte 33
Bogen 12, 16, 17, 38, 111, 198
Brackieren 42
Braunbär 70, 185
Bruch 23, 24, 118
Büchse 9, 15, 158
Bussard 100

C
Chauvet-Höhle 13
Cro-Magnon-Menschen 15

D
Dachs 16, 43, 47, 72, 78, 84, 165, 172, 191
DAISIE 168
Damhirsch 176, 177, 178, 180
Damwild 25, 49, 114, 180, 198
Diana 18, 110, 198
Drückjagd 46, 127, 208

E
Elche 16, 53, 135
Erzherzog Johann 30, 121, 200
Ethik 9, 34, 121

F
Falkenhaube 105
Falknerei 5, 97, 98, 99, 100, 102, 104, 105, 106, 121
Fallen 38, 47, 72, 90, 182, 202, 206
Fasan 22, 25, 34, 46, 52, 72, 73, 98, 111, 120, 171, 172, 180, 202, 234
Fasanerie 112, 171
Fauna-Flora-Habitat-Richtlinie 88, 90, 183
Fischotter 5, 83, 85, 88, 203
Forst 31, 110, 196, 209
Förster 110, 125, 134, 136, 160, 195, 201, 207
Franz Ferdinand 26, 125, 126, 127, 128, 129, 135, 200, 220, 221
Franz Joseph I. 123, 199
Friedrich II. 101, 102, 103
Fuchs 34, 39, 41, 43, 46, 52, 53, 72, 73, 78, 100, 122, 172, 188, 199, 203
Fuchsjagd 41, 47, 72, 73, 116

G
Gams 27, 52, 129, 132, 164
Gämsen 26, 49, 52, 64, 65, 111, 114, 121, 123, 139, 188
Gatterjagd 48, 49
Gesellschaftsjagd 38, 208
Goldschakal 47, 84
Gott 84, 153
Göttin 18, 198
Greifvogel 41, 98, 102, 105
Großtrappe 5, 83, 84

H
Habicht 78, 100, 107, 217
Habsburger 111, 114, 119, 120, 126, 128, 129, 132, 200
Halali 5, 7, 9, 23, 118, 153, 211, 226
Hal à luy 23, 118
Hase 18, 22, 46, 52, 73, 110, 111, 154
Haselhuhn 79
Haselwild 24

Hege 65, 66, 106, 112, 127, 129, 158, 160, 161, 163, 171, 196, 201, 207
Hermann Göring 32, 105, 170, 202
Hetzjagd 118
Hirsch 5, 6, 9, 16, 17, 18, 23, 26, 27, 30, 31, 39, 49, 52, 53, 118, 123, 125, 127, 129, 132, 154, 158, 160, 165, 177, 180, 198
Hirschanger 112
Hirschfänger 23, 32, 34, 113, 118, 127, 133
Homo habilis 12
Homo heidelbergensis 12
Homo sapiens 13
Hubertus 18, 26, 28, 53, 125
Hunde 16, 23, 24, 25, 38, 41, 42, 43, 46, 102, 112, 118, 203

J
Jagdberuf 33
Jagdgesetze 34, 161, 194, 205
Jagdhund 39
Jagdmethoden 33, 34, 66
Jagdverband 67, 158, 159, 165, 195, 203

K
Kaninchen 25, 52, 73, 99, 100, 105, 182, 187, 190, 201
Karl der Große 22, 110
Karl VI. 120
Kelten 18, 42
Kitz 121, 133
Klimawandel 16, 58, 70, 168, 205
Kormoran 5, 83, 94, 95, 112

L
Lanzen 18
Leopold I. 30, 114, 119
Lockjagd 47
Luchs 72, 161, 165, 185, 186, 187, 188, 197

M
Mammut 15, 16, 168
Maria Theresia 104, 120, 121
Maximilian I. 30, 32, 104, 111, 119, 199

Menagerien 175
Meute 39, 41, 119
Muffel 25, 175
Muffelwild 175
Mufflon 174, 175, 177
Murmeltier 24, 52
Mythologie 26

N
Nahrungskette 182
Neandertaler 13, 15, 16
Neozoen 180, 206
Niederwild 16, 22, 46, 52, 81, 111, 123, 204

O
Ökosystem 90, 158, 180

P
Parforcejagd 23, 30, 39, 112, 118, 177, 180, 199
Pfeil 16, 17, 38, 111, 112, 198
Pirsch 9, 43, 128, 133, 134, 143, 148, 175, 201, 204, 209

R
Radschloss 113
Radschlossflinte 113
Raritätenkabinette 31
Raubschütz 133, 134, 139, 144, 146, 147, 148, 150, 151, 153
Rebhuhn 52, 73, 98, 172
Reh 5, 9, 16, 52, 53, 55, 56, 58, 67, 110, 111, 135, 151, 164, 188, 200, 207
Renaissance 94, 104, 105, 112, 175
Revier 30, 33, 43, 46, 47, 49, 55, 68, 73, 78, 89, 125, 136, 154, 155, 165, 171, 185, 187, 194, 200, 207
Ritual 18
Rückstoßlader 128

S
Schalenwild 24, 34, 47, 52, 64, 160, 177, 204
Schiffsjagden 119
Schleppjagd 41
Schneehuhn 78, 79
Schnepfe 80, 81, 205
Schonzeiten 47, 63, 65, 84, 134, 202, 203, 205
Schwarzwild 17, 34, 43, 46, 47, 66, 67, 70, 118, 120, 159, 202
Siegeszeichen 31
Sika 53, 177
Sikahirsch 176, 177
Sikawild 177
Steinbock 5, 52, 53, 59, 60, 62, 63
Steinwild 27, 59, 62, 63, 164
St. Eustachius 18
Stoßspeer 17
Strecke 25, 62, 81, 118, 125, 126, 135, 144, 145, 154

T
Tiergarten 48, 49, 112, 175, 190, 191
Trappen 83, 84
Treibjagd 46, 81, 139
Trophäe 23, 31, 53, 63, 66, 118, 134, 147, 154
Turmfalke 99

V
Volierenvögel 172

W
Wachtel 82
Waldhorn 30
Waldschnepfe 80, 81
Wanderfalke 99, 104, 107, 216
Waschbär 84, 170, 206
Wasserjagd 119
Weidgerecht 34, 165
Weidmannsheil 25
Weidmannssprache 22, 23
Wilderer 132, 133, 134, 135, 136, 137, 138, 139, 140, 141, 142, 143, 144, 145, 147, 148, 149, 150, 153, 154, 155
Wildkatze 16, 70, 189, 190, 191
Wildschütz 133, 134, 137, 139, 143, 151, 152, 153, 154
Wildschwein 5, 9, 16, 18, 35, 53, 66, 67, 71, 198, 234
Wildtiermanagement 165, 205, 206, 209
Wilhelm II. 32, 127, 128, 177

Wittelsbacher 104, 119
Wolf 26, 52, 70, 72, 84, 100, 115, 158, 161, 165, 181, 182, 183, 185, 198, 206
Wurfholz 17, 18, 38
WWF 88, 90, 185

X
Xenophon 17, 18

Z
Zlatorog 26, 129

Immer auf der Jagd

nach dem besten Kinoerlebnis.

- **XXL LEINWAND**
- **ATEMBERAUBENDE BILDQUALITÄT**
- **KRISTALLKLARER SOUND**

IMAX
WWW.MEGAPLEX.AT

Hollywood MEGAPLEX

St. Pölten, Pasching-PlusCity
2 x Wien, Metropol Kino Innsbruck